金融瞭望译丛

"十一五"国家重点图书出版规划项目
世界财经管理经典译库子项目

HOUSE PRICES AND THE MACROECONOMY

Implications for Banking and Price Stability

Charles Goodhart Boris Hofmann

房价与宏观经济

对银行业和物价稳定的影响

（英）查尔斯·古德哈特 （德）鲍里斯·霍夫曼 著

林泽会 译

东北财经大学出版社
Dongbei University of Finance & Economics Press
大连

全国百佳图书出版单位 东北财经大学出版社

图书在版编目（CIP）数据

房价与宏观经济：对银行业和物价稳定的影响/（英）古德哈特（Goodhart，C.），（德）霍夫曼（Hofmann，B.）著；林泽会译.—大连：东北财经大学出版社，2010.6
（金融瞭望译丛）
书名原文：House Prices and the Macroeconomy：Implications for Banking and Price Stability
ISBN 978-7-5654-0013-1

Ⅰ.房… Ⅱ.①古… ②霍… ③林… Ⅲ.房地产-价格-关系-宏观经济-研究 Ⅳ.F293.3

中国版本图书馆CIP数据核字（2010）第108391号

辽宁省版权局著作权合同登记号：图字06-2010-09号

东北财经大学出版社出版
（大连市黑石礁尖山街217号 邮政编码 116025）
教学支持：（0411）84710309
营 销 部：（0411）84710711
总 编 室：（0411）84710523
网 址：http：//www.dufep.cn
读者信箱：dufep@dufe.edu.cn
大连图腾彩色印刷有限公司印刷 东北财经大学出版社发行

幅面尺寸：170mm×240mm 字数：213千字 印张：14 3/4 插页：1
2010年6月第1版 2010年6月第1次印刷

责任编辑：李 季 包利华 责任校对：孙 萍 惠恩乐
封面设计：冀贵收 版式设计：钟福建

ISBN 978-7-5654-0013-1
定价：36.00元

目　录

导　言

最近，不管是在学术界，还是在决策层，资产价格波动的宏观经济影响都受到了越来越多的关注，这很大程度上是由于最近证券市场的暴涨暴跌，现在又轮到了楼市。这一领域的大多数研究都只关注金融资产价格，房价的作用则没有得到同等程度的研究。最近几年，我们努力通过研究资产价格，尤其是房价对宏观经济各方面的影响来填补这一空白。在本书中，我们将这些研究成果汇集在一起。

第 1 章是对本书所讨论课题的一般性的介绍。在这一章，针对房价影响经济活动的几种渠道，我们提出了一种观点。我们还列举了一些特征事实，并且对住房和抵押贷款市场上的制度特征如何决定房价对经济的影响力度做了一番讨论。

本书剩余内容由三部分组成。

第一部分包括第 2 章到第 5 章，研究了房价作为商品价格通胀和经济活动的决定因素或指标的作用以及有效性。在第 2 章中，我们评估了在工业化国家中，资产价格——汇率、股票价格、房价以及产出缺口、利率和货币增长率等其他标准指标对未来的消费者价格通胀的预测功能。这些结果表明，从总体上说，房价是预测未来通货膨胀的有效指标。① 在第 3 章中，我们在系数估计值的简约形式和向量自回归（VAR）脉冲响应的基础上，为七国集团国家推导出了金融状况指数（financial conditions indices，FCIs）、短期实际利率的加权平均数、实际有效汇率、实际房价和实际股价等。我们发现，房价和股价在这一指数中占有很大的权重，并且，推导出来的金融状况指数中包含着关于未来通胀压力的有用信息。②

① 第 2 章转自古德哈特和霍夫曼（2000a）。
② 第 3 章转自古德哈特和霍夫曼（2001）。

第4章在新凯恩斯模型的简单实证版本下，评估了房价在美国和欧元区的作用。我们发现，在模型的标准设定下，实际利率对产出缺口并没有显著的负面影响。在IS曲线的扩展设定（也包括房价）的基础上，我们确认了大多数国家的利率对总需求的负面影响。① 在第5章中，我们评估了过去和最近的物价以及资产价格通货紧缩的情况。本章的主要发现是，在商品和服务价格通货紧缩中，不存在内在的不利因素，一段时间的物价紧缩总是和连续的强势上涨相联系。另外，我们还证明了资产价格，尤其是房价的下降，通常会对产出产生严重的紧缩影响。②

第二部分包括第6章到第8章，分析了房价对金融系统的影响。在第6章中，我们证明了在工业化国家里，房价显著地影响了信贷创造。脉冲响应分析表明，房价的变动（innovation）可能反映了对未来经济状况的不断变化的看法，或者房地产市场上的投机行为，这些变动会导致银行信贷产生显著的和持续的周期，因而可能使之前观察到的银行信贷周期现象得到解释。③在第7章中，我们论证并说明了20世纪70年代的金融自由化提高了银行部门对房价波动的敏感性，因此也提高了金融系统的顺周期性。我们进一步指出，作为对这一提高了的顺周期性的政策反应，即以资本充足率要求的形式出现的对银行资本金的监管，本身也具有内在的顺周期性，因此可能会进一步放大商业周期波动。最后，我们阐明了新的巴塞尔II协议或许会大大地强化监管系统的顺周期性。④ 在第8章中，我们评估了信贷和房价之间的双向动态影响，以及房地产市场和信贷市场上的泡沫的实时指标作为未来银行部门脆弱性的指标的作用。我们发现，在银行信贷和房价之间有着显著的双向影响：房价显著地影响信贷，反之亦然。本章的另外一个主要发现是，房价和信贷对其长期趋势的偏离，是未来银行部门预测危机的有用指标。这些结论意味着，房价和信贷市场上互相加强的暴涨—暴跌循环，或许会在未来引起并且恶化金融脆弱性。⑤

第三部分包括第9章到第11章，讨论了房价、经济活动和金融稳定

① 第4章转自古德哈特和霍夫曼（2005b）。
② 第5章转自古德哈特和霍夫曼（2003）。
③ 第6章转自霍夫曼（2004）。
④ 第7章转自古德哈特、霍夫曼和斯果威亚诺（2004）。
⑤ 第8章转自古德哈特、霍夫曼和斯果威亚诺（2005）。

性之间的相互作用对政策的影响。第 9 章讨论了资产价格在衡量通货膨胀中的作用。资产代表了对未来消费的需求。名义资产价格的变动也许反映了该资产未来实际利息的预期变动，或者未来不变的利息流的相对价格的变动。为此，阿尔钦（Alchian）和克莱恩（Klein）（1973）认为，通货膨胀的正确衡量指标应该包括资产价格，因为这样一个指数也能解释未来消费的预期成本。在本章中，我们从理论和实证两方面研究了把资产价格（主要是房价）纳入到一个宽泛的生活费用指数的情况。[①] 在第 10 章中，我们指出，为了能够解决金融系统的顺周期性，中央银行可能需要第二个政策工具。可以采取一个随时间变化的信贷/价值比（loan - to - value ratio，LTV）的形式，在繁荣阶段，将其降低，在泡沫破裂阶段，则将其提高。而第一个政策工具（即利率）则专门用于稳定通胀和经济活动。[②] 第 11 章总结并概括了房价波动对货币政策和监管政策的影响。

① 第 9 章转自古德哈特（2001）。
② 第 10 章转自古德哈特和霍夫曼（2004b）。

第 1 章

房价和宏观经济：概述

与其他资产价格一样，在长期内，房价应该等于未来房屋收益现值，即房租资金流的贴现。在一定程度上，租赁和贴现因素受宏观经济波动的影响，而这些波动应该反映在房价上。然而，房价有很多特点，使之不同于其他资产（比如证券）。房地产不仅仅是一项资产，还是一项家用持久消费品，提供了遮风避雨和其他住房服务。结果，房子通常是最大且最重要的家庭资产，因此占据了家庭财富的最大部分。因为这些原因，再加上房产的不可移动性，使得它很容易成为债主理想的主要担保品，也很普遍地被用作贷款的附属担保品，以至于金融部门资产的一大部分是房产价值。因此，房价波动对经济活动和金融体系稳定性的影响很大。所以，房价波动或许会显著地放大宏观经济波动的影响，诸如供应、需求或货币政策的波动。房价的非规则性波动或者泡沫，可能会导致经济和金融系统的不平衡。

住宅市场在很多方面也不同于其他资产市场。由于漫长的审批和施工过程，房市的供应反映到市场情况的变化也非常缓慢。更进一步来说，由于住房符合地区利益，获取价格信息的途径通常非常有限，所以住宅物业市场通常缺乏透明性。因此，与其他商品和资产价格相比，房价对宏观经济波动的反应或许更加强烈，并且房价或许会持续偏离它们的长期基本价值。①

分析房价对宏观经济影响时遇到的一个特定问题，是数据的获得和数据的质量。许多工业化国家目前正在收集十分有代表性的、有规律性的住宅财产价格数据，虽然现有数据在大多数情况下，不能进行直接比较。

这部分是由于对代表性财产的定义不同，也是由于收集数据的方式不同（亚瑟，2003）。此外，虽然住宅财产占全部财产份额的最大部分，但是房价的变动并不一定完全代表其他财产市场的价格变动。正如我们在第7章论述的，在一些国家中，与住宅财产价格相比，商业财产价格似乎更容易变动。这或许表明，商业财产价格的变动根本不同于住宅财产价格变动，但是它可能也纯粹地反映出这样一个事实，即对于很多工业化国家来说，现有的商业财产价格数据仅适用于省会城市中心的主要商业财产，因此并不能代表国家范围的变动。不要期望会得到工业财产市场上的价格变动数据，所以，包括本书在内的大多数研究，都倾向于关注房价波动的宏观经济影响。

1.1 房价和经济活动

图1—1显示了在1980年到2004年期间，16个工业化国家的实际房价②（实线）和产出缺口（虚线）在四个季度的变化率，衡量标准是实际GDP和实际趋势GDP③的百分比差额。本图暗示出，房价和经济周期之间存在着密切关系，实际房价变化的转折点普遍地引导着经济周期的转折点。图1—1也显示出，很多国家的实际房价水平的转折点落后于经济

① 关于这些问题的更详尽的讨论，请参见朱（Zhu）（2003）。
② 名义房价数据来源于国际清算银行，经通货紧缩和GDP平减指数转化为实际数据。
③ 实际GDP趋势是用标准的霍德里克—普雷斯科特（Hodrick—Prescott Filter）滤波法和1 600平滑参数计算而得。

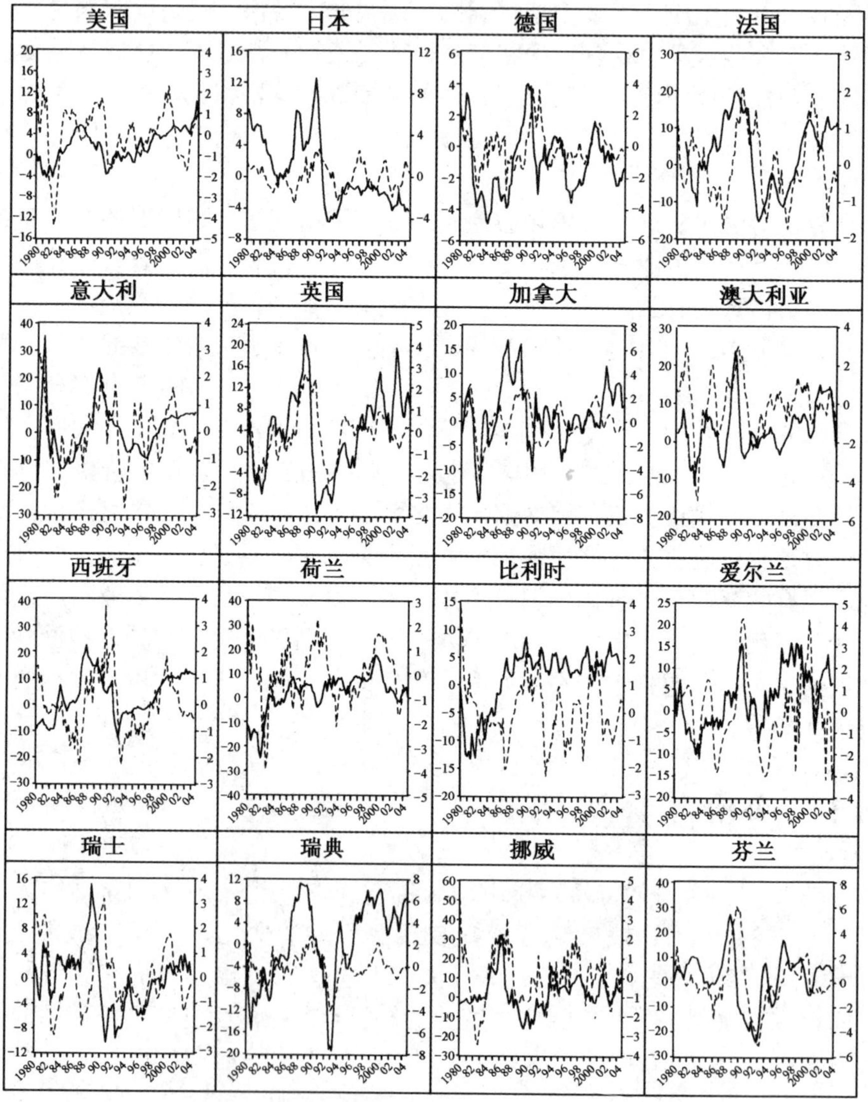

图 1—1　房价和经济活动（1980—2004）

注释：每个图标都显示出实际房价（实线，左手边的刻度）和产出缺口（虚线，右手边的刻度）在四个季度的变化，衡量标准是实际 GDP 和实际趋势 GDP 的百分比差额，实际趋势 GDP 是用标准的霍德里克—普雷斯科特滤波法和 1 600 平滑参数计算而得。

周期的转折点，因为实际房价通常只在经济周期的峰值（谷底）变得消极（积极）。房价和产出缺口的正相关关系趋于减弱，因为在很多国家，尽管经济活动放缓，但房价仍持续上涨。然而这并不意味着房价和经济活动之间的关联已经破裂。经济活动的放缓，在很大程度上是由2001年的股市泡沫爆裂造成的，并进一步地被“9·11”恐怖袭击强化。结果，资金从股市向其他资产市场转移（包括房市），并且银根放松使利率达到了历史最低点，这导致房市猛涨，从而使房价与经济周期脱钩。

因此，记录的程式化事实显示，房价和经济活动之间存在相当密切的关联，房价大体上引领着实体经济的发展。从图上的资产价格点来看，房价或许正在引领宏观经济的发展，因为它们都具有前瞻性。

对于未来预期的经济活动的波动，房价波动或许会做出反应，这也会影响房屋收益率及其贴现率。在这种情况下，房价只不过是经济活动的侧面反映。但是，正如前面简要提到的，考虑到房市的特色，尤其是整体缺乏透明性和流动性，对于房价上涨和产出缺口记录的密切相关性，不可能给出实质解释。一个更令人信服的解释是，房价对经济活动和金融领域有着直接的、构成因果关系的影响，因此放大了宏观经济波动，或者成为宏观经济和金融波动的自发起因。

1.2 房价和个人消费

房价通过各种各样的方式，通常是相互关联影响经济活动。大部分实证文献关注房价变动对个人消费的财富影响，房价的（持久）变化影响家庭感知的终身财富。感知的终身财富的变化反过来影响消费和家庭的借款计划，因为他们想在生命周期中进行平稳消费。① 表1—1显示了1995—2000年间，在一些主要的经合组织成员国中，房屋和金融财产占GDP的比率。数据揭示出，房产在家庭财产中占有很大的份额，并且在一些国家中，与全部的金融财产相比，房产甚至是财产的更重要的组成部分。很遗憾，无法获得更多的近期数据，但是自从股市崩盘，以及从

① 家庭消费的生命周期模式最初是由Ando和Modigliani（1963）开发的。关于生命周期模式的正式分析，可参见Deaton（1992）和Muellbauer（1994）。

2000年以来的房市暴涨来看，随后几年房产在全部家庭财产中的重要性可能得到进一步增强。

表1—1　　**家庭资产占GDP的百分比（1995—2000）**

国家	房产（%）		金融资产（%）	
	1995	2000	1995	2000
美国	120	130	292	341
日本	222	192	252	278
德国	191	191	149	180
法国	170	206	165	234
意大利	234	220	189	227
英国	146	191	261	299
西班牙	298	334	150	187
荷兰	112	182	254	297

资料来源：Altissimo et al.（2005）；OECD；Various national statistical offices。

然而，房价对消费的作用问题，不仅会影响一国的房屋财产规模，还会影响其分布。如果房价的上涨和当前的或未来（期望的）租金的上涨相关联，那么它不仅仅会对房东和业主财富产生积极的影响，也会对承租人的收入产生消极的影响，因为承租人不得不支付更高的租金。① 因此，非住房消费统计的全部影响事先不会很清晰，因为更高的房价很容易造成承租人一方面和未来新买家之间的资源再分配，另一方面也和业主进行资源再分配。原则上来说，自住业主占的份额越高，房价变化的财富效应越有可能控制收入效应。表1—2说明了自从1980年以来，在工业化国家业主自住率的变化。这些数据表明，不同国家间的业主自住率有着明显的不同。在很多国家，尤其是南欧国家，在过去的20年里，业主自住率明显上升。2002年，西班牙和意大利的业主自住的份额最高。在盎格鲁撒克逊国家，业主自住率也很高，而在德国最低。

造成不同国家之间业主自住率不同的潜在因素有很多。对租赁市场的管制（如对租金水平和调整的管制），以及对合同终止的管制，都可能起着关键性的作用，因为租金管制阻碍了租金向上调整的可能性，增加了租

① 详见欧洲央行（2003）。

赁的吸引力。关于不同国家的租金管制标准，我们不得而知。现有信息显示，在很多工业化国家，尽管做了一些调整，允许更大的灵活性，至少在新租赁合同里是这样①，但是仍然很难使资金调整到符合市场状况。另外，还有一个重要的决定因素，影响着不同国家之间房屋所有权模式的差异，即在不同的国家之间，存在着不同的住房税收激励和津贴，还有不同的住房市场交易成本。由于不同的税收激励、津贴和住房的政策措施，以及不同的数据限制，因此很难制定统一的评估标准。② 最后，家庭能否得到房地产所有权，这在很大程度上也取决于他们在抵押信贷市场所面对的借款约束条件，因为这些约束条件决定了抵押贷款的一般可用性。③

表1—2　　**工业化国家的住房和抵押借贷市场的参数表**

国家	业主自住率（%）（占所有家庭的百分比）		最高贷款与价值比（%）	基于市场价格的贷款估价	资产增值抵押借款
	1980	2002			
澳大利亚	71	70	80	是	是
比利时	59	71	80～85	是	否
加拿大	62	66	75	是	无
丹麦	52	51	80	否	是
芬兰	61	58	75	是	是
法国	47	55	80	是	否
德国	41	42	60	否	否
爱尔兰	76	77	90	是	是
意大利	59	80	50	是	否
日本	60	60	80	是	是
荷兰	42	53	75	是	是
挪威	74	77	80	是	是
西班牙	73	85	80	是	无
瑞典	58	61	80	是	是
英国	58	69	90～100	是	是
美国	65	68	75～80	是	是

资料来源：经合组织（2004）；Tsatsaronis 和 Zhu（2004）。

① 欧洲央行（2003）提供了欧盟国家租金管制主要变化的年报表。

② 欧洲央行（2003）提供了20世纪90年代欧盟国家关于住房税收、交易成本和住房政策的整体改革的一些关键信息。

③ 基于14个经济合作与发展组织（以下简称经合组织，OECD）国家的宏观经济数据，Chiuri and Japelli（2003）证明了，特定的贷款与价值比和业主自住率之间是负相关的关系，尤其是对于刚刚建立的新的家庭来说。

大量的理论文献表明，由于在信贷市场中存在着信息不对称，引起了逆向选择和道德风险问题，所以家庭的借贷能力和借贷成本，在很大程度上是由他们提供的抵押品所决定。① 正如上文提到的那样，由于住房在家庭财产中的巨大比重及其不可移动的特性，房屋代表着家庭最重要的可抵押资产，家庭可凭此进行财政消费或房屋投资贷款。图 1—2 展示了实际房价水平和家庭负债的共移性，记录了来自 8 个国家充足而长期的国民核算数据，从中得到了全部家庭负债占家庭税后所得的比率。图 1—2 显示出，实际房价和家庭负债之间有着紧密的联系，借贷支持这样一个观点，即家庭借贷能力和房子抵押价值密切相关。

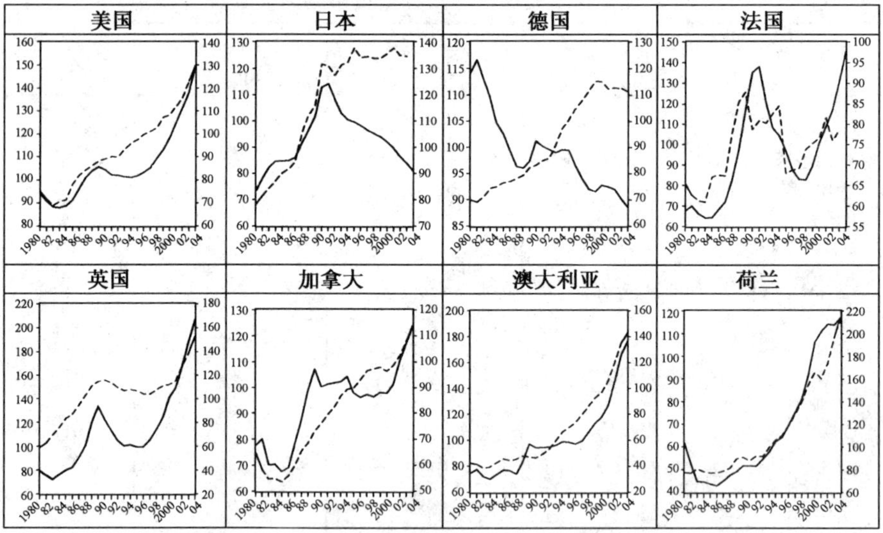

图 1—2　房价和家庭负债（1980—2004）

注释：该图显示了实际房价水平（实线，左手边刻度，1995 = 100）和全部家庭负债占家庭税后所得的比率（虚线，右手边刻度，%）。

资料来源：BIS；OECD；Debelle（2004）。

① 伯南克和格特勒（1989）、Kiyotaki 和 Moore（1997）、伯南克等人（1999）已经开发了修正后的实际经济周期模型，该模型说明，公司的借贷能力取决于它们的抵押品净值，也说明公司净值的波动扩展到宏观经济的波动，并且上升为强大的金融加速效应。Aoki 等人（2004）基于伯南克等人（1999）的模型阐述为，当家庭借贷能力取决于房屋抵押价值的时候，金融加速效应通过房价上升进入家庭领域。关于借贷市场摩擦及其宏观经济影响，参见 Walsh 相关调查文献（2003，第 7 章）。

这里特别值得注意的一个例外是德国，其房价和家庭负债之间是负相关的关系。对于这个难以置信的发现，最有可能的解释是德国统一之后，建筑业迅猛发展，导致房屋供应量的增加，因此房价面临着下调的压力。另外，家庭负债的增加，可能是因为大部分的新建筑物属于债务融资。

最近，更多的研究表明，家庭借贷能力与房价上涨有关。因此，房价和宏观经济关联的强度，取决于抵押借贷市场的结构特征。① 用房产抵押的家庭借贷，通常受财富约束的限制。按揭成数（LTV）限制了贷款不能超过房屋价值的某一特定比例，或者收入约束限制了抵押利息付款不能超过借款人收入的某一特定比例。一般不易得到各个国家关于后者的数据，而在很多工业化国家，却可以得到按揭成数最大值和特有的按揭成数数据。表1—2显示了按揭成数最大值的现有数据，该数据暗示了在大多数国家，按揭成数的最大值大约是75%～80%，只有在爱尔兰和英国，贷款价值比例才高于90%。

在意大利和德国，按揭成数基本上分别低于50%和60%。这些按揭成数的最大值必须和估价方法相联系，可用来决定财产的价值适用哪一个按揭成数。表1—2显示出，在大多数国家，按揭贷款都基于当前的市场价值，德国和丹麦是例外，其估价在很大程度上都基于历史价格。

房产持有者利用房产来进行贷款的可能性，取决于资产增值抵押借款产品的整体实用性。资产增值抵押借款，是家庭的抵押借贷净值和家庭的住宅投资之间的差额。原则上来讲，整个家庭可以通过以下两种方式获得资产增值抵押借款：（1）增加或再融资抵押借款，这种方式不要求房市中的交易；（2）通过二级资产市场的交易，由于房屋的价值更高，买房可以得到更多的贷款。② 不管这些方式是否有可能实现，以及它们的使用强度如何，这都取决于抵押借贷市场的结构和各自的法律规章。如果房屋所有者为了更多的消费，抬高房屋价值，所能使用的唯一方式是方法

① Maclennan et al.（2000）；ECB（2003）；OECD（2004）；Tsatsaronis和zhu（2004）。

② 对于单个家庭，Davey（2001）指出了五种不同的方式用以获得资产增值抵押借款：（1）最后一次销售：房子的卖主不再买新房；（2）降低消费：卖主搬家到更便宜的房产，通过价差减少抵押贷款；（3）超额抵押：卖方通过价差增加抵押贷款；（4）重新抵押：房屋所有者采取一个新的、更高的抵押贷款，而且不移动或者投资资产；（5）进一步提高和二次抵押贷款：房屋持有者增加已有的抵押贷款（进一步提高）或者采取第二次抵押贷款，但不移动或者投资资产。

(2)，即首先卖掉房子，那么房价上涨对消费的影响应该小于方法（1）。表1—2指出了，工业化国家资产增值抵押贷款产品的可用性。现在，大多数工业化国家可以获得而且利用资产增值抵押贷款产品，值得注意的例外是欧洲四个大陆国家，即德国、法国、意大利和西班牙。

几个研究同时在调查房价变动对个人消费的影响。这些研究普遍发现，房价比证券价格对消费的影响更强烈（尅斯等人，2001；路德维格和斯劳克，2004）。无论怎样，由于不同国家之间存在差异的证据也缺乏说服力。路德维格和斯劳克（2004）的结论在提西莫等人（2005）的著作中也讨论：在欧洲地区国家，房价变动对消费的影响，比在美国和英国的影响大，而在经济合作组织（2004）报告中的论据正好相反。[①]

1.3　房价和投资

房价浮动对经济活动最直接的影响，是通过住宅投资。房价的上调提高了房屋相对于建筑成本的价值，即住宅投资的托宾q值。当房价上涨超过建筑成本时，新的房屋建设就变得有利可图。因此，住宅投资对房价起到积极的作用。建筑成本是由建设成本和土地成本构成，哪一个成本都无法被直接观察到。[②] 因此，住宅投资的托宾q值像商业投资的托宾q值一样，不能被直接观察到。这部分是因为，很少有研究试图去评估财产价格变动对建筑活动的影响。[③] 无论怎样，住宅投资在经合组织国家的GDP中所占份额普遍较小，因此通过这个渠道的影响可能不太重要。房价浮动可能也会影响公司的借贷能力和融资商业投资的能力。如前所述，伯南克和格特勒（1989）、Kiyotaki和Moore（1997）、伯南克等人（1999）的金融加速器模型显示，决定公司净值的资产价格是商业和金融周期的一个重要传播者。但是，我们在上文中也讨论过，住宅财产价格的变动，并不一定代表着商业和工业财产市场的价格变动，因此，房价变动并不一定说明公司可抵押的房产价值的变动。我们对商业借贷市场的结构特色所知甚少，

① 进一步的参见Altissimo等人（2005）和HM Treasury（2003）。
② 有些研究用私人住宅投资的平减指数作为替代值（如Girouard and blondahl，2001）。
③ 参见Girouard and Blondahl（2001）对经济合作组织国家的论据。

例如房地产担保制度的角色、按揭成数等。因此，房价变动对商业投资的影响，并不像对个人消费和住宅投资那样明显，其中可能的原因也尚未获得经验探索。

1.4 房价和金融系统

图1—3展示了从1980年以来，在16个样本国家中，实际房价的四季度的变换率，以及实际银行信贷与私营非银行机构[①]的四季度的变化率。

数据揭示了，实际房价通胀和实际信贷产生之间有密切的关系。在过去的25年中，大多数国家在房产和信贷市场中经历过至少一次共同的繁荣—衰退周期，而且房价一般领先于信贷增长。

该图也说明，与产出缺口和房价的关联相比，银行信贷和房价的关联在最近几年并没有显现出削弱的迹象。

信贷和房市周期的巧合性有着各种各样的潜在原因。正如在上文中讨论的那样，房价或许会通过财富效应和托宾q值影响消费和投资，它也可能通过信贷需求影响银行信贷。另一方面，房价影响贷款人可提供的抵押品的价值，从而影响到受借款约束的家庭和公司的借贷实用性。因此，房价通过对私营部门的资产负债表的影响，它或许会影响到信贷供应。附加信贷供应的影响，或许会通过房价影响到银行的资产负债表。这样的影响发展到一定程度，或许会直接影响到银行自有财产，间接地影响以房产做担保的贷款价值。陈（2001）根据伯南克和格特勒（1989）、Kiyotaki和Moore（1997）的模型，制定了一个一般均衡模型，在此模型里，借款人和银行净值影响信贷供应。正如借款人净值充当激励机制和给银行的抵押品一样，在这些模型中，银行资本充当激励机制，以及银行信贷资金提供者的抵押品，如储户。因此，对于银行来说，信贷资金的可用性取决于它

① 银行信贷数据来源于BIS，并且用GDP平减指数转换为实际通缩数据。上涨率是根据已发行股票的数据计算而得。由于金融机构的定义不同和数据的编制不同，例如，对不良贷款的处理，所以信贷问题并不完全具有可比性。该组数据也没有完全反映经济创造的信贷总额，因为没有包含由其他金融机构（OFIs）创造的信贷整体。

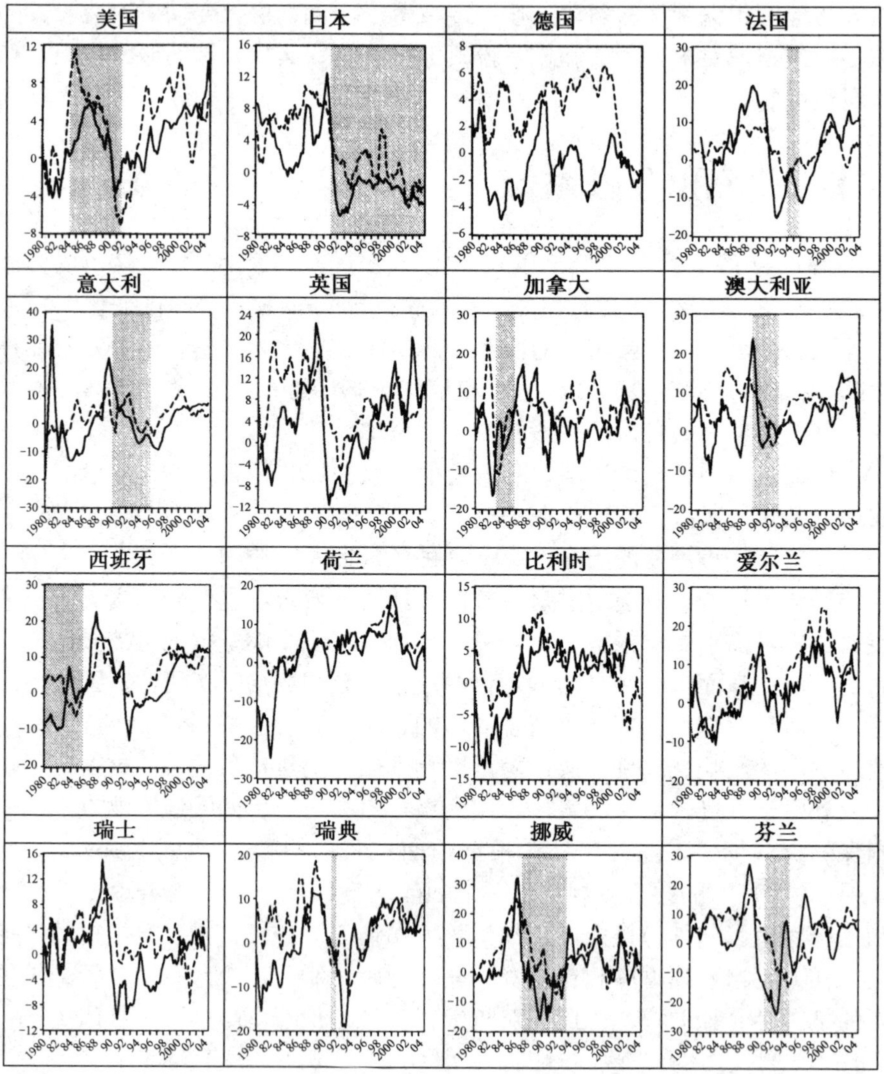

图 1—3　房价和金融系统（1980—2004）

注释：数据显示了实际房价在四个季度内的变化率（实线），实际银行信贷比私营非银行机构在四个季度内的变化率（虚线），以及来自卡皮奥和克领别尔（2003）的系统性和边缘性金融危机中的一个片段（阴影部分）。

们的资本总额。通过对银行房产价值的影响，更重要的是对以住房抵押为担保的贷款价值，价格浮动因此也影响银行系统的资本总额和信贷供应。

因此，房价或许会影响信贷需求和信贷供应。然而，银行借贷也可能通过流动性效应影响房产价格。在银行信贷和房价之间存在着潜在的双向因果关系，这种关系或许会导致信贷和房地产市场的相互加强的循环①。由对于未来经济前景的乐观期望造成的房价上涨，会通过抵押品的价值上涨来提高企业和家庭的借贷能力，部分额外获得的信贷或许也被用来购买房产，这进一步促进了房产价格的上涨，因此可能演化出一个自我加强的过程。

房价和银行信贷如此暴涨—暴跌的周期，会使银行和家庭的资产负债表严重地依赖住房价值，以至于房价和银行信贷的崩溃会引发银行业的萧条。图1—2的阴影部分显示了系统性和边缘性金融危机的一个片段（卡皮奥和克领别尔，2003）。该图揭示了，在很多国家中，房价和银行信贷经历过暴涨—暴跌的周期，紧随其后的就是银行业的萧条。美国发生过持续时间相当长的储蓄贷款危机，或许除此之外，在我们选定的实验时间内，我们试验国里的所有银行危机，都发生在房屋和信贷市场的暴涨—暴跌周期之后。

① Kindleberger（1978）和Minsky（1982）已经强调过在信贷和资产市场存在相互加强循环的可能性。

第一部分

房价和经济活动

第 2 章

房价可作为消费品物价通胀的预警器？

2.1 引言

应该怎样看待把资产价格浮动作为货币政策的目的？关于这个问题，在“主流”经济学家中有一个共识，但在实践中却没有没有一致的意见。这里的“主流”中包括金融主管当局，通常是一个独立的中央银行，其首要任务是实现价格稳定。这更适宜定义为一个通胀目标，在此目标中，通胀本身的衡量指标是零售物价指数或者消费者物价指数（RPI 或 CPI）的变形。这样的指数是由当前商品和服务的价格组成，不是直接由资产组成。① 原则上的共识是，金融主管当局（下面称之为中央银行或 CB）应该调整其现行的政策，即只要资产价格浮动就预示着未来 PRI 或 CPI 通胀，这在格特勒等人（1998）、威格斯（1999）以及伯南克和格特勒（1999）的观点中已经提及到。

伯南克和格特勒认为：通胀目标的方式要求，中央银行应该积极地调整货币政策，以缓解通货膨胀或通货紧缩的初期压力。对于该目的来说重要的是，该方式也暗示了政策不应该对资产价格的变化作出反应，除非这些变化标志着预期通胀的明显变化。因为各种原因，试图稳定资产价格本身就是一个大问题，另外重要的是，几乎不可能确切地知道资产价格变化的原因究竟是来自基本因素还是非基本因素，或者二者都有。通过关注由资产价格变动引发的通货膨胀或通货紧缩的压力，中央银行有效应对了资产繁荣和衰退的负面影响，而且没有参与决定什么是基本的影响、什么不是基本的影响等。历史上的泡沫一旦被“刺穿”，就很容易退化到恐慌期，央行也避免了此类相关风险。最后，因为通胀目标帮助提供了稳定的宏观经济条件，也暗示了在（通胀的）资产价格暴涨时期，利率趋于上升，以及在（通缩的）资产价格暴跌时期，利率趋于下降，这种方法或许会减少首先出现金融恐慌的可能性。

实践中的困难在于，试图确切地评估什么或许是当前资产价格变化对未来通胀的定量影响，这个问题在理论和实证上存在着不确定性。

2.2 一些理论因素

名义货币冲击对经济活动有实际影响，这主要因为特定的价格和工资是“顽固的”，不能按比例调整。针对价格/工资的顽固性，货币冲击的最初影响可能是（更多）对灵活的资产价格的影响。其实在理论上，灵活的资产价格和顽固的商品/劳动力价格的结合可能导致资产价格的“过度调整”，虽然这种现象有强有力的实证支持，但在实践中仍然很难发现。

① Alchian and Klein（1973）一度强烈地质疑关于这一观点的概念。尽管我们发现他们的逻辑令人信服，但难以在实践中将资产价格系统地融入或衡量通胀指数（Shibuya，1992；Shiratsuka，1999）。

尽管如此，货币冲击最初可能影响的是资产价格，随后，由于较高的资产价格刺激了消费活动，很多传导机制将要发生，例如，托宾q值影响投资，财富影响消费，或者汇率变动影响网络贸易。然而，这样的传导机制是不稳定的、易变的，而且是难以准确估量的。结果不断刷新赚钱的速度（在其所有的释义中）变得有点不可预测，因此根据货币存量的增长率估测货币政策的施行并不可靠，并且（或者）难以估测短期内通货膨胀的未来发展。而政策的改变主要是通过改变名义利率的结果，利率水平/变化也是政策措施的不可靠的指引，例如，之前是否预期到了变化，什么是与实际利率水平/变化相关联的？比起物价通胀来说，借款人甚至通常更担心资产价格通胀，这时，“实际利率”这个概念究竟意味着什么？此外，阿伦·梅尔茨（1999a）强调，在一定的时间和场合下（如在准流动性陷阱里，正如1998/1999年的日本。那时，货币扩张利率对活动有积极的影响，但是短期零风险资产的名义利率处于名义上的准固定的低水平。因此，不管是货币量增长还是名义利率水平/变化），都不能给出一个清晰的或简单明了的政策措施。然而，政策的影响将取决于下列因素，包括信心状态、之前的资产负债表的显示、预期未来通胀的过程和政策本身等。这些随时间变化的、难以注意到的因素将导致涉及资产价格的货币政策，然后影响随后的经济活动和通胀压力，再到变化的、不确定的方面。

这个分析仍然只是假定，因果路径是从货币冲击到资产价格再到产出。关键是路径是随时间变化的，因此资产价格或许是有用的、易变的信息，可用来作为帮助评估传导机制的推动力。但是同样有一个由资产价格冲击到货币和实际变量的因果机制。偏高的资产价格将要提升抵押品的价值，并且鼓励更多的借贷（伯南克和格特勒，1999）。如果更高的资产价格导致更频繁的未来活动或更高的利润期望，它们将会在稳定的利率水平下，进一步刺激银行信贷和货币扩张。只要更高的资产价格激发了未来资产价格的上涨和提高了资本收益的期望，借款人打算购买此项资产的相关实际利率就会下降。在理论上，除了泡沫经济成分，所有资产的价格应该随着风险的大小而调整，持续上升到预期回报的水平；在实践中，情况看起来很类似，在房产市场和证券市场，对未来资本收益的过分期望似乎会促进银行信贷、货币增值和促进大规模的实际消费，至少从表面看来是如此。

因此，在评估未来可能的实际活动的变动和通胀方面，资产价格或许提供了其他有用的信息（除了货币增长和利率）。但是在这一方面，资产价格对哪一方面最有用？在此之前主要用于这个目的的资产市场是外汇市场。在一个小型开放的经济体的众多活动里，交易和收益性取决于汇率。在这一经济体中，它确实是最重要的资产市场。本着这一原则，汇率通常和利率联系起来形成货币状况指数，即 MCI。关于 MCI 的估算和使用，有很多文献（翳迦等人，1996；皮特斯，1999）。

虽然在小型开放的经济体里，汇率最有可能代表最重要的资产市场，但是无论是对于国内货币政策的主旨，还是对活动和通胀的未来趋势来说，它都不一定是信息量最大的指标。就像在一个经济体里的每一个其他资产市场一样，外汇汇率不仅会受喜好的变化、供给危机、未来回报、收益的期望和各种风险溢价的影响，还会受到当前和未来的利率、货币升值和通胀的影响。与其他资产市场一样（如地产、商业财产、房产和债券市场），这些因素中只有一小部分反映了货币升值、实际产出和当期的（商品和服务）价格通胀的变化。但是外汇市场不同于其他国内资产市场，因为前者更容易受外国经济发展的影响。因此，汇率的贬值或许会因为产出和国外价格的暴跌而发生，但不会因为国内的膨胀而发生。所以，虽然汇率对经济发展的重要性是不可否认的，但是如果只考虑汇率本身，不做进一步地分析，汇率变化的信息含量或许会很低。

资产价格绝不仅仅是汇率，理论文献为此提供了充足的论据。通过多种渠道，房产或证券价格或许影响通胀，并且在理论上，证券收益会在一定程度上为私人部门提供了未来通胀的预期。

房产或证券价格的上涨，增加了私人部门的财富。这将导致更高的消费需求，并且最终或许会导致更高的价格。对于经合组织的国家来说，私人部门财富中的住宅房地产的份额介于 60% 与 80% 之间，商业财产的份额是在 5% 与 20% 之间，证券的份额是在 5% 与 35% 之间（博润欧·肯尼迪和普罗斯，1994）。这些数据暗示了，住宅房地产价格的变化对私人部门财富产生的影响，将会大大高于在商业财产或证券价格方面同样的变化，因此也更可能会影响消费物价。

投资需求和证券价格之间的关系，暗含在托宾q值的投资理论里（托宾，1969）。托宾q值被定义为与资产的重置成本有关的资本市场价值。如果托宾q值因为证券价格的上涨而上升，公司因发行的证券可以获得更多的资本，这有助于公司吸引更多新的资本，因此增加了投资需求，这或许再一次抬高了商品和服务的价格。

住宅房地产的价格或许通过工资也影响到了消费品价格。偏高的房价增加了人们的居住成本，导致他们需要更高的工资。[①] 公司或许通过抬高他们的价格，从而对更高的工资需求做出反应，最终致使商品和服务的价格上升。

资产价格和经济活动的另一个关联来自于信贷市场的缺陷。从信贷的观点看，公司和家庭或许因为信贷市场的信息不对称，在借贷方面受到限制，这会引起逆向选择和道德风险问题。公司和家庭的净值越低，这些问题越严重，由于安全抵押品很少，贷款限制将更严格。随着资产价格上涨，公司和家庭因为抵押品的升值，其贷款能力也上升。额外得到的贷款能被用于购买商品和服务，因此这或许会导致更高的消费品物价通胀。一部分额外得到的贷款或许也被用于购买资产，促使资产价格进一步攀升，因此形成了一个自我加强的过程。信贷市场条件的作用已经被 Fisher（1993）和其他人用于解释大萧条的原因。

明斯基（1986）重新评估了信贷和资产价格的相互作用[②]，并且在最近重新流行起来（伯南克和格特勒，1989；Kiyotaki 和 Moore，1997；伯南克、格特勒和吉克利斯，1999）。这些理论研究显示了信贷限制和资产价格的传输之间的相互作用是怎样冲击经济的，是怎样造成了大范围持久的经济循环波动的。这一现象也与“金融加速器”有关。从信贷的观点来看，房产价格对消费品价格的影响可能比证券价格大得多，因为房产比债券更有可能作为抵押品。

根据关系结构的期望理论，长期名义利率反应期望的未来短期名义利率。只要实际利率和风险溢价可以预期保持不变，收益率差，即长期名义

① Bover、Muellbauer 和 Murphy（1989）发现了在对数工资方程中，英国对数房价的长期系数大约是0.2。

② Minsky 看到了，资产价格和作为资本主义经济不稳定发展的货币/银行扩张之间的相互作用，需要利用财政政策、“大政府”和作为最后贷款人的货币当局，对这种作用进行缓解和干预。

利率小于短期名义利率，就可以衡量预期未来通胀。因此，收益率差或许是未来通胀压力的有用指标（米什金，1990）。

如果我们着重评测资产价格变动是否包含对未来活动和通胀压力的有用信息（除了利率和货币升值以外），似乎没有必要将注意力仅仅集中在汇率上。这个问题似乎是以实验为依据的，而非由先验的理论决定。

2.3 一些实证因素

人们或许考虑用来评估未来通胀的变量，取决于评估的期限。在预期一个月的评估中，人们或许考虑此类的变量，例如，最近的通胀趋势、汇率、石油及其他产品价格、季节因素和公布的税制改革等。在预期十年的评估中，人们或许考虑政策制度的强度和冲突的可能性，以及政府财政和货币制度，以及世界范围的通胀趋势。

中央银行可以独立运营，其拥有通过实现一个较低的、稳定的通胀率来保持物价稳定的授权，对于它来说，通胀评估的最恰当期限似乎是提前四到八个季度。中央银行可使用的主要工具，是它控制短期利率的能力。存在一个共识，即利率政策的变化主要影响通胀的期限大约是两年。但是，评估其他可能对经济有影响的因素，需要抵消哪种货币政策，这种能力逐渐恶化了对等的预测尝试。很少有预测（作为对比模拟）是超过两年的期限。

因此，现在我们要处理的问题是，现存的（和过去的）资产价格通胀的各种估量，能否帮助评估未来商品和服务的价格通胀，例如，通过RPI、CPI或GDP平减指数的形式估测未来四到八个季度的通胀情况，这毕竟是大多数货币政策委员会必须进行的任务。

基于经验和历史研究，之前我们相信，与房地产价格的波动相比，证券市场的波动和经济、银行系统以及随后的通胀之间的关系并不那么密切，我们的初步结论似乎支持这个观点。我们做了特别的努力，以求得房屋和财产的价格指数，虽然后者比其他主要资产价格（如证券指数和汇率）更加难以从公布的标准数据中得到。我们能得到11个国家住宅房地产价格的每季度的数据（澳大利亚、加拿大、芬兰、法国、爱尔兰、荷兰、新西兰、挪威、瑞典、英国和美国），以及日本住宅地产价格的半年数据。[①] 遗憾的是，在商业财产的价格调查中，我们只得到了澳大利亚商业财产价格的一系列季度数据，以及日本商业地产价格的半年数据。表2—1详细地列明了在实证分析中所使用的房价数据及其来源。实证分析中所使用的其他数据，来源于国际货币金融组织的国际金融统计数字，或者是经合组织的主要宏观经济指标数据库。

表2—1　**房价数据的描述和来源**

国家	使用的数据	来　源
澳大利亚	RBA住房价格指数	中央银行
加拿大	平均转售房价指数	加拿大房地产协会
芬兰	国家房价指数	中央银行
法国	巴黎的老公寓价格	商会公证
爱尔兰	所有贷款机构都批准的新的住房贷款买房的平均价格	环境部
日本	全国土地价格指数	日本房地产协会
荷兰	平均房价	中央银行
新西兰	平均房价	中央银行
挪威	国家房价指数	中央银行
瑞典	单身家庭房价指数	中央银行
英国	房价指数	环境部
美国	新一户型中间房价	调查统计局

一个变量或许和一些二级变量有着重要而密切的因果关系，然而却和二级变量没有稳定的统计引导关系。并且因果关系虽然稳固，但是也会随环境的变化而变化。我们已经暗示过，这或许与汇率和国内通胀之间的关系一样。另外，统计引导关系可能会因为结构和行为的变化而被破坏，这或许类似于外币和短中期通胀的关系情况。既不是统计的强大，也不是通常表面上的强健，引导关系必须要求牢固的、直接的因果关系。我们的问题在于，无论分析的解释可能是什么，我们能否找到当前资产价格浮动（在统计学的意义上）对评估未来商品和服务价格通胀有帮助的证据。

出于这个目的，我们研究了“约化型”方程式，我们在其自身当前

---

① 我们也能得到德国和西班牙的住宅财产价格的年度数据。因为我们所做的调查涉及很多变量的评估，所以在我们的年度数据回归中，自由度接近于零，因此我们不在这里显示回归的结果，但是可以应读者的要求从作者那里获取。

值和滞后值，以及其他回归量的当前值和滞后值的基础上，用 $t+4$ 或 $t+8$ 来回归消费者物价通胀率（Δcpi）。因为我们对股票价格和收益价差的预测力感兴趣，尤其是房产价格，所以我们估算了一个基本方程式，它包含实际 GDP 的增长值（Δgdp）①、外币增长值（Δm）、短期名义利率（ir）和作为回归量的名义汇率变化率（Δexr）②，还有一个延伸资产价格方程式，此方程里，我们把住宅财产（住房）价格的变化率（Δhp）、股价变化率（Δsp）和收益率差（ys）③，增加到回归量列表中。④

因此，我们得到的基本方程式是：

$$\Delta cpi_{t+i} = \alpha + \beta_0 \Delta cpi_{t-j} + \beta_1 \Delta gdp_{t-j} + \beta_2 \Delta m_{t-j} + \beta_3 ir_{t-j} + \beta_4 \Delta exr_{t-j}$$

延伸资产价格方程式是：

$$\Delta cpi_{t+1} = \alpha + \beta_0 \Delta cpi_{t-j} + \beta_1 \Delta gdp_{t-j} + \beta_2 \Delta m_{t-j} + \beta_3 ir_{t-j} + \beta_4 \Delta exr_{t-j} + \beta_5 \Delta hp_{t-j} + \beta_6 \Delta sp_{t-j} + \beta_7 ys_{t-j}$$

$i=4$，8 分别是一年和两年的期限，$j=0$，1…是预期系数对滞后因变量 Δgdp、Δm、Δhp、Δsp 和 ys 来说是乐观的，但对 ir 和 Δexr 来说是悲观的。⑤

存在这么多的回归量，如何决定滞后期限的问题就变得至关重要。第一次估量，为了保持自由度，我们认为当估测未来通胀的时候，只有当前和先前年份的信息应该纳入考虑。但是，此次估量仍旧只留下了延伸资产价格回归方程式中的系数 65 用于估测。在这种情况下，减少自由估计的参数的数量的一种方法，是使用讯息准则来确定最佳滞后期限。因为我们不想把所有回归量的最佳滞后时间期限限制为一样的，因此我们不得不对所有可能的滞后期限组合进行回归操作。如果这样操作，可能的组合数量

① 对于爱尔兰，我们无法得到足够的长期实际 GDP 数据，因此我们使用工业生产数据代替。产出“缺口”作为需求压力的另一个测量，在下面的 2.4 节会进一步地进行讨论。

② 在初步回归的时候，基本方程式也包含了工资（小时工资）变化率和美国石油价格的变化率。因为这些变量的系数要么无用，要么正负号错误，后来我们决定从回归中删除这些变量。这些变量极有可能在最短的时间内影响到通胀，这使得它们在试图预测未来四或八个季度的通胀情况方面变得无用。

③ 芬兰和瑞典的收益率差不能包含在回归里，因为在这些国家中，不能得到在足够长的期限内的长期债券收益率。

④ 因为我们的目的是做一个标准化的说明，所以我们没有使用澳大利亚和日本的商业房产/地产价格数据，但是我们也可以包含这些数据，回归中得到的结论也可以按要求从作者那里获得。

⑤ 名义有效汇率是根据每单位的本国货币兑换的外国货币金额来衡量的。

又太多，我们不得不放弃这种办法。取而代之的是，我们决定使用连续四季度变量变动的平均值。[①]因此，我们设立了信息窗，第一个窗口代表着当前年份的变量信息，第二个窗口代表着先前年份的变量信息。因此在回归中，我们计入了每个变量的滞后0—3和4—7的平均值。对于滞后因变量，我们只计入了滞后0—3的平均值。

我们对方程式进行评估，并且删除了连续的正负号错误以及无用的变量，目的是确定最后哪个变量能够留下来。显著性是根据Newey - West自相关和异方差性相一致的标准差来评估。表2—2总结了，这次以一年和两年为期限回归缩减策略的结果，全部显示在表2—3和表2—4中。表2—2显示了每项变量的回归百分比（各国），其中的系数是正确的正负号，而且重要的变量在至少一个滞后窗中，也就是说，显著性至少达到10%的水平。最后一行显示了决定系数调整的平均值（$\bar{R}^2$）。

明显的是，当预测未来通胀的时候，当前通胀起着关键的作用，在所有的回归中，一年期限的当前年份的滞后窗表现得尤其重要，并且几乎所有的回归都是两年期限。

表2—2　　**Δcpi 的回归结果总结**

项目	一年期限		二年期限	
	不包括资产价格	包括资产价格	不包括资产价格	包括资产价格
Δcpi	100	100	91.7	83.3
Δgdp	50	33.3	41.7	33.3
Δm	83.3	58.3	66.7	58.3
ir	50	50	66.7	58.3
Δexr	25	25	41.7	50
Δhp	–	50	–	58.3
Δsp	–	25	–	33.3
ys	–	10	–	33.3
Average $\bar{R}^2$	73.3	76.3	64.3	70

注释：该表显示了每项变量的回归百分比，在回归中，系数是正确的正负号，并且重要的变量属于至少一个滞后窗，也就是说，显著性至少达到10%的水平；最后一行显示了决定系数调整的平均值。

① 这种方法的另一个实际应用见Gordon（1998）。

表 2—3　　一年期限的完整回归结果

	Δcpi	Δgdp		Δm		ir		Δexr		Δhp		Δsp		ys		$\bar{R}^2$
		1	2	1	2	1	2	1	2	1	2	1	2	1	2	
澳大利亚	0.74 ***	0.29 **		0.23 *			-0.34 **									0.66
1972.2—1998.3	0.73 ***	0.32 **		0.15			-0.26 **			0.1 *						0.68
加拿大	0.66 ***	0.37 ***	0.29 ***		0.13 **											0.82
1982.1—1998.3	0.61 ***	0.23 ***	0.2 ***		0.15 ***					0.05 **		0.03 ***				0.87
芬兰	0.65 ***			0.22 ***	0.11 **	-0.17 *	-0.35 **	-0.1 ***	-0.1 **							0.86
1981.1—1998.2	0.65 ***			0.22 ***	0.11 **	-0.17 *	-0.35 **	-0.1 ***	-0.1 **							0.86
法国	0.63 ***		0.27 ***					-0.07								0.9
1983.2—1998.3	0.63 ***		0.27 ***					-0.07								0.9
爱尔兰	0.74 ***			0.3 ***	0.27 ***											0.79
1979.1—1998.2	0.52 ***							-0.3 ***		0.22 ***	0.23 ***		0.03 **			0.87
日本	0.63 ***			0.5 ***		-0.54 *										0.67
1969.2—1998.2	0.74 ***			0.25		-0.71 **				0.22						0.69
荷兰	0.69 ***				0.17 *		-0.19	-0.12								0.75
1973.1—1998.3	0.69 ***				0.17 *		-0.19	-0.12								0.75
新西兰	0.76 ***	1.03 ***						-0.1								0.6
1980.2—1998.2	0.76 ***	1.03 ***						-0.1								0.6
挪威	0.52 ***	0.13		0.12 **	0.3 ***		-0.39 ***		-0.22 ***							0.69
1974.4—1998.3	0.65 ***	0.11		0.1	0.28 ***		-0.44 ***		-0.19 *			0.03 *	0.03 **			0.74
瑞典	0.45 ***			0.16 *	0.32 ***		-0.24									0.65
1979.2—1998.3	0.3 ***	0.19		0.13 **	0.31 ***			-0.07			0.16 **					0.7
英国	0.84 ***	0.43 **			0.1 **		-0.77 ***	-0.06								0.65
1971.2—1998.3	0.68 ***				0.06 **		-0.78 ***	-0.05			0.19 ***					0.7
美国	0.89 ***	0.24 **			0.28 ***		-0.37 ***	-0.07 **	-0.07 **							0.76
1966.1—1998.3	0.86 ***				0.24 ***		-0.33 ***	-0.04	-0.05	0.12 **					0.3 *	0.79

注释：对于每一个国家来说，第一行显示的是不包含资产价格的回归结果，第二行显示的是包含资产价格的回归结果；该表显示的是每个变量的滞后窗(1)和滞后窗(2)的系数和重要程度；*、**、***分别是重要程度在10%、5%、1%的符号；保留的系数是t-统计数字大于等于1的所有变量。

表 2—4　　两年期限的完整回归结果

	Δcpi	Δgdp		Δm		ir		Δexr		Δhp		Δsp		ys		$\bar{R}^2$
		1	2	1	2	1	2	1	2	1	2	1	2	1	2	
澳大利亚	0.76***	0.57***				-0.45**										0.47
1973.2—1998.3	0.7***	0.51***				-0.41**				0.09*						0.5
加拿大	0.48***	0.43***	0.21***	0.06												0.74
1983.1—1998.3	0.45***	0.28***	0.22***							0.06***	0.03	0.02**				0.84
芬兰	0.43***			0.17**	0.18**	-0.46***		-0.1***								0.73
1982.1—1998.2	0.5***		0.1	0.12**	0.12	-0.34***		-0.1***				0.02**				0.78
法国	0.37***	0.22**	0.11					-0.1***								0.77
1984.2—1998.3	0.37***	0.22**	0.11					-0.1***								0.77
爱尔兰	0.65***			0.4***	0.42***	-0.51**										0.71
1980.1—1998.2	0.29***			0.08	0.33***					0.2***	0.17***	0.05***	0.04***		0.43**	0.88
日本	0.51***			0.65***		-0.92**			-0.08							0.66
1970.2—1998.2	0.5***			0.56***		-1.2***			-0.08		0.18**					0.69
荷兰	0.23			0.14	0.28**		-0.25									0.64
1974.1—1998.3	0.23			0.14	0.28**		-0.25									0.64
新西兰	0.49**							-0.16**	-0.08							0.41
1981.1—1998.2	0.49**							-0.16**	-0.08							0.41
挪威	0.22*	0.14*		0.26***	0.37***		-0.5***	-0.16	-0.25*							0.68
1975.4—1998.3	0.28**			0.29***	0.34***		-0.66***	-0.23**	-0.2			0.03**				0.7
瑞典	0.32**			0.35***	0.14**		-0.5***	-0.09								0.62
1980.2—1998.3	0.28**			0.32***	0.12**		-0.37***	-0.13**		0.13*						0.68
英国	0.86***	0.54	0.64**	0.08	0.09*	-0.93***										0.58
1972.2—1998.3	0.27				0.03	-0.42*		-0.08	-0.11**	0.19***	0.25***			0.74*		0.78
美国	0.67***			0.29***	0.39***	-0.43***	-0.34***	-0.08**								0.71
1967.1—1998.3	0.82***		0.16**	0.22***	0.32***	-0.65***		-0.06		0.07**					0.34*	0.73

注释:对于每一个国家来说,第一行显示的是不包含资产价格的回归结果,第二行显示的是包含资产价格的回归结果;该表显示的是每个变量的滞后窗(1)和滞后窗(2)的系数和重要程度;*、**、***分别是重要程度在10%、5%、1%的符号;保留的系数是t-统计数字大于等于1的所有变量。

但这一结果并非出人意料，令我们更感兴趣的是其他变量的情况，尤其是资产价格。

实际 GDP 增长值在两种期限中表现得都不是很理想。当回归中包含资产价格时，在两种期限里，它都只对三分之一的国家有用。在一年的期限里，外币增长值表现得非常出色，并且在基本回归中，两年期限里的表现依然很好。当包含资产价格的时候，在一年期限内，得到的外币增长值的最显著的结果，是下降了 25 个百分点，在两年期限内，下降了 8 个百分点。短期利率在二分之一到三分之二的国家有用，在两年的期限内，表现得更好。汇率变化在一年的期限内，表现得相当不好，但是在两年期限内，所得的显著产量几乎翻倍了。或许令人惊讶的是，在较长期限内，汇率似乎是通胀更好的指标。

大体上看来，资产价格在两年期限内，比在一年期限内对通胀的指示作用更大。另外，房地产价格通胀表现得更好，分别在 50% 和 58% 的国家有显著表现。股票价格通胀和收益率差①表现得不是很好，两者都是在三分之一的国家，至少一个重要的滞后窗中，两年期限内达到了最好的效果。当包含资产价格的时候，虽然改善的程度不是很大，但决定系数调整的平均值表现得更好，改善程度在两年期限内表现得更明显。

那么，我们该如何评估这次实践的结果？在提前一年的预期里，我们看到外币增长值居于第一位，短期名义利率和房价变化率并列第二位，实际 GDP 的增长值排在第四位，汇率变化率是第五位，收益率差是最后一位。

在提前两年的预期里，利率、房价通胀以及货币增长值都排在第一位，汇率变化率上升到第四位，其他三个变量并列第五位。因此，外币增长值、短期名义利率和房价通胀都是这次比赛的赢家。

关于通胀测定的大多数研究都使用通胀率作为因变量，这当然有很好的理由，因为我们认为，在大多数发达国家，通胀率和短期名义利率长期内都将不会发生变化。我们使用放大的迪基—富勒鉴定标准测试所有变量的稳定性。这是普遍采用的方法，结果显示，消费者物价通胀率和短期名

① 应该值得注意的是，收益率差的表现评估是基于 10 个国家的回归，而不是 12 个国家，因为在芬兰和瑞典的回归中，我们没有包含收益率差。

义利率显得不稳定，而所有的其他变量大体上都比较稳定。我们推测政治制度改变使通胀率和利率在短期内显得 I（1），但长期看来它们都是稳定的。但是为了考虑非稳定的通胀率和利率的可能性，我们决定用消费者物价通胀率的变化（$\Delta^2 cpi$）代替之前的$\triangle cpi$ 作为因变量，用短期名义利率的变化（Δir）代替之前的 ir 作为回归量。

出于这一特定目的，我们严格地重复了之前我们做过的操作，表2—5是对结果的总结。比起之前的情况，实际 GDP 增长值似乎是通胀率变化的更有用的预警器，在所有的变量中，至少有三分之二在回归中显得显著性重大。

表 2—5　　$\triangle^2 cpi$ **的回归结果总结**

项目	一年期限		二年期限	
	不包括资产价格	包括资产价格	不包括资产价格	包括资产价格
Δgdp	83.3	66.7	75	66.7
Δm	25	25	25	25
Δir	33.3	58.3	25	25
Δexr	8.3	25	16.7	16.7
Δhp	—	41.7	—	50
Δsp	—	16.7	—	25
ys	—	33.3	—	41.7
Average $\overline{R}^2$	26.3	32	28.9	38.1

注释：该表显示了每项变量的回归百分比（各国），在回归中，系数是正确的正负号，并且重要的变量在至少一个滞后窗的显著性至少达到10%的水平；最后一行显示了决定系数调整的平均值。

利率变化并不像未来通胀变化的良好预警器，但是除了在一年期限中，当包含资产价格的时候，显著性达到了58%以上，外币增长值和汇率表现得相当不好，显著性从来没有超过回归的25%。

另外，资产价格的有效性似乎延长了预期期限，并且房价变化率再一次是最好的表现者。在两年期限中，收益率差似乎是通胀率变化的相当有用的预警器，显著性多于回归的40%。股票价格通胀似乎也不是通胀变化的有用预警器。包括资产价格的一致性方面的平均改善，比在其他规格中的表现得更加明显，但是 $\overline{R}^2$ 的较低水平显示出，所有变量都不能很好地解释通胀率的未来变化。令人惊奇的是，其在两年期限内的平均一致性表现得更好。

这次像跑马比赛一样的结果，显著不同于之前我们所做的。两种期限中，实际 GDP 的增长值是清晰的、毫无疑问的赢家。在一年的期限中，汇率变化居第二，房价通胀率居第三，收益率差居第四。在两年的期限中，房价通胀率和收益率差分别上升到了第二位和第三位。因此，实际 GDP 增长值和房价通胀率都是赢家，而外币增长值、汇率变化和股票价格通胀率是这次比赛的失败者。

2.4 总结

我们得到了哪些成果？首先，通货膨胀是高度自相关的，因此考虑到这种程度的自相关之后，人们需要审查其他变量的解释价值。我们得到的结论显示，对这个自相关变量如何进行考虑也是非常关键，也就是说，是否应该把通胀率假设成一个非稳定性的变量。放大的迪基—富勒鉴定结果显示，通胀率是 I（1）。然而，我们推测政策制度变化时，引起通胀率和利率短期内出现 I（1）的情况，但在长期看来它们是稳定的。因此，我们的结论将集中在我们的结果对通胀率水平的预期值的启示，而非对通胀率变化的启示。所得的通胀率变化的结果，有时和之前的结果相冲突，但是应当被看做是这些结论的限定性条件。

在很多现行的标准模式中，对于接近封闭的经济，通胀的决定因素被认为是实际活动的衡量、过去（或期望的）通胀率和利率；在更开放的经济形势中，决定因素增加了汇率（有时是一种货币状况指数的综合形式）。从这些估算的简约方程中，我们得出的令人惊奇的结果是，实际 GDP 的增长值在解释通胀非自相关变化中表现得相当拙劣（相对于我们之前的期望值来说）。

有人或许争论说，我们的实际活动、实际 GDP 增长值的估量，是实际产出缺口和未来通胀压力的不合格的代表。通常情况下，产出缺口是采用某些趋势过滤法，例如，霍德里克—普雷斯科特过滤法，计算出潜在产出的估量，这些趋势过滤法使用过去的和未来的 GDP 信息过滤趋势。因为现在我们不知道未来的 GDP，因此 GDP 是根据评估未来通胀时得到的数据不可能是可估量的，所以不能真实地反应评估得到的信息。虽然我们冒险使用根据霍德里克—普雷斯科特过滤法得到的产出缺口的估量，代替实际 GDP 增长值重新进行所有的回归，但是这个产出缺口的估量表现得并不是很好。

或许这些结果主要反映了在我们的数据预测期外产出缺口的结果性的改变，但这并不是采取“缺口”的单一措施得到的。毫无疑问，对产出缺口系列的调整，可能促使需求压力变量和通胀浮动的经济关系更密切。但是有人会问，我们对其他变量是否也能做相似的调整（数据挖掘）。

另一个较弱的表现是汇率的变化（百分比）。令人惊奇的是，汇率作为未来通胀压力指标的功能，已经在文献中和中央银行的规章中备受关注。但是下文将指出它的资格不够，对此不要感到惊奇。

在这些结果中显得更强大的（比我们之前猜想的）三个解释变量，尤其是在两年期限中，是货币型变量的变化，即外币自身的增长率、当前的和过去的短期利率，尤其还有当前以及之前的房价通胀率。这些结果中在评估通胀时，需要给予更多权重的是货币变量，特别是放假变动，尤其是在两年的期限中，要比在当前的一些模式中给予的权重更大。这主要通过实际汇率对实际消费（和名义利率对汇率）的影响，整合货币政策传导机制。这里或许存在的一个问题是，关于关键的经济互动关系的观点，被美国的经理控制着，美国是具有最佳数据的主要经济体，并且是最好的经济学家云集的地方。像其他的研究人员一样，我们发现收益率差是美国通胀的有用的附加指标，但是在美国之外的其他地方用处甚微，那里房价的影响很小但也很有意义，但是，不像很多其他国家，美国的房价的循环变动相当轻微（总体来说），或许这是因为容易得到土地和廉价的木结构建筑增加了供应弹性。

尽管如此，房价的加入并不能为解释美国通胀提供任何实际帮助，并且美国的经历被预测为一个普遍的真理。

相比之下，实际上很多其他国家在 20 世纪 70 年代早期和 20 世纪 80 年代晚期，房价至少经历了两次强大的循环，这都预示着强大的通胀潮。相关联系并不能证明因果性，可能是房价周期和商品、服务的价格

（CPI）通胀周期很不相关，或者是由共同因素推动。因此，在我们的数据集中只有很少一部分（实际）的自由度。

这暗示了，我们应该将这项研究扩展到使用年数据，探究房价（和其他资产价格）在更长时间期限内对通胀的影响，这将是我们在这一领域的下一个研究应用。同时，关于房价通胀作为未来 CPI 通胀趋势的向导，对此也要持怀疑的态度。

在本章开头部分，我们注意到大多数的经济学家同意，只要资产价格变动对预期通胀的变化有提示作用，那么金融主管当局就应该考虑到它们。现在我们要做的是，在是否有一套非标准的资产价格的基本预测方程式之间，进行一场跑马赛。我们断言，这样的资产价格，尤其是房价，在大多数的情况下，我们的数据集可以用以帮助评估（预测）未来的 CPI 通胀率。

这是否能够导致怀疑论者修改他们的立场，对此我们非常怀疑。通常情况下采取的标准，不是在实践中资产价格是否有助于预测“约化型”框架中的通胀（即此处使用的简单框架），而是此类资产价格中的变化，如何以及为何可以被运动到一个更大、更连贯的预测模型的结构方程式中。这可能是一个与以前不同的、可能更加困难的应用。

第3章

金融状况指数

3.1 引言

货币状况指数（MCI），即短期利率和汇率的加权平均数，已经普遍被用作（至少在开放型经济中）货币政策观点的综合测量标准。MCI是基于实证发现，即通胀压力是由超过的累积总需求决定的，货币政策主要通过它对短期利率和实际汇率的杠杆作用影响累积总需求。货币政策观点的变化影响短期货币市场的利率，然后影响家庭和公司的投资与存款决定，并且因此影响国内需求状况。如果改变短期利率的变化，其他条件不变，相对于世界上的其他国家来说，就会形成利率差，结果或许会导致实际汇率的变化，然后会影响国内公司相对于国外公司的竞争性，从而影响国外的需求状况。

货币传导过程的理论和实证研究的最近发展，暗示了房地产和证券价格通过财富和资产负债表的影响，在货币政策传导过程中或许也起着重要的作用。货币政策可以通过套汇的影响以及已贴现的预期未来股息的变化，来影响房地产和证券的价格，这或许会引发财富效应和货币政策对资产负债表的影响。因此，从理论的观点来看，将除了利率和汇率以外的其他资产价格也看做是货币政策观点的指示针是非常合理的。在下文中，我们将尝试得到七大工业国的引申货币状况指数或者金融状况指数（FCI）。FCI 的重要性，是我们根据约化型总需求方程式的系数估测和被认可的 VAR 脉冲响应得到的。

3.2 创建金融状况指数：策略和问题

3.2.1 总战略

我们的目的是创建一个货币或金融状况的总测量指数，即金融状况指数（FCI）。它是由短期利率、实际有效汇率、实际房价和实际股价组成的。[①] 我们将 FCI 定义为：$FCI_t = \sum_t w_i(q_{it} - \bar{q}_{it})$

其中，q_{it}代表在期限 t 内的资产 i 的价格；$\bar{q}_{it}$代表在期限 t 内资产 i 的价格的长期趋势或平衡值；w_i 代表在 FCI 中资产 i 价格的相对权重。[②]

参照 MCI 的创建，在 FCI 中评估各项资产价格的权重有三种可能性：

①在大规模宏观经济模型中模拟；

②约化型累积总需求方程式；

③VAR 脉冲响应。

大规模的宏观经济模型被国家中央银行和政府组织使用，其中一些是供公众使用的。但是，大规模的宏观经济模型不能提供关于房价的明确作

---

① 当然，包含长期利率也是可取的。因为在很多国家，与短期利率相比，长期利率与累积总需求状况的相关性更高。我们面临的问题是，我们想集中关注实际变量，但是并不清楚如何进行长期利率的测量。人们需要做的是，在一段期限内，测量预期通胀等于债券长期基本收益的成熟期值。我们试着根据通胀三年变化的平均值，进行通胀预期的测量，但是被测量的实际长期利率结果在产出缺口方程式中总是出现错误的符号，这表明该测量可能是实际长期利率测量中比较差的代表。因为这个原因，我们决定从分析中去掉长期利率。

② 这个定义并不符合 MCI 的通常定义，其中，利率和汇率被设定为与它们在基本周期中的水平有关。因为房价和股价是趋势变量，这样的定义将会导致 FCIs 的趋势。为了避免出现这种情况，我们设定资产价格与长期趋势或平衡的一些测量有关。

用，主要是由于很难得到数据，在一些情况中，我们通过以内插值替换的数据避开这个问题。由于房地产价格的作用是本章最重要的部分，因此，我们不能使用大规模的宏观经济模型，因此不得不使用另外两种选择。

约化型模型是由将 CPI 通胀率和产出缺口联系起来的菲利普曲线与将产出缺口和从短期实际利率、有效的实际汇率、实际房价和实际股价长期趋势中得到的差异相联系的 IS 方程式组成的。FCI 是根据累计总需求方程式中估计的系数创立的。另一种说法是，FCI 的重要性是根据由出现在约化型模型中的相同变量组成的 VAR 的脉冲响应得到的。

3.2.2 建立资产价格长期趋势模型

人们如何建立资产价格长期趋势模型？短期利率在这一方面很容易，因为它通常被认为是均值回归的。但是实际汇率、实际房价和实际股价的情况如何？图 3—1 展示了这些资产价格在 1972 年至 1998 年期间的发展情况。从中可以清楚地看到，均值回归的假定并不适合以推动这些变量的过程为特征。有一个大型文献辩论说，资产价格是随机游动的，不能确定资产价格的平衡值。另外，也有一个大型的、影响逐渐增长的文献是关于怎样建立平衡资产价格的模型的。我们的观点是，只要依据过去经济发展情形分析，通常可以确定资产价格失调的时期。因此我们这里应用了第二种观点中的方法——评估资产价格遵照（可能随时间变化的）决定论的趋势，但并非随机的。

使用最普遍的实际汇率的平衡概念是购买力平价。它暗示了在其传统形式中，实际汇率是均值回归的。[①] 但是，也存在实际汇率的实际决定因素，它能引发实际汇率的长期确定趋势。例如，巴拉萨—萨缪尔森效应暗示了，如果一个国家在它的可贸易商品领域，比它的贸易伙伴有更高长期生产率增长值的话，那么它的实际汇率将长期上涨。因此，在实际汇率中有一个长期趋势。正因为如此，我们利用一个不变的线性趋势回归实际汇率，制作了实际汇率长期趋势模型。

根据相关论据，我们对实际房价采用了同样的方法，得出了房价与建

---

① 在预测平衡汇率时有几个竞争性的观念，其中的大多数都要求大规模的宏观经济模型。因此，如果阐述所有的概念，将超出本文的范围。Mac Donald（2000）提供了关于所有观念的综合概述。

筑成本有关的结论，实际房价将遵循一个长期确定趋势，因为建筑领域的生产率是以比总体生产率低的速度增长的。因此，房价的长期趋势也是以一个不变的线性趋势回归实际房价来制作模型的。

对于实际股价来说，情况更困难。根据标准的资产价格模型，当今的股价应该反映未来实际股息已贴现的总和。如果贴现率和未来股息的期望增长率都不变，实际股价可以通过 $P = D/(r - g)$ 得到，其中，D 代表实际股息；r 代表贴现率；g 代表股息的长期增长率。因为股息与实际活动有关，所以似乎也可能用线性趋势建立股价的长期趋势模型。

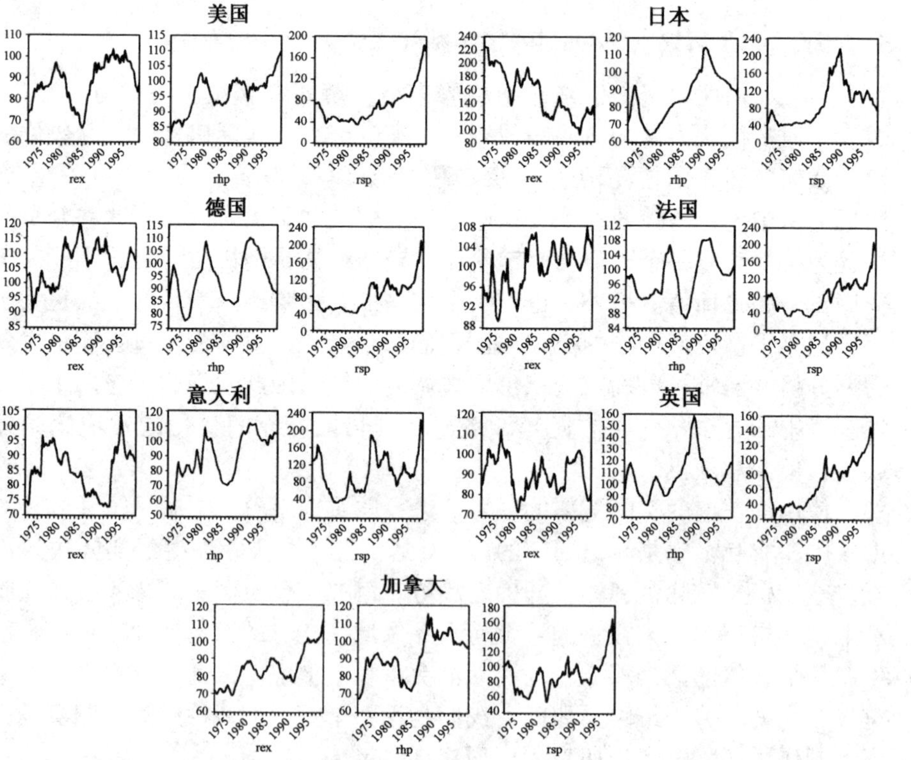

图 3—1　七大工业国的资产价格动向（1972—1998）

注释：*rex* 代表以 CPI 为基础的有效实际汇率（每单位的外国商品对应的每单位的本国商品）；*rhp* 代表实际房价指数；*rsp* 代表实际股价指数。

但是，实际股价动向的直观检测显示，利用线性趋势，我们不能掌握股价的动向。在1970年至1998年期间，实际股价似乎或多或少地遵循了以下变化趋势：在1974年首次石油危机之前，一直保持一个偏高的水平，在首次石油危机之后，保持一个偏低的水平；在20世纪80年代早期，保持上升的趋势。问题是，股息的预期长期增长率还不能被确定为持久不变的。由石油价格上涨和一些国家的工会工资压力造成的不利供应状况，可能会对预期的未来股息增长造成负面影响，因此导致了20世纪70年代早期的股价下跌。在20世纪80年代早期之前，股票价格一直保持着较低的水平，那时油价开始跌落，在很多保守的国家，政府制定政策措施，以改善其经济的供应方面，因此造成了预期未来股息增长值的上涨。结果，由于期望值的影响，实际股价长期趋势随时间变化。因为这个原因，我们用霍德里克—普雷斯科特过滤法，以10 000的高平滑参数预测实际股价的趋势，目的是得到一个平滑的随时间变化的趋势。

表3—1公布了衍生资产价格缺口的单位根检测统计数据。在大多数情况下，非定常性的零值无疑被舍掉，因此从这些缺口测量的回归中，得到了有效的检测统计数据。

当用约化型方程式和VAR估测FCI的重要性时，我们从关于MCI的文献中，沿用了几个潜在的理论（Eika、Ericsson和Nymoen，1996；Ericsson等人，1998）。其中也适用于我们分析的主要评论是：

①参数的非恒定性；

②依据衍生权重建立的模型；

③回归量的非外生性。

参数的非恒定性是我们分析中的潜在问题，我们的样本期包含了布雷顿森林体系后期。它被视为一个单一体制，其中，欧洲大陆国家采用固定汇率，七大工业国主要采用灵活汇率。但是我们的样本期仍被视为包含了多于一种体制。20世纪70年代的特征是石油危机、一定程度的宽松的货币政策和一些国家的劳资纠纷。20世纪80年代，由于七大工业国宏观经济政策模式的改变致使通胀减弱，同时此政策模式大力强调稳定和在七大工业国的大多数国家供应方面状况的改善。20世纪90年代，德国的再次统一和日本的资产价格泡沫破裂，使这些国家处在长期的萧条期。因此，参数的非恒定性是我们分析的潜在问题，我们试图主要通过做标准断点测试的方法来控制。

表3—1　　资产价格缺口的单位根检测

国家	利率	汇率	房价	股价
美国	-1.88*	-2.49**	-2.09**	-4.80***
	-3.62***	-1.58	-1.75*	-3.93***
日本	-3.01***	-2.92***	-4.23***	-3.11***
	-4.85***	-2.20**	-2.99***	-2.99***
德国	-3.28***	-2.59***	-3.23***	-4.02***
	-5.02***	-2.29**	-1.75*	-3.09***
法国	-1.91*	-3.45***	-3.78***	-4.04***
	-3.35***	-3.36***	-1.95**	-3.23***
意大利	-1.87*	-2.11**	-2.35**	-3.59***
	-3.00***	-2.08**	-2.54**	-2.37**
英国	-2.30**	-2.71***	-3.62***	-4.16***
	-4.13***	-2.32**	-2.01**	-3.97***
加拿大	-2.15**	-1.68*	-2.21**	-3.78***
	-3.56***	-1.50	-1.91*	-3.45***

注释：该表显示了每个国家和每项资产价格的相关数据，首先是增强型迪基—富勒（Dickey-Fuller）的统计数据；其次是根据四个滞后差异和四个单独的滞后截断的回归，然后是没有拦截和倾向回归进行的菲利普斯—佩龙（Phillips-Perron）检定的统计数据。*、**、***分别表示等级在10%、5%、1%的单位根假设的抑制程度，各自的临界值分别是-1.62，-1.94，-2.58（MacKinnon，1991）。

依赖估算效果的模型是一种潜在的警告，该警告可以适用于任何种类的实证分析。我们不能建立（或使用）大规模的宏观经济模型，我们也不能包含可能影响累积总需求和通胀的每一个变量，因此我们得到的权重当然取决于我们确定的模型的方式。然而，我们希望选择的模型规格足够解决危急中的问题。

回归量的非外生性或许被看做是特别适合我们分析的问题，由于房地产和股票价格通常被看做是以前瞻型为特征的变量，因此在估算方程式中，将它们包含在回归量中，或许更为有利。然而，同时出现的问题可能是，在分析中包含了利率和汇率。中央银行在预测未来积极的产出差距的情况下抬高利率，预测未来积极的差距下抬高汇率。因此，在分析中包含房地产和股票价格，并不能够引发之前没有存在的问题。在关于货币政策传输和货币政策规章的文献中，总是假设中央银行提供的资料是以内生变量和外生变量的滞后期为特征的，因此不会同时出现问题。但是，为什么资产市场有关于未来产出和通胀的信息呢，而且这些信息要比中央银行提供的那些质量还要高？没有任何理由应该如此，即使股市投资者都是完全理性的。

3.3 七大工业国的金融状况指数

FCI 的权重是根据简单的累积总需求方程式里系数的约化型评估，以及被认可的 VAR 脉冲响应得到的。分析的样本期是 1973 年的第一季度到 1998 年的第四季度，因此包括了布雷顿森林体系的后期和欧洲货币联盟的前期。

3.3.1 约化型评估

为了评估货币政策在传导过程中金融变量的重要性，我们估设了一个由鲁迪布什和斯文森（1998）提议的标准通胀目标模型的延伸版本。在这一结构中，经济是通过后顾性供应（或菲利普斯曲线）和后顾性需求（或 IS 曲线）建立模型的。

$$\pi_t = \alpha_1 + \sum_{i=1}^{n_1} \beta_{1i}\pi_{t-i} + \sum_{j=1}^{n_2} \beta_{2j}y_{t-j} + \sum_{k=0}^{n_3} \beta_{3k}dpo_{t-k} + \varepsilon_t \tag{1}$$

$$y_t = \alpha_2 + \sum_{i=1}^{m_1} \gamma_i y_{t-i} + \sum_{j=1}^{m_2} \lambda_{1j}rir_{t-j} + \sum_{k=1}^{m_3} \lambda_{3k}rex_{t-k} + \sum_{l=1}^{m_4} \lambda_{4l}rhp_t\Delta_l + \sum_{p=1}^{m_5} \lambda_{5p}rsp_{t-p} + \sum_{q=1}^{m_6} \lambda_{6q}y_t^{oecd} + \eta_t \tag{2}$$

其中，π代表消费者物价指数的四季度通胀率①，作为 CPI 记录中的四季度变化的衡量标准。y 代表工业生产和潜在工业生产的百分比差额，其中潜在工业生产是用霍德里克—普雷斯科特过滤法，以 1 600 的平滑参数计算出来的。*dpo* 代表世界油价的季度变化，这个变量作为供应危机的代表，有助于缓解异方差性。*rir* 代表采取措施后的实际短期利率，作为短期货币市场利率低于季度通胀率的衡量。*rex*、*rhp*、*rsp* 分别代表的是实际有效汇率②、实际房价，以及实际股价和它们的长期趋势值之间的百分比差额，并作为以上所述的衡量标准。y^{oecd}代表经合组织的产出差额。

菲利普斯曲线和 IS 曲线分别是用普遍最小二乘法，在 1973 年 1 月—1998 年 4 月的样本期评估的。滞后的阶数已经通过一般到特殊的建立模型的方法制定好了，保留了从第一个到最后一个有显著性的所有滞后。表 3—2 和表 3—3 显示了外生变量的系数总数，括号内是 t 的统计数字，还有一些鉴定数据：调整后的决定系数（$\bar{R}^2$），未知断点 F 检验的上限（Sup－F）（安德鲁，1993），一阶自相关检验（LM1），以及达到五阶自相关的检验（LM5），怀特的异方差性检验（H）和哈尔克—柏拉的常态检验（N）。*、**、***分别代表系数的显著性或等级在 10%、5%、1% 的检验统计数据。

表 3—2 公布了 7 大工业国的菲利普斯曲线估算的数据。1% 水平的产出缺口对所有国家的意义都很重大，对通胀的估测影响范围介于 0. 057（德国）和 1. 14（英国）之间。石油价格对所有国家来说也很重要，尤其对意大利和英国的通胀影响巨大。由于空间的局限性，滞后因变量的估测没有公布出来。所有的情况显示，滞后通胀期限的总和的统计显著性不超过 1。估测方程式的适合性和判断性令人满意，并没有显示出严重的设定误差。在剩余误差中，只有日本和英国存在一些非常态性的有缺欠的迹象。然而，尽管包含了世界油价的变化，但是我们仍旧不得不包含石油危机时期，这存在一些较大异常值的虚拟变量。

① 我们用四季度通胀率而不是季度通胀率，原因是同比通胀率当然与政策决定中的通胀措施有很大的关联，当考虑到四季度差异时，季度通胀率表现出明显的不同。

② 汇率作为每单位的外国货币兑换本国货币的衡量标准，因此实际汇率的上涨代表着实际的货币贬值。

表3—2 **非利普斯曲线的普通最小二乘法的估算**（1973.1—1998.4）

国家（滞后）	系数估算（总数）		鉴定数据		
	gap	*dpo*	$\bar{R}^2$ / Sup－F	LM1 / LM5	H / N
美国	0.066***	0.006***	0.98	0.01	37.56
（1－9，1－3，0－2）	(2.92)	(4.46)	2.48	1.77	1.92
日本	0.085***	0.002*	0.98	1.18	33.33*
（1－9，1，2）	(3.41)	(1.77)	10.63	7.42	4.07
德国	0.057***	0.002***	0.95	1.77	14.71
（1－5，1－4）	(3.05)	(2.79)	2.11	5.12	0.09
法国	0.064***	0.006***	0.99	2.39	14.40
（1－5，1）	(3.46)	(6.09)	7.37	5.57	0.58
意大利	0.096***	0.014***	0.99	0.92	30.27
（1－7，1，0－3）	(3.60)	(6.55)	5.07	8.66	0.73
英国	0.14***	0.014***	0.97	1.23	33.97
（1－5，1，0－4）	(3.07)	(5.44)	4.45	8.21	7.33**
加拿大	0.099***	0.002**	0.98	0.19	28.07
（1－6，1－3，0－1）	(4.68)	(1.97)	2.90	2.43	2.78

注释：自变量是四季度的通胀率。*gap* 代表产出缺口；*dpo* 代表世界油价的季度变化。该表显示了系数估算的总数，括号内是 t 的统计数字。$\bar{R}_2$ 代表调整后的决定系数；Sup－F 代表根据安德鲁（1993）的未知断点的检验；LM1 和 LM5 分别代表的是一阶和达到五阶的自相关的检验；H 代表怀特的异方差性检验（White，1980）；N 代表哈尔克—柏拉的常态检验。*、**、***分别代表系数的显著性或等级在 10%、5%、1% 的检验统计数据。

为了减少一些情况的异方差性和非常态性。① 表3—3 公布了 IS 方程式的估算。除了美国的实际汇率，所有国家的所有资产价格，都非常有意义地编入了 IS 方程式。另外，由于空间局限，我们不能公布滞后自变量的估算。产出缺口代表所有国家留存的显著性，滞后产出缺口系数的总和平均等于 0.7，然而小于 1 就代表了显著性。在经合组织中，只有德国和意大利的产出缺口的加入有显著性，因此去除了其他国家的产出缺口。适合性和判断性并没有显示出任何的设定误差，只有在加拿大和美国存在一

① 包含的脉冲虚拟变量是日本的 74Q1；德国的 74Q1 和 93Q1；法国的 80Q1 和 82Q3；意大利的 76Q1 和 76Q2；英国的 75Q2 和 75Q3。

些非常态性的有缺欠的迹象。关于菲利普斯曲线，良好的剩余误差通常只能在包含有较大异常值的虚拟变量的方程式中得到，其中的大多数与石油危机有关。①

表 3—3　**需求方程式的普通最小二乘法的估算**（1973.1—1998.4）

国家	系数估算					鉴定数据		
（滞后）	*rir*	*rex*	*rhp*	*rsp*	*oecd*	$\bar{R}^2$	LM1	H
						Sup-F	LM5	N
美国	-0.111*	-0.009	0.061**	0.032***	-	0.92	0.77	33.40
(1-4,1-4,1,1,1)	(-1.94)	(-0.57)	(2.13)	(2.98)	-	4.38	4.15	5.50*
日本	-0.109***	0.022**	0.115***	0.016*	-	0.93	2.19	19.22
(1-4,6,1,1-3,1)	(-2.94)	(2.04)	(3.12)	(1.98)	-	2.92	8.17	2.74
德国	-0.316***	0.065***	0.092**	0.047***	0.309***	0.84	0.23	18.04
(1-5,1-2,1,1,1)	(-4.02)	(2.82)	(5.09)	(4.92)	(3.97)	2.25	4.69	0.56
法国	-0.173***	0.063*	0.058***	0.029***	-	0.80	0.15	23.17
(1,1-3,1,1,1)	(-4.13)	(1.71)	(2.97)	(3.51)	-	5.76	2.78	0.75
意大利	-0.116***	0.042*	0.036**	0.03***	0.560***	0.84	1.70	37.06
(1-4,3,1,1,1-6)	(-3.11)	(1.75)	(2.41)	(3.52)	(5.22)	4.52	5.56	2.34
英国	-0.066**	0.036***	0.020**	0.022**	-	0.88	0.68	16.35
(1-4,1,1,1,1)	(-2.39)	(2.99)	(2.13)	(2.46)	-	1.29	9.28	4.15
加拿大	-0.078**	0.041**	0.034***	0.033***	-	0.94	0.04	23.75
(1-4,1,1,1-2,1)	(-2.15)	(2.17)	(2.77)	(3.22)	-	2.62	6.01	5.27*

注释：自变量是产出缺口，*rir* 代表采取措施后的短期实际利率；*rex* 代表有效实际汇率缺口；*rhp* 代表实际房价缺口；*rsp* 代表实际股价缺口；*oecd* 代表经合组织的产出缺口。该表显示了系数估算的总数，括号内是 t 的统计数字。$\bar{R}^2$ 代表调整后的决定系数；Sup-F 代表根据安德鲁（1993）的未知断点的检验；LM1 和 LM5 分别代表的是一阶和五阶的自相关的检验；H 代表怀特的异方差性检验（怀特，1980）；N 代表哈尔克—柏拉的常态检验。*、**、*** 分别代表系数的显著性或等级在 10%、5%、1% 的检验统计数据。

3.3.2 VAR 估算

在先前的章节中，对约化型模型的估算，是根据传导机制的特定观点进行的。资产价格影响产出缺口，然后影响通胀。但是，资产价格或许也通过其他途径影响通胀。通胀的直接影响可能与汇率和房价有关，通过它

① 包含的脉冲虚拟变量是美国的 75Q1 和 80Q2；日本的 74Q3、74Q4、75Q1 和 93Q4；法国的 74Q4 和 75Q2；意大利的 74Q4、75Q1、79Q1 和 81Q3；英国的 74Q4、75Q2、75Q3、79Q2 和 82Q2；加拿大的 75Q1、80Q2、83Q1 和 85Q1。

们分别对进口商品的价格和住房成本产生影响。估算的约化型方程式实际上并没有什么意义，但是从排除限制条件的VAR中得到的产出缺口和通胀方程式却意义重大。在本节中，我们研究了另一种估算FCI权重的方法，即根据被认可的VAR中通胀对资产价格冲击的脉冲响应。出于这个目的，我们估设了一个包含与菲利普斯曲线和IS曲线中的变量相同的VAR变量，包括四季度通胀率、产出缺口、短期实际利率、实际汇率缺口、实际房价缺口和实际股价缺口。冲击是使用标准的乔里斯基因数分解法查明的，对于欧洲大陆国家来说，顺序依次是产出缺口、CPI通胀率、实际房价、实际汇率、实际利率和实际股价，对于所有的其他国家来说，我们颠倒了实际汇率和实际利率的顺序。在关于货币传导的文献中，前两个变量的顺序是相当标准的，即产出缺口同时能影响通胀，并且没有变量对任何其他变量的冲击立即做出反应。

房价排在第三位，因为房价是相当稳定的。股价排在最后，因为股价很灵活，因此被认为是能对其他所有变量立即作出反应。关于利率和汇率的排序比较困难①，因为这两个变量同时存在一个潜在问题——对于欧洲大陆国家来说，我们将汇率排在利率之前，因为这些国家采用一定程度的固定汇率制度，因此我们似乎更应该认为，汇率同时应该加入货币政策反应函数，但是以一个滞后反应的是汇率冲击。这一观点并不适用于其他的所有国家（这些国家的汇率被排在利率之后可能原因是，利率不会同时对汇率作出反应）。然而，改变利率和汇率的顺序，不会对脉冲响应有巨大的影响。

VAR的滞后阶数采用的是从一般到特殊的策略，允许的最大滞后阶数是5，加拿大、德国、日本和英国确定的滞后阶数是3，美国是2，意大利是4，法国是5。世界油价的当前和一定期限的滞后变化，被选入作为VAR的外生变量。我们也加入了约化型方程式中的一套虚拟变量，并且在德国和意大利的VAR中加入了滞后经合组织产出缺口，并且在这些国家的约化型产出缺口方程式中给予它极高的显著性。②

---

① 汇率和利率同时存在的潜在问题，在实证VAR文献中的解决还不能令人信服，并且这些问题是否是实证性地相关，对此也不很清楚，见Bagliano等人（1999）。

② 为了得到有显著性的产出缺口和通胀率的脉冲响应，证明必须包含约化型方程式中脉冲虚拟变量。在意大利的VAR中，包含经合组织产出缺口对改善脉冲响应非常有意义。

脉冲响应表明，利率波动对产出缺口和 CPI 通胀的影响都很重要。脉冲响应似乎确认了以前的理论，即货币政策改变首先影响产出缺口（平均影响最大的时期是第五个季度），然后影响通胀（平均影响最大的时期是第十二个季度）。因此，我们的结论和之前的货币政策传导机制的理论信念完全相符。其他资产价格的结论非常混杂，汇率的脉冲响应总是具有正确的正负号，但是只在日本、法国和英国得到了显著的产出缺口响应。

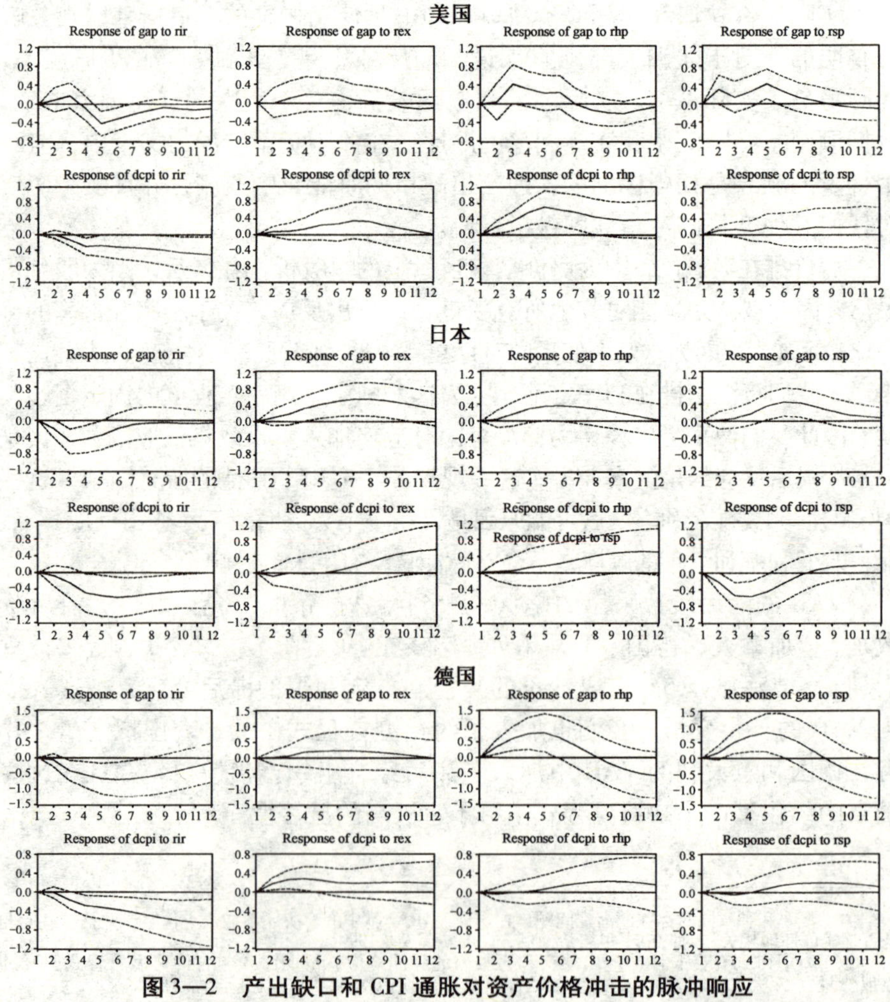

图 3—2　产出缺口和 CPI 通胀对资产价格冲击的脉冲响应

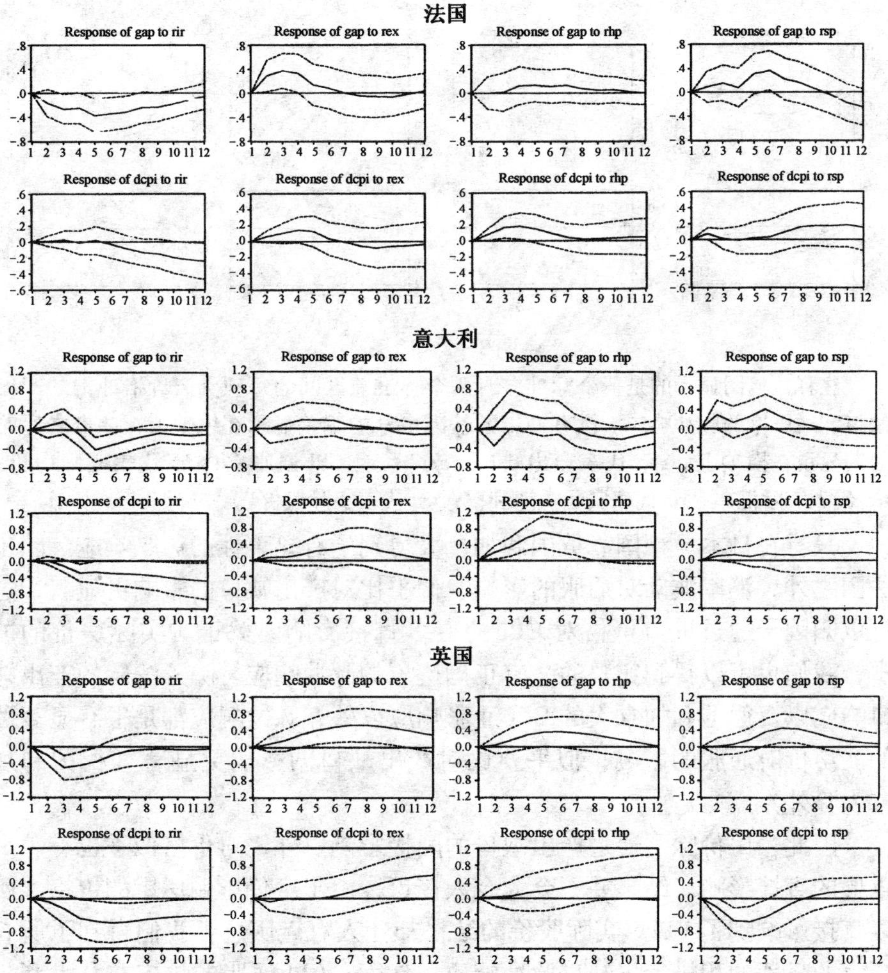
法国
Response of gap to rir
Response of gap to rex
Response of gap to rhp
Response of gap to rsp
Response of dcpi to rir
Response of dcpi to rex
Response of dcpi to rhp
Response of dcpi to rsp
意大利
Response of gap to rir
Response of gap to rex
Response of gap to rhp
Response of gap to rsp
Response of dcpi to rir
Response of dcpi to rex
Response of dcpi to rhp
Response of dcpi to rsp
英国
Response of gap to rir
Response of gap to rex
Response of gap to rhp
Response of gap to rsp
Response of dcpi to rir
Response of dcpi to rex
Response of dcpi to rhp
Response of dcpi to rsp

图3—2　续图

加拿大

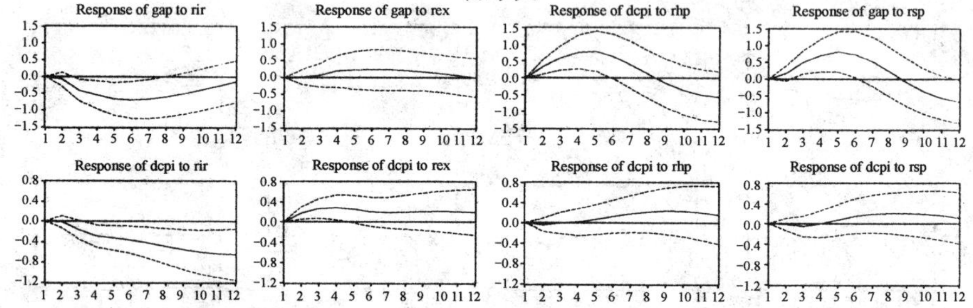

图 3—2　续图

注释：该图显示的是一个标准差对两个标准差区间的每项资产价格冲击的产出缺口和通胀率的脉冲响应。没有冲击的基准情景的偏差显示在纵轴上，冲击之后的时期显示在横轴上。*gap* 代表产出缺口；*dcpi* 代表 CPI 通胀率；*rhp* 代表实际房价；*rex* 代表实际汇率；*rir* 代表实际短期利率；*rsp* 代表实际股价。

只有在日本、德国、英国和加拿大得到了有显著性的通胀响应。除了法国之外，汇率波动对通胀的影响，似乎比对产出缺口的影响更显著，这可以归因于通过进口价格对 CPI 的更多直接影响。关于对实际房价的冲击，我们也可以得到完整的、有正确迹象的脉冲响应。除了法国的产出缺口响应以及德国和加拿大的 CPI 通胀响应以外，脉冲响应都是很有显著性的。房价对通胀的影响，似乎要比对产出缺口的影响更显著（德国和加拿大除外）。

因此，房价除了通过产出缺口的间接影响以外，对价格似乎也有一个重要的直接影响。结果并不会太令人惊讶，由于房价影响房屋的价格，所以直接影响到了 CPI。实际股价的结果却让人有点困惑，我们得到了所有国家的显著的积极产出缺口脉冲响应。然而，CPI 通胀的响应在意大利是最显著和积极的，在德国的响应是消极的而且是不显著的，在英国的响应甚至是有显著的消极。这样的结果很难解释。我们能想到的唯一可能的解释是，实际上有一个前瞻型的成分驱使股价冲击。如果股票市场期望未来有较低的通胀，那么它们也期望未来有较低的利率。这可能超过了稍高的股价通过产出缺口对消费价格的积极影响。

另一个让人感兴趣的问题是资产价格对利率冲击的响应。该响应显示在图3—3中。我们发现响应是相当混杂的。

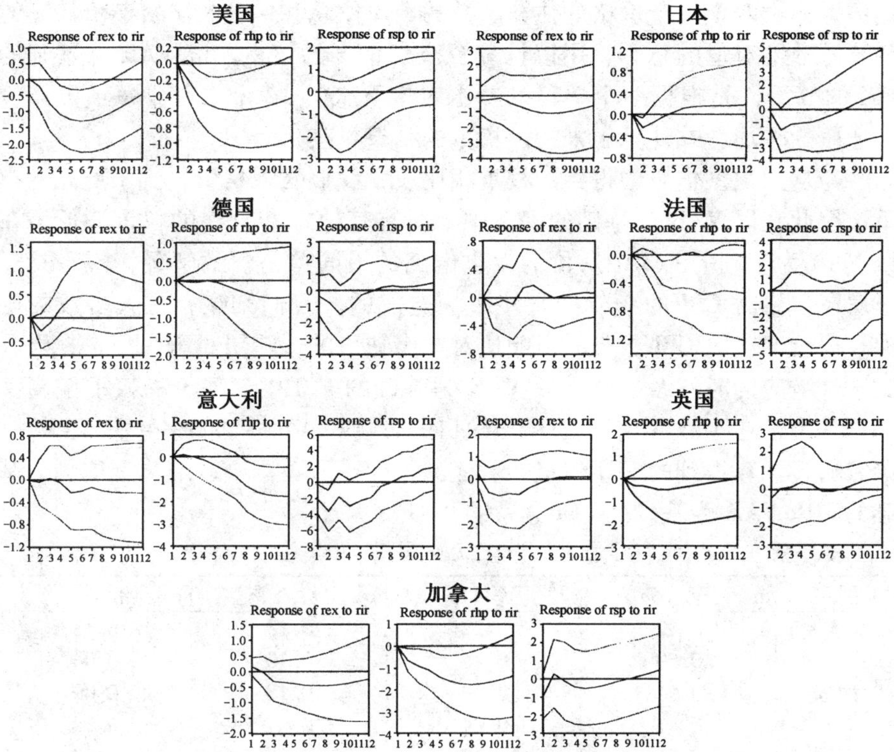

图3—3　资产价格对利率冲击的脉冲响应

注释：该图显示了一个标准差对两个标准差区间采取措施后的短期实际利率冲击的脉冲响应。没有冲击的基准情景的偏差显示在纵轴上，冲击之后的时期显示在横轴上。*rex*代表有效实际汇率；*rhp*代表实际房价指数；*rsp*代表实际股价指数。

我们得到了不显著的实际汇率的脉冲响应，并且只有三个股价脉冲响应（日本、法国和意大利）。结果，只有房价的脉冲响应相当令人满意，有五个显著的（消极的）脉冲响应。

3.3.3　得出FCI权重

通过IS方程式的估算系数和VAR脉冲响应，现在我们可以得到金融状况指数（FCI）的权重。由于 FCI 是根据约化型估算得到的，所以，我们可以通过四个资产价格的估算系数的绝对值总和，分离出资产价格 x 的估算系数绝对值的总和，用以计算资产价格 x 的权重。以 VAR 为基础的 FCI 的权重，是根据一个单位的冲击对接下来的 12 个季度中每项资产价格通胀的平均影响计算出来的。权重的结果见表 3—4。

与从约化型估算中得到的权重相比较，我们发现房价得到了更高的权重，因此在以 VAR 为基础的 FCI 中，所有其他资产价格的权重偏低。在以 VAR 为基础的 FCI 中房价的权重偏高的最简单易懂的解释，似乎是通过房屋价格对 CPI 的额外的直接影响造成的。我们知道，在大多数的国家，房价冲击对 CPI 通胀的影响比对产出缺口的影响更显著。但是，当看到脉冲响应的时候，显然在以 VAR 为基础的 FCI 中，房价的权重偏高大部分是由于在 VAR 中房价对产出缺口的影响相当大。图 3—4 显示了每个国家通过计算得到的 FCI 权重。可能除了德国和英国，以约化型估测为基础的和以 VAR 为基础的 FCI 非常的相似。

表 3—4　　FCI 权重

国家	利率（%）	汇率（%）	房价（%）	股价（%）
加拿大	0.42	0.22	0.18	0.18
	0.59	0.28	0.10	0.04
法国	0.54	0.19	0.18	0.09
	0.41	0.04	0.51	0.04
德国	0.61	0.12	0.18	0.09
	0.43	0.08	0.46	0.03
意大利	0.52	0.19	0.16	0.13
	0.54	0.13	0.29	0.03
日本	0.42	0.08	0.44	0.06
	0.43	0.04	0.48	0.05
英国	0.46	0.25	0.14	0.15
	0.45	0.17	0.35	0.03
美国	0.54	0.00	0.30	0.16
	0.37	0.02	0.58	0.03
平均值	0.15	0.15	0.23	0.12
	0.46	0.10	0.40	0.04

注释：每个小区域内上面的数据是从约化型估算中得到的权重，下面的数据是从 VAR 脉冲响应中得到的权重。

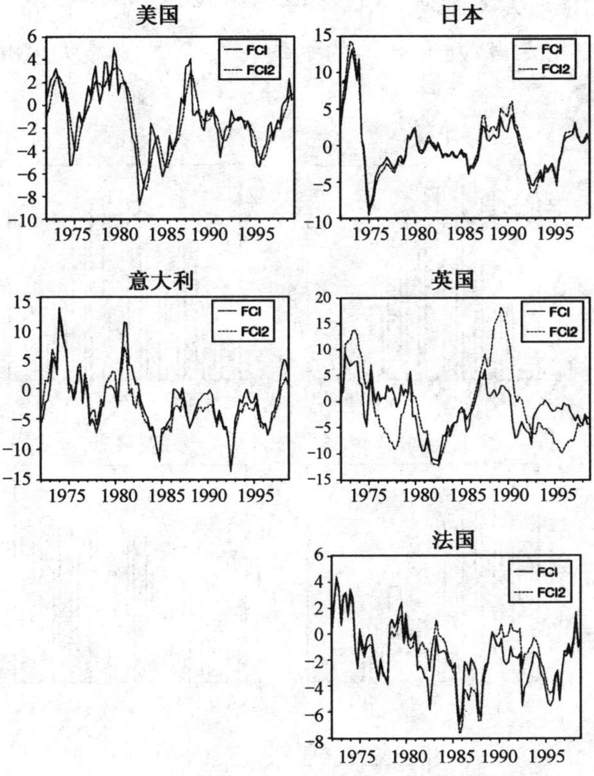

图3—4　七大工业国的金融状况指数（1972—1999）

注释：FCI代表从约化型估算中得到的FCI；FCI2代表从VAR脉冲响应中得到的FCI。

3.4　金融状况和未来通胀

3.4.1 样本内的迹象

我们已经得到了金融状况指数，但是我们不得不去核实它们是否对预测未来通胀压力有用。首先，我们要做的是简单地看一下FCI和未来通胀的动态相关性。结果显示在图3—5和图3—6中，总结显示在表3—5中。

其显示出了每个国家的FCI和未来通胀的相关性大体来说相当高，以领先通胀七个（三个）季度来说，七大工业国的平均相关系数的最大值是0.55（0.59）。

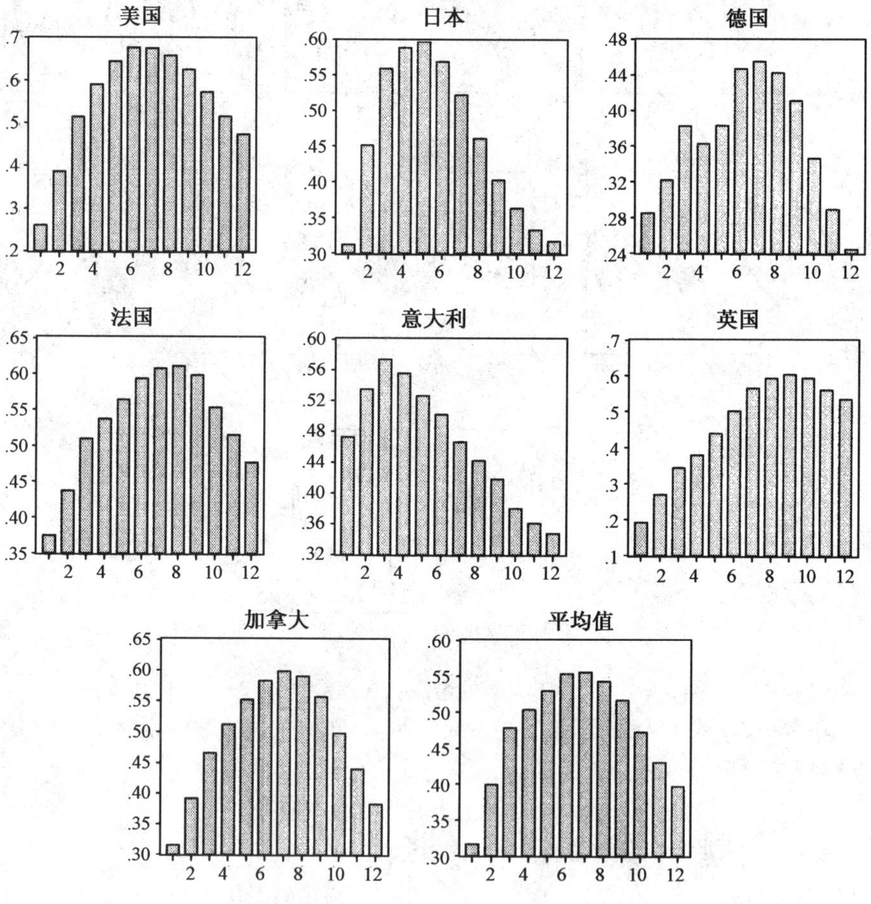

图3—5　以约化型估测为基础的FCI和未来通胀的动态相关性

注释：该图显示了FCI和预测相应期限的通胀的相关系数，括号内是相应的季度。

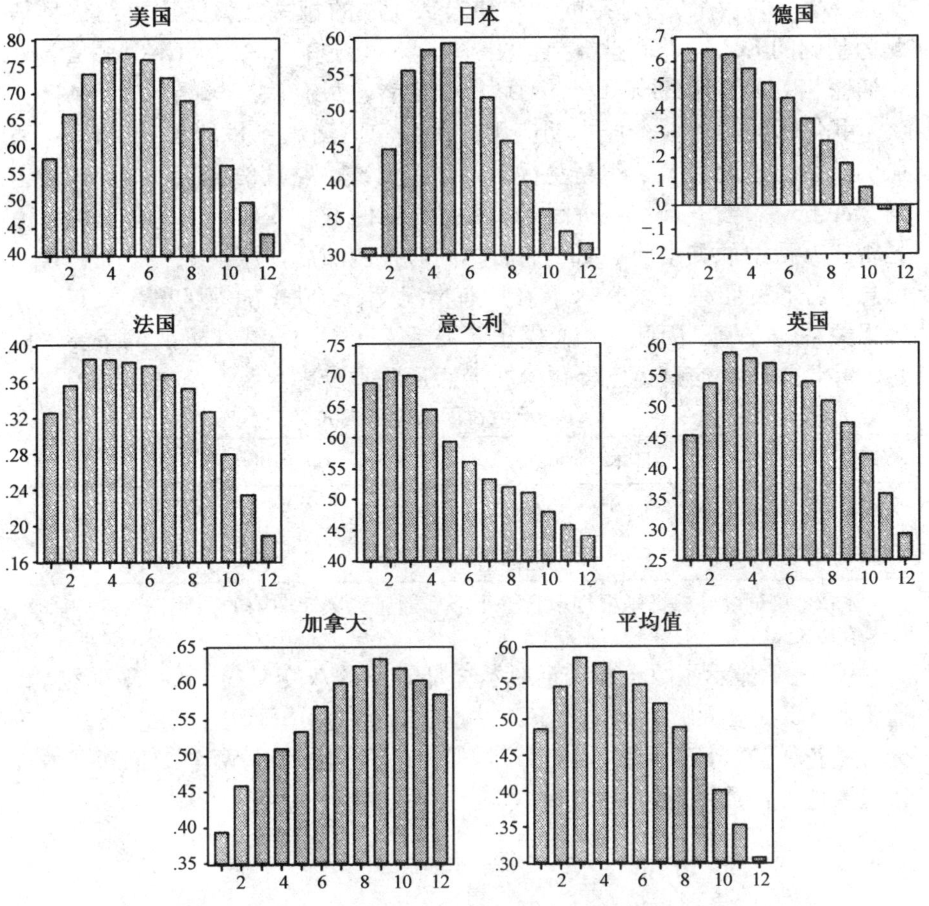

图3—6　以VAR为基础的FCI和未来通胀的动态相关

注释：该图显示了FCI和预测相应期限的通胀的相关系数。

表3—5　　　　**FCI和未来通胀的最大相关值**

国家	美国	日本	德国	法国	意大利	英国	加拿大	平均值
FCl	0.68（5）	0.60（5）	0.46（7）	0.61（7）	0.57（3）	0.61（9）	0.60（7）	0.56（7）
FCl2	0.77（5）	0.59（5）	0.65（1）	0.39（3）	0.71（2）	0.59（5）	0.63（9）	0.59（3）

注释：该表显示了FCI和通胀预测的最大动态相关值，括号内显示的是相对应的预测季度。

所以，以 VAR 为基础的 FCI 和未来通胀的相关性，要比以约化型估测为基础的 FCI 高，而且提前预测一个季度。这样看来，FCI 似乎是与未来通胀相关的有用的指示器，对政策制定者也最有用。

我们做的另外一个样本期应用，是我们估测双变量的 VAR 和 CPI 通胀的关系。每两个 FCI 作葛兰哲因果关系测试，并且估算通胀对 FCI 冲击的脉冲响应。当进行葛兰哲因果关系测试的时候，我们检测 FCI 的滞后值是否能够帮助预测当前的 CPI 通胀，同时控制滞后通胀期限内已经包含的信息。公布的结果见表 3—6。在所有情况下，在 1% 的等级里，没有舍弃因果关系的空值，因此我们总结出了滞后 FCI 中包含未来通胀的重要的信息，并且超出的信息也已经包含在滞后通胀本身中。

表 3—6　　**FCI 的葛兰哲因果关系测试**

国家	美国	日本	德国	法国	意大利	英国	加拿大
FCl	5.71	9.88	6.77	6.49	4.91	6.58	4.19
FCl2	4.47	5.96	7.03	5.11	8.84	4.18	4.79

注释：测试统计数据是根据包含五个滞后通胀和 FCI 期限的同归得到的。1% 的临界值是 3.20。

图 3—7 显示了，根据滞后阶数全部是 5 的双变量得到的 VAR 的 CPI 通胀对 FCI 冲击的脉冲响应。FCI 冲击被认为是根据标准的乔里斯基因数分解法查明的，CPI 通胀的顺序位居第一。我们发现，两个 FCI 都有力且很重要地冲击通胀脉冲响应。

3.4.2　样本期间外的迹象

综上所述，所选取的样本有迹象暗示了，FCI 或许是未来通胀的相当有用的指示器。但是在样本期间外又会怎样呢？在关于通胀指示器的文献中，很常见的情况是，在样本期间很适合的东西，在样本期间外的预测中并不一定同样表现得很好（Cecchetti，1995）。

我们计算出了提前两年的样本外的四季度通胀率的预期值，对比了 FCI 的预测表现和一个完全的自回归通胀预测表现，以及一个随机游动或

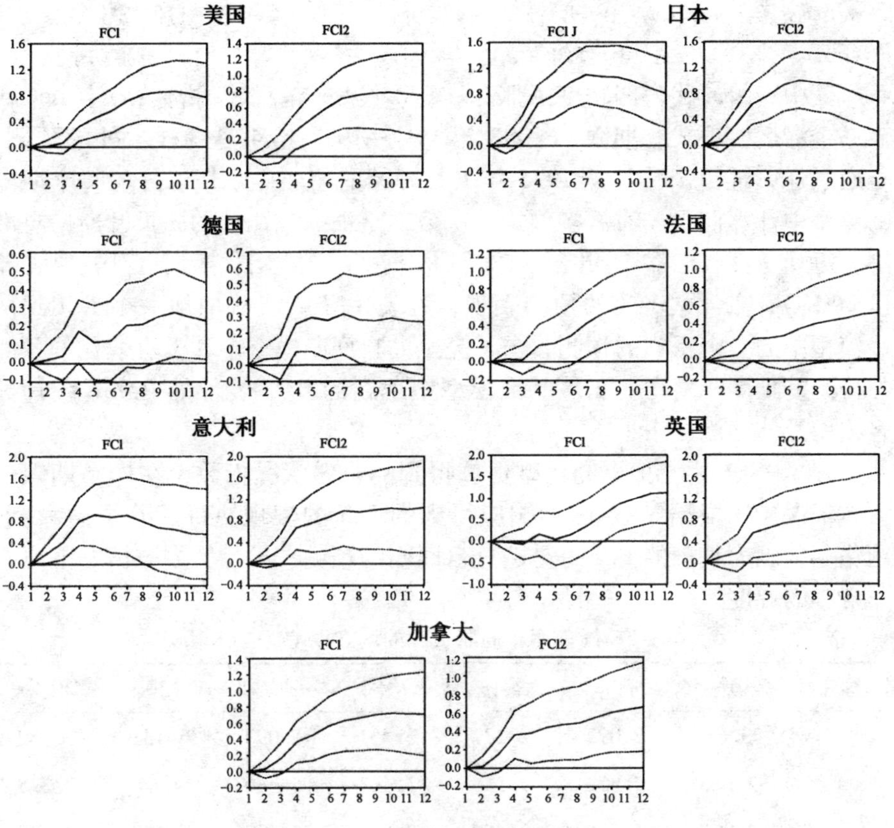

图 3—7　通胀对 FCI 冲击的脉冲响应

注释：该图显示的是 CPI 通胀对两个标准差可信区间的一个标准差的 FCI 冲击的脉冲响应。

者没有变化的预测表现。[①]根据 Stock 和 Watson（1999、2003），我们选择了 h 步骤预测投影方法，来预测 1983. 1—1998. 4 的提前八个季度的通胀。我们考虑用两种方法，来建立预测方程式的自回归部分的模型，包括一个自回归模型和一个随机游动模型：

① 这当然不是一个实际的样本外的预测应用，因为 FCI 的权重和产出、资产价格差距的测量都是从样本期内的分析中得到的。出于这些原因，应该谨慎采纳样本外的预测结果。

$$\Delta cpi_{t+8} = \alpha + \gamma\Delta cpi_t + \beta\ (L)\ FCI_t + \varepsilon_{t+8}$$ 自回归模型 (3)

$$\Delta cpi_{t+8} = \Delta cpi_t + \beta\ (L)\ FCI_t + \varepsilon_{t+8}$$ 随机游动模型 (4)

其中，Δcpi 代表四季度通胀率；FCI 代表金融状况指数；β（L）代表一个滞后多项式。期限为 1983 年 1 月—1998 年 4 月的样本外的预测，是通过递归地重新估算从 1975 年 1 月开始的超出样本期以外的每个期限的模型中计算而得。滞后多项式的次数，是根据施瓦兹的—贝叶斯信息准则，每个期限也都会更新。我们根据 64 预测计算出了均方根差（RMSEs），来评估 FCI 的预测表现，见表 3—7。将从增加一个 FCI 到两个模型中的一个得到的预测，与从完全的自回归模型中和没有变化的预测中得到的预测相对比。比从基准模型中得到的 RMSEs 低的 RMSE 统计数字，用黑体标注出来了。

表 3—7 表明，根据约化型估算得到的金融状况指数，在样本期限外大体来说，比根据 VAR 脉冲响应得到的 FCI 的表现更好。除了意大利，约化型估测为基础的 FCI 总是超过自回归的预测，虽然大多数情况下只有非常小的幅度。

表 3—7 **提前两年通胀预测的均方根差**

国家	美国	日本	德国	法国	意大利	英国	加拿大
AR	3.63	2.092	2.137	3.451	5.092	6.131	3.882
AR + FCl	**2.683**	**2.022**	**2.135**	**3.101**	5.446	**4.64**	**3.328**
AR + FCl2	**2.853**	**1.959**	2.458	3.968	5.172	**5.93**	**3.298**
RW	2.176	1.681	2.022	2.222	2.891	3.232	2.659
RW + FCl	**2.113**	**1.639**	2.236	**2.184**	3.361	**3.206**	**2.453**
RW + FCl2	**2.038**	**1.62**	2.156	2.375	3.102	3.249	2.876

注释：AR 代表通胀预测的自回归模型；RW 代表随机游动预测模型；FCI 代表从约化型估算中得到的金融状况指数；FCl2 代表从 VAR 脉冲响应中得到的金融状况指数。预测样本期是 1983.1—1998.4。

根据 VAR 脉冲相应得到的 FCI，胜过自回归预测的情况只有四种。但是，所有的自回归预测很明显地已经被随机游动或者没有变化的预测所操控。因此，简单地把今年的通胀率作为未来两年的通胀预测，要好于用滞后通胀率和每一时期的FCI估算的预测模型中得到的预测。但是，我们发现，如果FCI融入到了随机游动构架中，约化型预测的FCI在其中的五个国家能够改善随机游动的预测，而以VAR为基础的FCI只能在其中的两个国家做到这一点。因此，样本外的FCI的预测表现相当令人失望，因为不能明显超过简单的没有变化的预测。这一发现核实了之前研究的结论（Stock和Watson，2003；Cecchetti，1995），即在样本外的通胀是很难预测的。

3.5 总结

在本章中，我们通过增加房价和股价进入分析，将MCI的概念扩展为金融状况的概念。我们根据经济的简单、约化型模型，以及被认可的VAR，分析了七大工业国在布雷顿森林体系后期，资产价格对未来产出缺口和CPI通胀的预测力。在估测之前，为了得到固定的回归量，使用标准的去趋势非趋势化技巧，使得对资产价格是进行非趋势化处理去趋势的。从约化型回归中得到的结论揭示出，除了美国的实际汇率，所有的资产价格对产出缺口的影响都很重要。从被认可的VAR中我们得到了，在利率冲击的所有情况和房价冲击的大多数情况下，产出缺口和CPI通胀都具有显著的脉冲响应。对于汇率来说，脉冲响应总是有正确的正负号，但是只在大约一半的情况下具有显著性。证券价格冲击的响应相当令人困惑，对产出缺口总是具备显著性，但是大体来说对CPI通胀都没有显著性，甚至连正负号都是错误的。这个令人困惑的结果，或许是因为在股价变动过程中存在前瞻型的缘故。

从约化型模型的估算系数和VAR中通胀对资产价格冲击的脉冲响应中，对于每个国家，我们得到了两个金融状况指数。两个指数间的主要差别是，在以VAR为基础的FCI中，房价的权重显著偏高。看来两个FCI在样本内，对预测未来通胀都相当有用，但是在样本外，此发现并没有被完全确认。

第 4 章

菲利普斯曲线、IS 曲线和货币政策传导机制

4.1 引言

新凯恩斯主义模型最近已经成为最受欢迎的分析货币传导机制和货币政策的模型，它以其最简单的形式，把经济体制缩减为两个方程式：一个是总供给或菲利普斯曲线，它把价格通胀率和预期未来通胀，滞后通胀和产出缺口联系起来；一个是总需求或 IS 曲线，它把产出缺口和预期未来产出缺口、滞后产出缺口和短期实际利率联系起来。① 从货币政策的角度看，在这个基础上的新凯恩斯主义模型中的中心参数是：（1）在货币政

① 关于新凯恩斯主义模型建立的基础，基本的参见 Clarida 等人（1999）、Goodfriend 和 King（1997）、McCallum 和 Nelson（1999a、b），以及 Rotemberg 和 Woodford（1999）。

策传导过程中连结的强度和显著性，也就是菲利普斯曲线中产出缺口和通胀的连接以及IS曲线中短期实际利率和产出缺口的连接；（2）在菲利普斯曲线与IS曲线中前瞻型和后俯型预期的相对显著性。关于这两个问题的实证文献中已经出现了相当程度的不同结论，并且通常是相互矛盾的。关于货币政策传导过程中连结的强度的说明，是无结果的。鲁迪布什和斯文森（1999）认为它是牢固的并且具有很高的显著性，而古德哈特和霍夫曼（2005a）的结论则恰好相反，但关于前瞻型期望的重要性的说明是一致的，如加利和格特勒（1999）认为，通胀主要是用于预期未来通胀的驱使，同时弗赫（1997）认为滞后通胀比预期未来通胀要重要得多。

本章评估了货币政策传导过程中连结的重要性，以及新凯恩斯主义中前瞻型因素的作用，该主义代表了美国和欧元区的经济体制基础。

出于这个目的，我们评估了新凯恩斯主义模型中完全的后俯型和混合型的标准形式，以及延伸形式。在标准形式中只包含那些直接由理论提供的变量，在延伸形式中包含了那些或许影响通胀和产出的其他变量，即菲利普斯曲线中的原料价格和IS曲线中的房地产价格。在估算方程式中包含的变量是特定的，但却是通过基本理论模型的适当扩展合理化了的，如布兰查德和加利（2005）的菲利普斯曲线和安可维罗（2004）的IS曲线。

4.2 菲利普斯曲线和IS曲线：概述

从供应方面来说，新凯恩斯构架系统是根据由前瞻型的、垄断性的竞争公司制定的跨期最优价格的假设建立的（Taylor，1980；Rotemberg，1982；Calvo，1983），从而得到了一个完全前瞻型的菲利普斯曲线。例如，从普遍使用的Calvo价格制定模型中，得到了一个菲利普斯曲线，其说明了商品价格通胀（π_t）对下一时期的预期通胀（$E_t\pi_{t+1}$）和产出缺口（y_t）起到了积极的作用。新凯恩斯构架体系需求方面的模型，是根据跨期的最优化家庭的假设建立的，它得到了一个完全前瞻型的IS曲线。它说明了，产出缺口取决于预期未来产出缺口和采取措施前的短期实际利率（r）。因此，下面的两个方程式给出了新凯恩斯基础模型：

$$\pi_t = \beta E_t \pi_{t+1} + \lambda y_t + \varepsilon_t \tag{1}$$

$$y_t = E_t y_{t+1} - \delta r_t + \eta_t \tag{2}$$

系数 β 是定价者的贴现时间因数，它无限接近于 1，因此没有可以利用的长期菲利普斯曲线。理论上的产出缺口（y_t）被定义为，与它的灵活价格水平相偏离的产出。它是难以察觉的。在实际应用中，产出缺口的常规指标，是由与滤波过的趋势相偏离的产出来衡量的，它通常作为一个代表，在估测过程中或许会导致严重的测量误差。为了避免这个问题，实证菲利普斯曲线也被普遍指定使用单位劳动成本，来取代产出缺口的测量（Gali 和 Gertler，1999）。

4.2.1 前瞻型形式与后俯型形式

在新凯恩斯主义模型的实证形式中，关键问题是期望的模型化。菲利普斯曲线和 IS 曲线的完全前瞻型的形式已经证明，不能和产出缺口与通胀对需求和供应冲击的滞后、持久的响应相匹配，其中通胀只取决于它自己的导向和产出缺口，产出缺口只取决于它自己的导向和实际利率。

允许前瞻型和后俯型预期的新凯恩斯主义模型的混合形式，甚至是完全的后俯型形式，典型地是由数据来表示的。后俯型的预期与公式（1）和（2）中纯粹的理论模型是不一致的，并且不得不以特定的形式来介绍。把后俯型引入到菲利普斯和 IS 曲线中的一个简单的方法，是假设预期部分是根据过去的经验得到的。因此，通胀和产出缺口的预期未来值部分，能够由滞后多项式接近。例如，Gali 和 Gertler（1999）假设，一小部分定价者使用经验法则的价格调整规则，简单地把他们制定的价格调整为过去的价格，还有根据通胀来制定价格。把后俯型引入到 IS 曲线的另一种方法，是假设持久的消费习惯，因此家计效用也取决于滞后消费（Fuhrer，2000）。

在菲利普斯曲线和 IS 曲线中引入后俯型，得到了形式的混合关系：

$$\pi_t = r^f E_t \pi_{t+1} + r^b \pi_{t-1} + \lambda y_t + \varepsilon_t \tag{3}$$

$$y_t = \alpha^f E_t y_{t+1} + \alpha^b y_{t-1} - \delta r_t + \eta_t \tag{4}$$

在新凯恩斯构架体系中，货币政策首先通过 IS 曲线影响产出，然后通过菲利普斯曲线影响通胀。货币政策的传导取决于政策手段和产出、通胀的连接的强度，即 λ 和 δ 的大小，以及前瞻型行为的程度，即 γ^f、γ^b、α^f 和 α^b 的大小。关于货币政策传导过程中连接的强度和意义，以及关于前瞻型和后俯型行为的相对重要性的实证说明是混乱的。大型新凯恩斯主义 DSGE 模型①的估算，大体上发现了传导参数是重要的，并发现了通胀和产出决定的前瞻型和后俯型行为问题，这与从估算基础体系，或者两个结构方程式（3）和（4）中的一个得到的说明，是相当不同的。林德（2005）评估了两个混合方程式（3）和（4），对美国补充了标准的泰勒准则，并且得到了 λ 和 δ 的重要估算。鲁迪布什和斯文森（1999）以及 Peersman 和 Smets（1999），评估了美国和欧元区各自的后俯型菲利普斯曲线和 IS 曲线，并且在菲利普斯曲线中也发现了显著的正产出缺口弹性，在 IS 曲线中发现了显著的负实际利率弹性。

另一方面，古德哈特和霍夫曼（2000b）评估了以 17 大工业国为样本的后俯型菲利普斯曲线和 IS 曲线，他们能在产出缺口和 CPI 通胀之间建立显著的积极连接，但是在所有情况中，只在一种情况中没有找到实际利率对产出缺口的显著的消极影响。

Gali 和 Gertler（1999）和 Gali 等人（2001），根据菲利普斯曲线的混合形式，发现了美国和欧元区产出缺口的常规指标和通胀的关系。这似乎是消极的而非积极的。因为这个原因，他们更喜欢单一劳动成本的菲利普斯曲线形式，而不是常规的产出缺口指标。他们也发现，预期未来通胀是当前通胀的重要决定因素，并且比滞后通胀更重要。Mehra（2004）评论说，实证混合菲利普斯曲线中重要的产出缺口系数的空缺，以及预期未来通胀的主导地位，是由实证模型中供应冲击代表量的省略造成的。他表明，如果代表量受供应冲击的影响，如受进口价格冲击或价格控制，受控于混合菲利普斯曲线的估测，那么就能恢复美国菲利普斯曲线中产出缺口的显著性。更进一步地说，他也发现，当供应冲击代表量包含在模型中时，滞后通胀的系数就会明显大于预期未来通胀的系数。

关于新凯恩斯主义的菲利普斯曲线，有大量的并且仍在快速扩张的实证文献，而关于 IS 曲线的实证文献的研究却很少。Nelson（2001，2002）

① 关于美国，见 Christiano 等人（2005）；关于欧元区，见 Smets and Wouters（2003）。

还没有发现美国和英国的 IS 曲线后俯型形式中，实际汇率对产出缺口的重大影响。并且有言论称，这一发现是 IS 曲线难解之谜。古德哈特和霍夫曼（2005a）评估了七大工业国的后俯型和混合型 IS 曲线，也没有发现有显著性的利率弹性。然而，他们表明了，如果存在特定的后俯型 IS 曲线的延伸形式（其中包含房地产价格的变化），那么可以得到一个引人注目的负利率系数。① 弗赫和鲁迪布什（2004）通过常规的一般动差法（GMM）和最大概似法（ML），使用各种各样的模型形式，评估了一系列的美国混合 IS 曲线。他们评论说，常规 GMM 的预算显示出了小样本偏差，其在估算未来预期产出权重时会得到一个向上的偏差，而 ML 的预算是没有偏差的。他们的实证结果实际上显示了，ML 的预算得到的是一个明显较低的未来预期产出的权重，并且在实际汇率和产出缺口之间建立的有显著性的连接似乎也更成功。

4.2.2 省略变量的问题

古德哈特和霍夫曼（2005a）评论说 IS 曲线中利率的不显著性，或许是由于估算方程式中其他决定因素，或者累计总需求的指示器，例如资产价格的省略。出于同样的原因，菲利普斯曲线标准形式中产出缺口的不显著性，或许也可以用通胀的其他决定因素的省略来解释，像 Mehra（2004）暗示的供应冲击代表量一样。对于完全的后俯型模型来说，这一论点能根据 Woodford（1994）使用的简单的分析构架体系来说明，并可解释简单预测回归中货币政策的非标准指示器的不显著性。通胀率或产出缺口的一个非常简单的后俯型模型是：

$$y_t = \beta_1 z_{t-1} + \beta_2 \chi_{t-1} + v_t \quad (5)$$

其中，y 代表通胀率或产出缺口；z 代表产出缺口或短期实际利率；x 代表通胀或产出缺口的另一个决定因素或指示器，如在通胀率的情况下商品价格的变化，或者在产出缺口情况下的房价变化。

如果我们在估算方程式（5）中省略了变量 x，则利率弹性 β_1 的 OLS

① 古德哈特和霍夫曼（2005a）也考虑了，除了房地产价格变化以外的其他附加变量，如实际汇率、股价变化和货币增长值等。但是，通常的形式是，只有短期实际利率和实际住宅资产价格的变化才有效地加入到了 IS 曲线中。

（普通最小二乘法）估算将由以下方程式给出：

$$\hat{\beta}_1 = \beta_1 + \beta_2 cov\ (z_t,\ x_t)\ /var\ (z_t)$$

因此，回归中 x 的省略将会引起利率系数估算的偏差，但是偏差的方向不清楚。这取决于 z 和 x 之间协方差的符号。过去的油价或商品价格冲击，通常会和经济下滑或负产出缺口相关联，这暗示了经验上的供应冲击代表量和产出缺口之间，或许是密切的负相关。因此，从实证菲利普斯曲线中省略油价，商品价格或进口价格可能会引起产出缺口系数估算的向下偏差，这或许解释了 Mehra（2004）发现的当供应冲击包含在实证模型中时，产出缺口的显著性为何能被恢复。

货币政策工具和其他潜在决定因素/累计总需求的指示器，例如资产价格之间的关系，被普遍认为是消极的。人们猜想较高的利率会引起资产价格的下降和汇率的上升，因此 $cov\ (z_t,\ x_t)\ <0$，并且利率系数的 OLS 估算将会向上偏差。[①] 但是如果货币政策以一种抵消的方式回应 x 的变动，即 $cov\ (z_t,\ x_t)\ >0$，那么 β_1的 OLS 估算将会偏向于零。货币政策这样的抵消回应对其他决定因素或累计总需求的指示器的影响（Woodford，1994）[②]，或许是古德哈特和霍夫曼（2005a）中的根据 IS 曲线的拓展形式（且包含房地产价格的变化），为得到一个引人注目的负利率系数提供了解释。

4.3 实证分析

前几节的概述显示，关于新凯恩斯主义模型的实证表现的文献似乎是

① 鲁迪布什和斯文森（1999）评论说，包含实际利率作为产出缺口的唯一决定因素的 IS 曲线的标准后俯形式，是货币政策传导机制的简单代表，在很多中央银行看来，它可能包含名义利率（例如按揭利率），采取措施之前的实际短期和长期利率、汇率，也可能还有直接的信贷数量。这一陈述暗示了，他们也认为除了实际利率以外的其他变量，同样也影响累计总需求，但是估算的利率系数，充当货币政策通过这些变量传导过程中的代表量。换句话说，利率和其他省略变量之间被认为是负相关的。

② Woodford（1994）评论说，货币政策指示器的有用性不能通过预测回归来判断，因为它们预测力的关键取决于货币政策是否考虑了这些指示器。Woodford 的观点是，如果我们对 x 的预测力感兴趣，并且根据 y 关于 x 的简单预测回归来评估它，而不是估算一个像方程式一样的延伸预测回归来评估，那么 β_2的 OLS 预算可以用$\hat{\beta}_2 = \beta_2 - \beta_1 cov\ (z_t,\ x_t)\ /var\ (z_t)$ 来给出。这个公式显示了，如果货币政策考虑的是 x 对 y 的预测力，那么以一个抵消的方式来回应 x 的变动，即 $cov\ (z_t,\ x_t)\ >0$，则 OLS 估算将会偏向于零。

多种多样的，并且在货币政策传导过程中的强度和显著性，而前瞻型预期的作用都是不一致的。在本节中，我们通过估测样本期为1982—2001.4期间美国和欧元区的各种不同的形式，评估新凯恩斯主义的菲利普斯曲线和IS曲线的实证表现。样本期的选择，是根据在IS曲线估算中房地产价格数据的可获得性来选择的，但也尽量避免了发生在20世纪80年代早期的货币政策体制改革对估算结果的影响。

4.3.1 后俯型模型

我们从估算完全后俯型菲利普斯曲线和IS曲线的基础形式（鲁迪布什和斯文森，1999）开始：

$$\pi_t = \sum_{i=1}^{m} \gamma_i \pi_{t-i} + \lambda y_{t-1} + \varepsilon_t \tag{6}$$

$$y_t = \sum_{i=1}^{n} \alpha_j y_{t-j} + \delta r_{t-1} + \eta_t \tag{7}$$

其中，π代表消费者物价指数每季度的通胀，以CPI季度百分比的变化来衡量；y代表实际GDP和潜在的实际GDP的百分比差额；r代表采取措施后的短期实际利率。根据鲁迪布什和斯文森（1999），我们使用了短期名义货币市场利率，以及CPI的季度变化率差额的四季度移动平均数。美国的数据是从圣路易斯的FRED数据库中得到的，除了潜在的实际GDP数据系列以外，其他数据来源于国会预算局。对于欧元区来说，数据是从广域模型（AWM）数据库中得到的，也得到了一系列潜在的实际GDP。

方程式（6）和（7），是使用似无关估计法（SUR）估设的。确定滞后内生变量的滞后阶数的原则，是保留所有的滞后到最后一个显著性的滞后，允许达到4个滞后。估算结果显示在表4—1中，其中列示了我们公布的系数估算，括号内是标准误差。结果显示，根据标准的后俯型形式，我们不能建立一个从货币政策工具到通胀的显著性传导。IS曲线中的利率系数，以及菲利普斯曲线中的产出缺口系数，都和零很接近。

因此，我们发现鲁迪布什和斯文森（1999）关于美国与Peersman和Smets（1999）关于欧元区的一些不一致。对于美国来说，不一致最可能是由于样本期的不同而造成的。鲁迪布什和斯文森是从20世纪60年代早期开始估算他们的模型，其样本期比我们平时采用的长得多。[①] Peersman 和 Smets 是在比我们稍短的样本期内估算他们的模型，并且是根据卡尔曼过滤法估算的，把产出缺口作为不可观测的变量设立模型。因此，这里的不一致，或许是由样本期限和经济计量学方法论的不同而造成的。

我们在前几节中讨论过（Roberts（1995）和 Mehra（2004）的很多研究），在菲利普斯曲线中也包含了供应冲击的估量，例如油价或进口价格变量，而在古德哈特和霍夫曼（2005a）的研究中显示，将房价引人注目地加入到后俯型 IS 曲线的延伸形式中，可以帮助恢复重要的利率系数。

表 4—1　　**后俯型模型的估算**

标准形式										
	菲利普斯曲线					IS 曲线				
	γ_1	γ_2	γ_3	λ	$\bar{R}^2$ Q（4）	α_1	α_2	α_3	δ	$\bar{R}^2$ Q（4）
美国	**0.235**	−0.03	**0.354**	0.065	0.15	**1.26**	−0.064	**−0.287**	−0.023	0.95
	(0.107)	(0.101)	(0.098)	(0.079)	0.83	(0.098)	(0.16)	(0.097)	(0.033)	0.41
欧元区	**0.194**	0.133	**0.495**	0.125	0.83	**0.883**	—	—	−0.06	0.80
	(0.097)	(0.099)	(0.098)	(0.089)	0.50	(0.049)	—	—	(0.031)	0.78

延伸形式												
	菲利普斯曲线						IS 曲线					
	γ_1	γ_2	γ_3	λ	μ	$\bar{R}^2$ Q（4）	α_1	α_2	α_3	δ	κ	$\bar{R}^2$ Q（4）
美国	**0.224**	0.008	**0.355**	0.104	**0.031**	0.22	**1.148**	−0.001	**−0.30**	**−0.069**	**0.082**	0.95
	(0.102)	(0.097)	(0.094)	(0.077)	(0.011)	0.87	(0.099)	(0.152)	(0.092)	(0.034)	(0.026)	0.55
欧元区	**0.266**	**0.203**	**0.381**	0.106	**0.011**	0.87	**0.692**	—	—	**−0.057**	**0.048**	0.76
	(0.087)	(0.089)	(0.088)	(0.079)	(0.002)	0.76	(0.069)	—	—	(0.028)	(0.013)	0.21

注释：该表公布了用 SUR 从标准形式的估算方程式（6）和（7）以及延伸形式方程式的（8）和（9）中得到的结果。括号内是标准误差，黑体标注的是显著性至少在 5% 水平的系数。Q（4）代表序列相关达到 4 级的博克斯测验的 p 值。

因此，我们继续进行估算后俯型模型的延伸形式，其中，在菲利普

① Nelson（2001）也发现，当在一个更短而且较近期的样本期估算 IS 曲线时，估算的美国利率弹性明显低于鲁迪布什和斯文森得到的，并且是不显著的。

斯曲线中包含供应冲击的估量，在IS曲线中包含实际住宅资产价格的变化①。更具体地说，我们估算的是，包含基本的商品价格②季度变化率的菲利普斯的延伸形式，以及包含古德哈特和霍夫曼（2005a）中的实际房价滞后四季度的变化率的IS曲线的延伸形式。美国和欧元区的商品价格指数，分别是从商品研究局（CRB）和广域模型（AWM）数据库中得到的。美国的住宅资产价格数据，是从联邦住房企业监督办公室（OFHEO）得到的。欧元区的数据来自欧洲央行，并且是国内住宅资产价格数据的加权平均数。名义房价数据被通货紧缩用消费物价指数转化成实际的数据。

后俯型菲利普斯曲线和IS曲线的延伸形式如下：

$$\pi_t = \sum_{i=1}^{m} \gamma_i \pi_{t-i} + \lambda y_{t-1} + \mu \Delta cp_t + \varepsilon_t \tag{8}$$

$$y_t = \sum_{j=1}^{n} \alpha_j \gamma_{t-j} + \delta r_{t-1} + k \Delta hp_{t-1} + \eta_t \tag{9}$$

其中，$\triangle cp$ 代表商品价格指数的变化；$\triangle hp$ 代表实际房价的变化。方程式（8）和（9）也是用SUR估算的，保留所有的滞后内生变量的滞后，直到最后一个有显著性的滞后，允许达到4个滞后。估算结果也被显示在表4—1中，其中列示了我们再一次公布的系数估算，括号内是标准误差。结果暗示，根据延伸形式，在美国和欧元区，我们能从货币政策工具到产出缺口之间建立有显著性的连接。对于菲利普斯曲线中产出缺口的系数，我们现在也能得到较大的估计数和较高的t统计数字，但是估算仍然不具备显著性。已经引入到模型中的附加变量变化的显著性很大。在菲利普斯曲线中，商品价格变化的显著性处于1%的水平，IS曲线中实际房价的变化在两种情况中的显著性也在1%的水平。这些结果与Mehra（2004）关于美国的菲利普斯曲线中供应冲击代表量的显著性发现，以及古德哈特和霍夫曼（2005a）关于7大工业国的IS曲线中房价的显著性发现是一致的。

---

① 同古德哈特和霍夫曼（2005a）的研究一样，我们也考虑了把其他变量作为IS曲线中的附加回归量，例如实际股价的变化或货币增长值。但是，结果没有其他变量符合常规显著性水平的标准。

② 我们也用油价和进口价格的变化做了试验，但是发现用商品价格的形式更好。

4.3.2 混合形式

由标准后俯型模型的估算产生的问题，或许也是由前瞻型预测形式的省略造成的，这可能会导致估算中省略的变量引发了偏差。因此，下一步我们估算菲利普斯曲线和 IS 曲线的标准混合形式。标准混合模型如下：

$$\pi_t = \gamma^f E_t \pi_{t+1} + \sum_{i=1}^{m} \gamma_i^b \pi_{t-i} + \lambda y_{t-1} + \varepsilon_t \tag{10}$$

$$y_t = \alpha^f E_t y_{t+1} + \sum_{j=1}^{n} \alpha_j^b y_{t-j} + \delta r_{t-1} + \eta_t \tag{11}$$

我们使用 GMM 体系估算美国和欧元区的方程式（10）和（11），并且使用了一套标准的工具，即在菲利普斯曲线中包含通胀的四期滞后、产出缺口和实际单位劳动成本①，在 IS 曲线中包含产出缺口的四期滞后、实际利率和实际 GDP 的增长值。

方差—协方差矩阵的八期滞后的尼威—怀斯特（Newey - West）估算，是用来控制误差项的序列相关。相关结果显示在表 4—2 中，其中，列示了我们公布的系数估算，括号内是标准误差，还包括了估算体系的考量过度辨认管制的 J 检验的 p 值。估算暗示了，根据标准混合形式，我们也不能建立一个有显著性的货币政策传导途径。在美国和欧元区，传导系数 λ 和 δ 都是明显没有显著性的。在菲利普斯曲线和 IS 曲线中，前瞻型形式是非常有显著性的，并且得到了比后俯型形式更高的影响力。菲利普斯曲线的标准混合形式中产出缺口系数的无显著性，与 Gali 和 Gertler（1999）、Mehra（2004）的发现是一致的。

IS 曲线标准形式中无显著性的利率系数的发现，与古德哈特和霍夫曼（2005a）关于混合 IS 曲线的论证也是一致的。该论证以 GMM 为基础。

① 实际单位劳动成本，可衡量员工的总报酬占名义 GDP 的比重。

表 4—2　**混合模型的估算（GMM）**

包含标准工具集合的标准形式

	菲利普斯曲线					IS 曲线			J-test
	γ^f	γ_1^b	γ_2^b	γ_3^b	λ	α^f	α^b	δ	(p – value)
美国	**0.602**	**0.233**	**−0.281**	**0.279**	0.036	**0.588**	**0.441**	−0.011	0.78
	(0.113)	(0.047)	(0.061)	(0.058)	(0.029)	(0.019)	(0.018)	(0.007)	
欧元区	**0.945**	−0.077	**−0.379**	**0.508**	0.019	**0.517**	**0.486**	−0.006	0.93
	(0.163)	(0.108)	(0.109)	(0.076)	(0.035)	(0.024)	(0.018)	(0.004)	

包含延伸工具集合的标准形式

	菲利普斯曲线					IS 曲线			J-test
	γ^f	γ_1^b	γ_2^b	γ_3^b	λ	α^f	α^b	δ	(p – value)
美国	**0.603**	**0.243**	**−0.301**	**0.294**	**0.05**	**0.583**	**0.445**	**−0.013**	0.78
	(0.073)	(0.031)	(0.033)	(0.035)	(0.018)	(0.011)	(0.011)	(0.006)	
欧元区	**0.521**	0.067	**−0.147**	**0.476**	**0.059**	**0.481**	**0.514**	**−0.009**	0.99
	(0.094)	(0.046)	(0.064)	(0.038)	(0.026)	(0.016)	(0.012)	(0.004)	

延伸形式

	菲利普斯曲线						IS 曲线				J-test
	γ^f	γ_1^b	γ_2^b	γ_3^b	λ	μ	α^f	α^b	δ	κ	(p – value)
美国	**0.553**	**0.23**	**−0.243**	**0.299**	**0.10**	**0.038**	**0.572**	**0.447**	**−0.02**	**0.01**	0.93
	(0.078)	(0.025)	(0.042)	(0.046)	(0.02)	(0.009)	(0.01)	(0.011)	(0.007)	(0.004)	
欧元区	**0.402**	**0.137**	−0.017	**0.399**	**0.065**	**0.011**	**0.408**	**0.524**	**−0.016**	**0.011**	0.94
	(0.079)	(0.037)	(0.02)	(0.026)	(0.017)	(0.001)	(0.03)	(0.016)	(0.004)	(0.003)	

注释：该表公布了使用 GMM 体系得到的结果。该结果来自作为标准形式的估算方程式（10）和（11），一次包含标准工具集合，一次包含延伸工具集合，还有来自作为延伸形式方程式的（12）和（13）。标准工具集合包含菲利普斯曲线的 CPI 通胀的四期滞后、产出缺口和实际单位劳动成本，以及 IS 曲线的产出缺口的四期滞后、实际利率和实际 GDP 的增长值。延伸工具集合也包含菲利普斯曲线的商品价格变化的四期滞后，以及 IS 曲线的实际房地产价格变化的四期滞后。延伸工具集合也是延伸形式的工具集合。括号内是标准误差，黑体标注的是系数显著性至少在 5%，J – test显示的是考量过度辨认管制的 J 检验的 p 值。

对于后俯型形式，我们发现，货币政策对产出和通胀的重要影响，可以根据菲利普斯曲线和IS曲线的延伸形式来恢复。如果后俯型模型被视作混合结构关系的约化形式，那么这一发现并不一定暗示着这些变量对通胀和产出的因果影响。它或许简单地反映了这一事实，即这些变量是未来通胀和产出有用的指示器，这表明它们应该作为工具，但不一定作为回归量被包含在混合模型当中。因为这个原因，我们首先用GMM体系重新估算了（10）和（11）给出的包含延伸工具集合的标准形式，它是由菲利普斯曲线中商品价格季度变化的四期滞后，以及IS曲线中实际房价四季度变化率的四期滞后，附加到标准工具上而组成的。结果见表4—2，根据延伸工具集合，我们得到了一个从产出缺口到通胀率，以及从实际利率到产出缺口之间的重要连接。因此，包含附加工具明显地提高了标准形式的实证表现。菲利普斯曲线中产出缺口系数的估算和IS曲线中利率系数的估算，对于美国和欧元区来说，结果是非常相似的。但是，从统计学的意义上来讲，估算的实际利率系数仍然是相当小。从欧元区的情况来看，在工具集合中包含商品物价指数的变化，实质上也减小了菲利普斯曲线中预期通胀的显著性。

为了评定后俯型模型中发现的附加变量的显著性是否在混合模型中仍然保持着它们的显著性，以及它们包含着怎样影响其他变量的系数估算，我们假设了混合模型的延伸形式：

$$\pi_t = \gamma^f E_t \pi_{t+1} + \sum_{i=1}^{m} \gamma_i^b \pi_{t-i} + \lambda y_{t-1} + \mu \Delta cp_t + \varepsilon_t \tag{12}$$

$$y_t = \alpha^f E_t y_{t+1} + \sum_{j=1}^{n} \alpha_j^b y_{t-j} + \delta r_{t-1} + \kappa \Delta hp_{t-1} + \eta_t \tag{13}$$

方程式（12）和（13）是使用GMM体系进行估算的。工具集合和下文所述的标准形式的延伸工具集合是一样的，这些结果也显示在表4—2中。我们发现，两者中的附加回归量都似乎很有显著性。货币政策传导链上的连接统计学的显著性，都保持在1%的水平。包含的两个附加回归量后的模型得到了更大的估算传导参数，但是实际利率的系数依然很小。

对于欧元区来说，延伸形式也得到了前瞻型形式的略小的估算系数。

到目前为止，论据表明，菲利普斯曲线中包含商品价格和IS曲线中包含房价，提高了估算货币政策传导链的强度和显著性，并且在混合模型中，减少了前瞻型形式的显著性。这些发现与古德哈特和霍夫曼（2005a）关于 IS 曲线的论证，以及 Mehra（2004）关于菲利普斯曲线的论证是一致的。但是，使用 GMM 估算前瞻型或混合型模型的效力遭到了质疑。Fuhrer 和鲁迪布什（2004）评论说，常规 GMM 预算会有很小的偏差，而最大概似法（ML）估算是没有偏差的。这一结果表明，使用 ML 预算来估算混合模型，比常规的 GMM 预算更合适。但是，使用 ML 预算也有需要注意的地方，即需要设定一个包含在模型中的所有变量的估算方程式，而方程式中的设定误差可能会影响模型中所有参数的估算。进一步来说，当大量的参数是估计的或者样本期很短时，最优化算法或许是不固定的，或者会引起不合情理的估算。也因为这个原因，最近的实证文献逐渐倾向于使用贝叶斯定理估算，实质上就是用模型参数的事先密度，重置模型的概似函数。

为了核实我们以 GMM 为基础的发现的坚挺性，我们用贝叶斯方法重新估设了混合菲利普斯曲线和 IS 曲线。估算模型是用标准的泰勒准则补充得到的，其形式是：

$$i_t = \rho i_{t-1} + (1-\rho)(\omega^{\pi} E_t \pi_{t+1} + \omega^{y} y_t) \tag{14}$$

它是菲利普斯曲线和 IS 曲线的联合估算。对于延伸形式的估算，在模型中进一步加入了 VAR 方程式中的商品价格和实际房价的变化等变量。表 4—3 和表 4—4 公布了模型参数的选择好的（工业标准）事前几率分布，以及事后几率分布在 90% 的置信区间的估算平均数。根据黑斯廷斯主要城市采样法抽取其中的 100 000 个参数的事后几率分布，①结果和之前根据 GMM 预算公布的论据大体一致，但并不是和它一样的明确。在两种形式中，所有参数被估算到显著性不为零。因此，当附加回归量也被估算到统计学上有显著性的时候，它们的存在将不再是得到有显著性的货币政策传导链的关键。

① 估算是用 Dynare 3. 2 进行的，参见www. cepremap. cnrs. fr/dynare。

表4—3　　　　**混合模型、标准形式的估算（贝叶斯估算）**

		事前几率分布			事后几率分布					
		平均数	标准	类型	美国			欧元区		
					平均数	5%	95%	平均数	5%	95%
	γ^f	0.5	0.15	beta	0.361	0.212	0.519	0.392	0.266	0.543
Phillips	γ_1^b	0.2	0.10	beta	0.235	0.107	0.374	0.226	0.097	0.341
curve	γ_1^b	0.1	0.05	beta	0.084	0.022	0.145	0.097	0.026	0.163
	γ_3^b	0.2	0.10	beta	0.268	0.150	0.390	0.263	0.160	0.372
	λ	0.1	0.05	norm	0.077	0.022	0.141	0.098	0.032	0.152
IS	α^f	0.5	0.15	beta	0.313	0.183	0.442	0.302	0.171	0.434
curve	α^b	0.5	0.15	beta	0.653	0.546	0.763	0.639	0.540	0.744
	δ	−0.1	0.05	norm	−0.028	−0.002	−0.054	−0.029	−0.001	−0.059
Taylor	ρ	0.9	0.05	beta	0.908	0.859	0.954	0.909	0.868	0.951
rule	ω^π	1.5	0.20	norm	1.608	1.285	1.903	1.465	1.181	1.725
	ω^y	0.5	0.20	norm	0.512	0.201	0.828	0.680	0.375	0.977

注释：phillips curve 表示菲利普斯曲线；IS curve 表示 IS 曲线；Taylor rule 表示泰勒准则；beta 表示贝塔；norm 表示范数。

表4—4　　　　**混合模型、延伸形式的估算（贝叶斯估算）**

		事前几率分布			事后几率分布					
		平均数	标准	类型	美国			欧元区		
					平均数	5%	95%	平均数	5%	95%
	γ^f	0.5	0.15	beta	0.374	0.216	0.521	0.428	0.292	0.568
Phillips	γ_1^b	0.2	0.1	beta	0.232	0.099	0.359	0.219	0.082	0.334
curve	γ_2^b	0.1	0.05	beta	0.086	0.020	0.142	0.109	0.027	0.192
	γ_3^b	0.2	0.1	beta	0.267	0.163	0.395	0.231	0.126	0.320
	λ	0.1	0.05	norm	0.079	0.021	0.140	0.066	0.021	0.116
	μ	0.01	0.005	norm	0.014	0.007	0.022	0.009	0.006	0.011
IS	α^f	0.5	0.15	beta	0.243	0.133	0.363	0.235	0.113	0.366
corve	α^b	0.5	0.15	beta	0.679	0.585	0.760	0.566	0.485	0.655
	δ	−0.1	0.05	norm	−0.055	−0.019	−0.090	−0.036	−0.005	−0.065
	κ	0.1	0.05	norm	0.052	0.018	0.091	0.031	0.014	0.047
Taylor	ρ	0.9	0.05	beta	0.903	0.853	0.948	0.901	0.864	0.940
rule	ω^π	1.5	0.2	norm	1.627	1.328	1.950	1.447	1.183	1.700
	ω^y	0.5	0.2	norm	0.507	0.187	0.800	0.697	0.433	1.001

注释：phillips curve 表示菲利普斯曲线；IS curve 表示 IS 曲线；Taylor rule 表示泰勒准则；beta 表示贝塔；norm 表示范数。该表公布了模型参数的事前几率分布和事后几率分布，在90%的置信区间内的估算平均数。参数的事后几率分布是根据黑斯廷斯主要城市采样法，抽取其中的100 000个参数得到的。

但是，实际利率对产出缺口估算的影响，再一次大于延伸形式方程式的估算。依照Fuhrer和鲁迪布什（2004）的评论，我们也发现，以ML为基础的关于前瞻型预期形式估算得到的影响力，要比以GMM为基础的估算得到的小。

4.4 总结

描述经济体制供应方面的菲利普斯曲线和描述需求方面的IS曲线为基础的新凯恩斯主义模型，总体来说，已经成为非常受欢迎的货币政策传导评定和货币政策分析工具。从货币政策的角度来看，基础的新凯恩斯主义模型的中心参数是：（1）货币政策传导过程中连接的强度和显著性，即菲利普斯曲线中产出缺口和通胀的连接，以及IS曲线中短期实际利率和产出缺口的连接。（2）在菲利普斯曲线和IS曲线中，前瞻型和后俯型预期的相对显著性。关于这两个问题的实证文献中，已经出现了相当程度不同结论，并且通常是相互矛盾的。

本章评估了作为经济体制基础的新凯恩斯主义模型的实证表现，并且特别关注了以上两个中心问题。出于这个目的，我们使用季度数据，估算了样本为1982—2001年的美国和欧元区新凯恩斯主义模型的完全后俯型和混合型模型的标准形式和延伸形式。在标准形式中，只包含了那些由标准理论直接提供的变量。在延伸形式中，包含了其他或许影响通胀和产出的变量，即菲利普斯曲线中的原材料价格和IS曲线中的房地产价格。结果表明，根据完全后俯型和混合型模型的标准形式，通常不可能在货币政策工具和产出、通胀之间建立有显著性的连接，然而，我们一般能用延伸形式恢复有显著性的货币政策传导链。

在后俯型和混合型模型方程式中，我们发现将商品价格加入菲利普斯曲线中很有显著性，将房地产价格加入到IS曲线中也很有显著性。用GMM估算后俯型和混合型模型时，为了得到有显著性的货币政策传导链，需要证明模型中必须包含这两个附加变量。更进一步来说，我们发现，包含了这些附加变量，缩减了混合模型中前瞻型预期形式的估算的影响力。当我们用贝叶斯方法估算混合模型时，结果大体上和以GMM为基础的论证是一样的，但并不是和它一样明确。同时，根据模型的标准形式，也可以建立一个有显著性而且薄弱的货币政策传导链。

第 5 章

商品和资产价格通缩

5.1 引言

5.1.1 商品本位货币下的通缩

通货紧缩（简称通缩）本不该算作一个严重的货币问题，而它已经明显地成为了严重的货币问题（伯南克，2003）。通缩应该最可能发生在商品货币体制下，例如金本位制。这时它将反映本位币商品相对于所有其他商品的相对短缺量。假设其他条件不变，在本位币商品中，人们或许期望相对剩余和赤字大致相等。在 1914 年之前的金本位制时期，物价下跌和上涨的年份数大致相等。如 1815—1913 年的英国，其中 41 年物价上涨，45 年物价下跌，13 年没有变化，而在 1873—1913 年期间，16 年物价上涨，17 年物价下跌，8 年物价没有多大变化（所用总体指数来自 Rousseaux 物价指数，见 Mitchell，1962）。

5.1.1.1　商品本位货币下的通胀自相关

但是，在商品本位币下，物价不应该随机浮动。物价水平的上涨和商品货币的相对值下降的程度一般是相等的，所以很少会产生这种情况。因此，从较长时间来看，它取决于本位币商品的供应对它的相对值变化的反应速度。人们或许期望物价水平恢复到平均值（除非相对于所有其他商品或服务来说），在本位币商品供应的不同趋势方面，有一些技术上或制度上的原因。

然而，这样的均值回归反应可能会相对缓慢，因为本位币商品（如金本位）相对价格变化的影响反应缓慢，并且也会受到特异供应冲击的影响。这样的均值回归可能要花上一个世纪的时间，才能变得明显。实际上，在 1816—1913 年间，每年的总指数相当平稳，见表 5—1。迪基—富勒检定的统计数字是 -3.128，与 -2.892 临界值有 5% 的差距，与 -3.513临界值有 1% 的差距。同时可能有很好的趋势，或许价格水平的柔和度取决于本位币（相对于所有其他商品和服务的供应变化）的需求，或者供应的潜在改变。

表 5—1　**1873—1913 年通胀自回归**

国家	美国	英国	德国	法国
AR（1） coefficient	0.25	0.21	0.15	-0.12
	(0.16)	(0.16)	(0.16)	(0.16)
Standard error of equation	2.75	2.69	3.88	1.33

注释：AR（1） coefficient 代表 AR（1） 系数；Standard error of equation 代表方程式的标准差。括号里是 AR（1） 系数的标准差。

这样的趋势是由经济体制短期的季节性、年度的循环波动造成的。但这确实是经我们观察得到的。1873—1913 年只是我们关注的时期之一，也是金本位制最强盛的时期，迪基—富勒检定显示，CPI 在英国、法国、德国适度地遵循趋势 I（1），但是在美国却是均值回归。检定统计数字分别是 -1.93、-1.59、-0.162，以及与临界值 -2.61 相差 10% 的

-3.87。

或许令人惊奇的是，在金本位制时代，年与年之间的通胀的短期一阶自相关都很低。实际上，情况确实如此。人们或许期望，相对于所有其他商品来说，黄金供应的稍长期变化影响一些稍短期的物价持续水平。

这些年里，通胀的一阶自相关低的一个可能原因是，在这个阶段，生产和消费的一大部分是农业方面的资源。收成取决于天气，在不同年份和不同地区，天气存在相当大的差异。因此，非现金商品的总量是不同的。另外还有其他特异冲击的不同。它在不同国家之间有不同程度的共同性（见下面的5.3节和Morgenstern，1959）。因此，在这几年以及之前的一些年份里，通胀中没有具备显著性的自相关。虽然通过表5—1公布的自回归中误差项的标准差，来衡量对通胀率的冲击很大，但是以这个为基础的合理的预测已经显示出，在未来的一年里的通胀率将会是零。

5.1.1.2　商品货币体制下的预期和实际利率

对于通缩我们主要关心的问题之一是（至少现在是），或许迫使实际利率超出其平衡值，并比名义利率低（Buiter和Panigirtzoglou，1999、2003）。[①] 当通缩是自相关的时候，这一现象会加剧，因为过去通缩的预期值引导着未来通缩的预期。

在金本位制下，评估预期存在着一个很大的问题，并且一直存续到1939年。在很长的一段时间内，可能是一个世纪，商品本位币可以使物价保持稳定，即均数回归I（0）系列；中期阶段，随着冲击和再调整的发生，通常会发生一些趋势，即I（1）系列；短周期内（每季度和每年）会有大的浮动（基本上是随机的）。在这样的情况下，通过事后紧缩名义变量，很难估测事前的实际利率，虽然这是很常见的（梅尔茨，2003）方法。这不能说明，事后实际利率的衡量在一定程度上或许是不相关的，如对债务人和债权人。因为在区分事前和事后实际利率的概念和影响方面，是有意义的，尤其是在商品本位制的体系下。

在金本位制下，为了试图得到一些事前实际利率的处理方法，我们转而简单地研究短期和长期利率。根据期限结构的预期理论，n期债券的收

① 见Coenen（2003）以及Klaeffling和Lopez Perez（2003），关于这一观点的引用参考文献还有很多。

益和 n 期之内的每期债券的收益加上期限溢价的平均值相等，如下式：

$$i_t^n = \frac{1}{n}\sum_{i=0}^{n-1} E_t i_{t+i}^1 + \theta_t$$

费希尔方程式把短期利率分解为事前实际利率和通胀预期的形式：

$$i_t^1 = r_t + E_t \pi_{t+1}$$

把期望假说和费希尔方程式联合，得到 n 期的费希尔方程式：

$$i_t^n = \frac{1}{n}\sum_{i=0}^{n-1} E_t r_{t+i} + \frac{1}{n}\sum_{i=0}^{n-1} E_t \pi_{t+i+1} \theta_t$$

或者

$$i_t^n = \frac{1}{n} i_t^1 + \frac{1}{n}\sum_{i=0}^{n-1} E_t r_{t+i} + \frac{1}{n}\sum_{i=0}^{n-1} E_t \pi_{t+i+1} + \theta_t$$

如果我们按照 Fama（1975）的说法，假设均衡实际利率长期保持不变，并且还有风险酬金长期保持不变，那么，我们不应该遵守从回归残差中得到的通胀预期的动向：

$$i_t^n = \alpha + \beta i_t^1$$

我们在美国、英国、德国、法国应用了这项回归，如图 5—1 所示，我们绘制出了由这些回归的残差给出的 CPI 实际通胀和预期通胀。该图说明了在样本期内（除了法国以外），通胀预期实际上相当平缓。如果实际的长期物价通胀是零，那么我们能假设在这几十年里，事前实际利率和名义利率大致相等。因为名义利率从来不能（长期）趋近于零，所以我们可以有理由相信，实际利率在这些年里明显保持正值。

5.1.2 菲亚特货币体系

商品货币体系的主要选择之一是菲亚特货币体系。在此体系中，本位货币的增长值，是一系列有关利率的政策决定、政府赤字的融资等造成的结果（通常是间接的）。这一菲亚特货币体系对通胀的趋势预测是有据可查的（Bernholz，2003）。这一趋势很大一部分是由受欢迎的政府支出和不受欢迎的税收造成的。因此，政府通常和其他组织得很好的施压集团一样是债务人，如有抵押贷款的商业和家庭所有者，并且低息货币是有利于债务人的。

在通常的情况下，菲亚特货币体系下通缩的持续性和严峻性，将因为

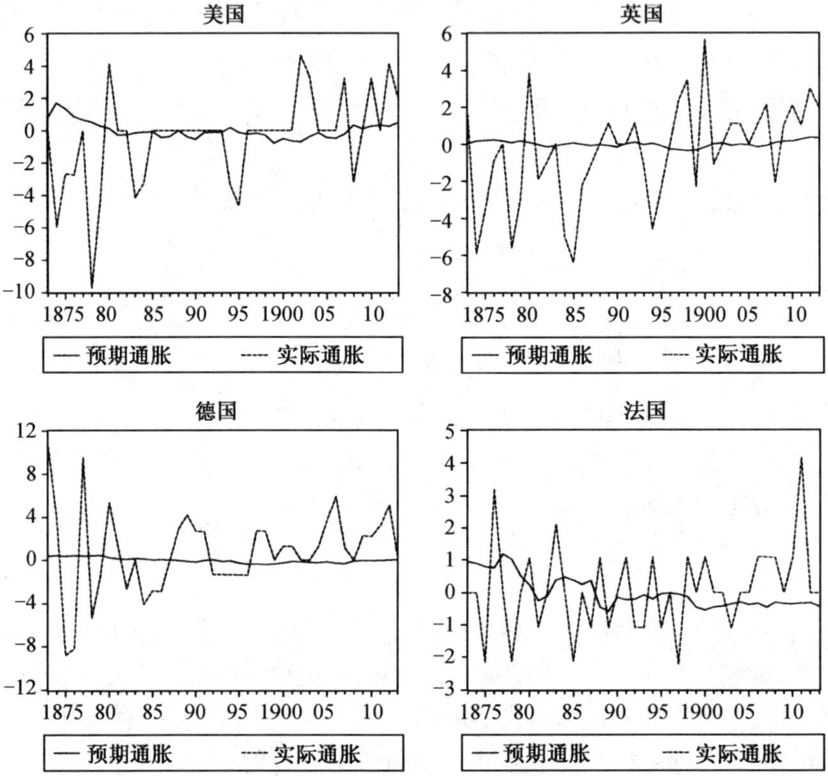

图 5—1　实际通胀和预期通胀（1873—1913）

通胀更强的自相关进一步加剧。表 5—2 显示了，在 20 世纪 60 年代后期至 20 世纪 90 年代的这一段时间内，这种加剧持续存在。

我们期盼金本位制下存在更多这样的自相关，或许正是因为如此，我们更想知道为什么这样的一阶自相关在菲亚特货币体系中却是个迷，而我们现在没有时间对此进行探究。因为在我们看来，这似乎不是菲亚特货币体系的必要特征。的确，自从通胀目标被英国接受之后，从 1993 年起，这样的自相关再一次变得没有显著性，如图 5—2（Benati，2003）所示。

因此，如果在我们当前的货币体制下发生了通缩，按照我们标准的操作步骤，通常情况下，我们会预期它将继续存在。当然，这就意味着实际利率将会高于名义利率。

表5—2　　随时间变化的通胀持续（1870—2002）

年份	美国	英国	德国	法国	日本
1870—1890	0.08	0.13	0.13	-0.16	0.11
	(0.23)	(0.23)	(0.23)	(0.22)	(0.24)
1891—1913	0.23	-0.01	0.40	0.01	-0.11
	(0.21)	(0.22)	(0.20)	(0.22)	(0.22)
1920—1939	0.30	0.32	-	0.25	-
	(0.19)	(0.22)	-	(0.22)	-
1925—1939	0.59	0.63	0.50	0.40	0.73
	(0.22)	(0.21)	(0.20)	(0.25)	(0.26)
1950—1965	-0.21	0.22	-0.30	0.19	-0.34
	(0.26)	(0.27)	(0.17)	(0.27)	(0.13)
1966—1979	0.70	0.71	0.77	0.80	0.50
	(0.23)	(0.20)	(0.18)	(0.16)	(0.26)
1980—1989	0.75	0.69	0.80	0.94	0.62
	(0.18)	(0.21)	(0.21)	(0.15)	(0.27)
1990—2002	0.70	0.68	0.47	0.73	0.84
	(0.20)	(0.18)	(0.27)	(0.15)	(0.18)

注释：该表公布了AR（1）系数，括号内是标准差（通胀率的AR（1）估算模型：$\pi_t = \alpha + \beta\pi_{t-1}$）。因为德国在20世纪20年代早期极度通货膨胀，而日本的数据无法得到，所以不可能估算德国和日本在1920—1939年的数据，因此样本期缩减为1925—1939年。

5.1.3　非亚特货币体系下，通缩为什么不容易发生？

值得注意的是，在非亚特货币体系下，一点也不用担心会发生通缩。在这一体系下，官方原则上能通过购买任何他们选择的东西来创造无限量的（本位）货币。因此，在这一体系下，出现不受欢迎的通缩应该是难

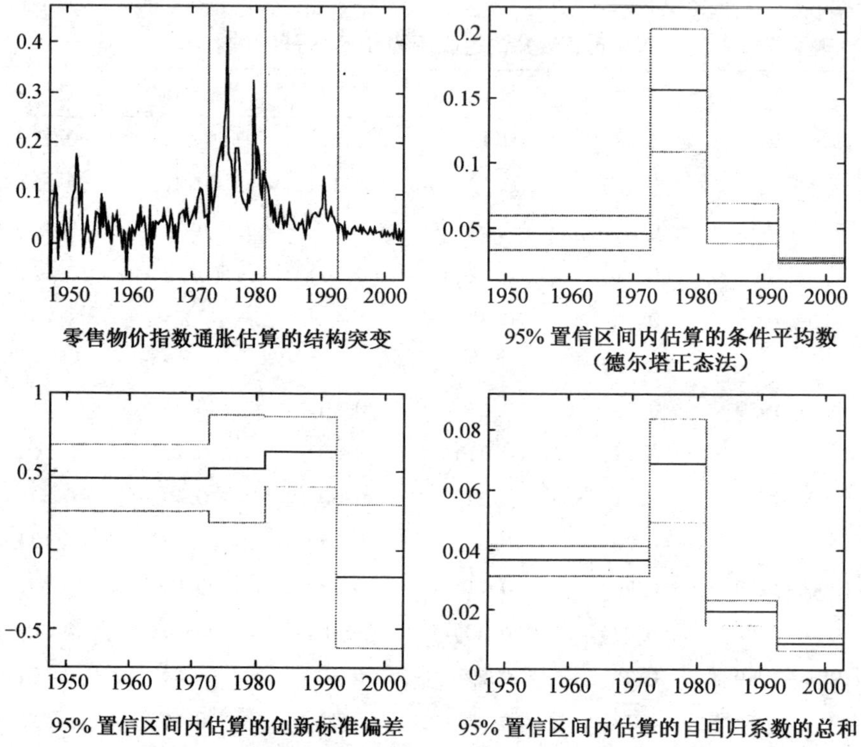

图 5—2　英国随时间变化的通胀持续（1947. 1—2002. 3）

注释：零售物价指数通胀估算的平均结构突变、创新标准偏差和自回归系数，参见 Benati（2003）。

以置信的。①

尽管如此，通缩却发生了。在战争年代，除了美国以外的大多数通缩，都是由于各国试图坚持恢复金本位制（Eichengreen，1992）。至于在多大程度上，以及在什么情况下，黄金储备限制了美国当局采取行动的自由度，各方存在一些分歧（Friedman 和 Schwartz，1963；梅尔茨，2003）。普遍的共识是，这种约束很轻微，并且只要有足够的意愿执行就可以克

① 有些国家已经选择将其汇率盯住另外一个国家的汇率。它们的货币体制相对于非亚特货币体系来说与商品货币体系更相似。

服。因此，美国在1929—1933年的经历，可以作为在菲亚特货币体系下发生不受欢迎的通缩的一个实例。

一个甚至更明显的例子发生在1992年以来的日本。有限的外汇储备，或者试图支持货币贬值，在一定程度上作用是相反的。日本通货紧缩的程度确实得到了缓解，然而它是怎样发生的呢?

5.1.3.1　局部解释

或许至少有4个因素，可以用来解释美国和日本发生不受欢迎的、本来应该不会发生的通缩的原因：

① 通缩不是完全地不受欢迎，最初肯定如此。

②当局利用他们自己的权利，严格限制中央银行可以购买的资产。

③在这一套限制条件下，资产的名义利率已经趋向于零（日本的零利率政策)。这被当做是代表最大可能程度的货币政策。

④在通缩之前，货币政策已经以这样的方式在运行，即提高过去年份的通胀和当前通胀之间的自相关程度。因此与1914年以前不同，现在已经经历过通缩的理性预测者，将会预知到未来的通缩。

我们将依次讨论以上的每一个因素。

5.1.3.2　期望（资产）价格通缩

在1929年之后的美国和大约20世纪90年代泡沫之后的日本，都感觉资产价格泡沫极度膨胀，甚至有点不合乎情理。然而，贸易周期的奥地利理论和熊彼特的“创造性破坏”暗示了，“奥吉斯国王牛舍的清洁度”将会导致必须的结构改革，并且确实是不可避免的。这是消除分配错误的资本经济必不可少的一步。

Hayami行长和日本央行（BoJ）的其他成员，已经再三提到“坏的通缩”和“好的通缩”的区别，并且评论说日本的通缩是好的通缩。比如Hayami（2001）说过：“在快速的技术革新提高了生产率，并造成价格下降时，本着抬高物价的原因，大幅度地降低利率或许扩大了经济波动。”Hayami行长经常担忧，低利率会产生“由于投保人可能不可靠所导致的风险”，因为他们将推迟企业部门的改革（共同社，2000)。根据金融通讯社的报道，日本央行行长松下说：“长时间的低利率货币政策，造成了日本20世纪80年代后期的股票和土地价格膨胀的‘泡沫经济’。交易人

说，这可以被解释为这样一种暗示，即银行将抬高利率，以避免产生另一个泡沫。”（路透社新闻服务，1996）

即使是在1999年，日本央行似乎也并不担心通缩。那时它宣称其政策可以避免通缩，然而同时又担心，这些“刺激性”的政策或许会减慢“结构变化”。副行长Yamaguchi在1999年说：“为了支持日本央行，金融体系决定性的宽松货币政策和政府的积极干预，无疑避免了通缩或日本的金融恐慌。然而从另一方面来讲，那些政策决定或许会抑制日本金融机构的改组工作。”（Yamaguchi，1999）

Richard Werner最有力地说明了，日本央行有意识地接受这样的观点，即通缩可用于刺激结构改革（Richard Werne，2003）。他写道：

媒体已经频繁地报道：“Hayami相信，在日本经济恢复之前，需要经历彻底的公司重建和银行改革——并且他有义务去推动这个……Hayami先生改革的激情也有简朴的味道。理论方面，大多数的经济学家（也包括政治家）认为，重组的辛劳和超宽松的货币政策相抵消很合情理。但是Hayami先生担心，如果他太快地放宽政策，就会消除改革的压力。”（Tett，2001）换句话说，可以总结为，央行意识到重大的货币政策刺激将创建复苏，但是它却选择了十几年避免这样的结果，因为它将推迟其结构改革计划。这样的观点也可见于Werner的言论（1996，2002）。位于华盛顿的国际经济研究所的一名经济学家Adam Posen也同意这样的结论：“在淘汰的过程中，通过认真阅读日本央行政策委员的观点，我得出的结论是，日本央行渴望推动日本经济的结构变化，这是银行被动地、攻击性地接受通缩的主要动机。”（Posen，2000）

加以必要的变通，是联邦政府最初持有的共同的观点。下面是我们引用Friedman和Schwartz（1963）的原话：

虽然如此，毋庸置疑的是，如果在1928—1929年之间，在储备行动中没有主导因素，那么渴望抑制股票市场的猛涨就是一个主要因素。那些行动显然没有遏制股票市场的猛涨，但是它们在经济上施加了稳定的通缩压力。

他们（如联邦储备银行的大多数行长、委员和体系内的其他行政人员）趋向于把银行的失败，看做是不良管理和不良的银行业务造成的令人遗憾的结果，或者作为先前投机过度行为的不可避免的反应，或是作为在金融和经济崩溃过程中的一个结果，而不是原因。

芝加哥的 James McDougal 写道：在他看来，“市场上有大量的资金，并且在这些情况下，作为一项远见……联邦储备体系的政策应该保持强势地位，当需要的时候，储备满足未来的需求，而不是在不需要的时候把储备资金投放市场”。他继续强调“一些其他方向的投机行为”比股票市场容易引起危险。

达拉斯的 Lynn P. Talley 写道：他的主管不是“倾向于通过人为因素，形成他们自己从错误的时间开始发展确定的事情，以此来干涉经济趋势”（参考 1928—1929 年股票市场的投机）。

Talley 的文章像其他人的一样，揭示了在 1929 年纽约没有获胜的怨恨和感觉现有困难是对体系过去没有核实牛市行为的最适当惩罚。Talley 写道：如果一某个医生无视忽视了一个病人，或者即使他依照他其最好的诊断，在他有限的专业技能内，为病人做了他所有能做的，为病人采取了一切可能的挽救措施，但是最后病人死了，由此可以得出结论，即使通过人工呼吸或者注射肾上腺素，也不能挽回病人的生命，也不可能使这个病人起死回生。

明尼阿波利斯的 W. B. Geery 写道：当试图使融资变得容易时，当然它将增加消费，鼓励融资仍会导致更多生产过剩的危险。

同样，梅尔茨（2003）写道：Carter、Glass 和 Miller 指责 Strong 1927 年的政策，这一政策导致投资高涨和 1929 年的崩盘。借用一个在后来几年中重复了多次的词语，他们的结论是这次崩盘是先前膨胀的必然结果。对于他们来说，问题在于金融投资行为违背了实质票券。

他们（“联邦储备体系内外的观点实体”）相信，投机贷款之后的危机和经济衰退是必然的，他们不得不忍耐重新建立一个扩张的坚实基础。

5.1.3.3 资产购买的自我强加的限制

正如梅尔茨（2003）所指出的，关于 1928/1929 年过度的股票市场泡沫之后，紧接着发生通缩的必然性（一些情况下是合理性）的信念和实质票券学说密切地交织在一起。这有两个主要因素，第一个是相信实体经济在本质上能够自我平衡；第二个是现有商业（实质）票券的总量和当前价格下实际产出的（可持续的）水平密切相关。

因此，除了商业票券以外的资产购买（扩展性的开市操作）不会导致实际产出的扩张，但是唯一的是助长通胀。的确，这甚至就是购买政府债券的情形。因此，与现在的看法一样，这样的购买机会被几个委员和银行行长用来批判通胀，甚至指出当时正处于近代史上最严重的通缩危机。

这是梅尔茨（2003）主要的主题之一。他评论说，这一理论将导致在扩展性开市购买的自我强加的限制，是造成美国通缩严重性和持续性的主要原因之一。

实质票券学说当然是大错特错的，应该丢弃。但是，央行只应该购买能迅速获利的、风险小的短期资产的观点仍然存在。尽管短期利率下调至接近零，只是在通缩压力持续存在之后，日本央行才开始大量购买较长期的日本国债。

如果当局限制他们自己购买非常短期的资产，尤其是当他们的利息收益率是由当时施行的固有贴现率决定的时候，他们的收益将会降至零，并且不会对私人部门的财产或消费有重大的影响。的确，使资产第一次出现适应央行操作的部分原因，是缺少直接财富效应（见古德哈特，2003）。尤其是当这样的短期资产被认为是可以安全抵制不良贷款的时候，或许会有一个类似于流动性资产的陷阱，同时使得投资者不在乎是持有这个短期资产，还是持有货币。

但是，偏长期资产的存在提供了预期的收益（如有息票的公债、租赁中的或有便利收益的房子、有预期股息升息率的证券），不可能出现通常情况下的流动性资产的陷阱。如果当局全部买下此类资产的现有存货，它们的价格将无任何限制地上涨，直至无穷大。如果当局使得私营部门无限地富裕，那么他们可能要开始在某个方面花费更多！

当然，随着长期政府债券价格、外汇、房价、证券价格，或者是其他任何当局（敢于）购买的东西的价格上涨，凯恩斯类型的投机动机将逐渐开始。此类资产的私营部门的持有者将会将其卖出，因为他们不敢相信这么高的价格将会持续下去。至少认为当局将会以限定的价格全部买下私营部门持有者的政府债券、房券或者证券。但是，可以确信，数量如此之大，以至于全部的长期政府债券（日本国债）或者东京房产的货币化，将会结束通缩。

除了安全的短期资产（短期国库券）以外，大多数的评论者都提倡日本央行应该买的两项资产是外汇（斯文森，2001；麦卡勒姆，2000；梅尔茨，1999b、1999c）和日本政府债券（JGBs）。理由很明显，首先，因为购买外汇会对其他国家的经济造成潜在的负面影响，因此会有制约政治经济的后果。其次，因为日本政府债券确实是最可能贬值的资产，应该将政策成功地从通缩转向（低度）通胀。此外，（日本）经济应该由最初大规模的货币贬值启动，后续或许会有一些增值（因此导致外汇持有者受到损失）。的确，在一些建议中，为了鼓励日本的利率保持低于外国的利率水平（在拐点之下），也渴望发生这样的升值。当然，与政府债券持有者的资本损失相对立的一面，是国库的资本收益，因此，通过各种各样的程序，中央银行可以得到有效的补偿。但是对于当局来说，这或许是太不符合常规了——他们通常是紧缩通胀而非再通胀。

有时候，用来对抗这些“不符合常规”的政策的论点，先尝试施行它们，这是为了有足够的力量，将现有通缩转化成无法控制的（高度）通胀。的确，日本可能现在就处于这样严重的通胀的风险中，但是，这在一定的程度上是因为“常规的”扩张性的财政政策会导致大规模的赤字和未偿付的债务。一旦名义利率恢复到“正常”水平，就很难看见这种融资，同时恢复到“未曾预料到的”通胀。日本当局完全制止扩张性的货币政策的时间越长，紧随通缩的极度通胀的最终危险就越大。

5.1.4 资产价格和通缩

至少考虑其他国内资产的扩张性（开市）购买（如通过房地产投资信托（REITs）购买的房产）的其中一个原因是，通缩和其他这样的国内资产价格的联系是坚挺的，并且在本章的下文中，我们也会对此有所说明。这部分资产价格波动和银行信贷扩张之间的互动。

过去，严重的、不利的和持续的通缩，经常伴随着主要资产价格下跌、脆弱的银行系统和萧条的经济活动（如1929—1939年的美国，1991—2003年的日本）。在这些事件中，名义资产价格下降的程度明显超过CPI下降的程度，因此实际资产价格也会发生剧烈的缩减。正如在引言中我们已经讨论过的，房价和证券价格通过其对家庭和公司财富的影响，或许会影响家庭的消费和公司投资。还有，资产价格通过对贷款方和银行资产负债表的影响，来影响银行承担风险的能力和其扩展贷款的意愿。这就暗示出，资产价格的大幅下跌或许会导致大幅削减贷款的可获得性。这样的贷款可获得性的减弱使经济活动变得萧条，从而反过来作用于贷款方和银行的资本净值，以至于演化为一个自我强化的过程。当通胀的持续时间较长时，导致经济活动延长衰退的主要资产价格的下跌，最可能导致通缩和萧条。当通胀按照预期持续存在的时候，通缩的发生变得更容易与预期相符。当期望持续发生通缩的时候，货币政策将不能通过减小实际利率来再一次地完全启动经济。甚至当名义利率缩减为零的时候，持续通缩的预期将保持事前积极的实际利率。这将对累计总需求造成直接的消极影响，同时还将进一步缩减资产价格。结果，需求将继续被限制，并且或许演化为经济大萧条。

5.2 通缩：好和坏

本部分的主要论题是：通缩本身不是一个严重的问题。具有致命后果的，是结合了资产价格的通缩和一般（商品和服务）性通缩。在本节中，我们将关注三个特殊的通缩事件，以此加以阐释：第一个是1873—1896年期间，发生在西方主要发达国家，包括美国、英国、法国和德国。第二个涉及世界大战期间的美国。第三个是主要发生在过去10年里（时间基准已经变化）的东亚，涉及中国内地、日本、新加坡和中国香港。在第一个和第三个事件中，我们对比了通缩期和交界期，时间长度和价格上涨程度大致相等，第一个事件随后是1897—1913年的通缩。在这三种情况中，我们也都使用了经济技巧，来估测商品和服务通缩或者资产价格通缩，是否会对任何实质增长造成不利影响。

5.2.1 序言

当供过于求的时候，价格将下降。供应的上涨本质上是有益的，但是需求的下降则是有害的。如果短期内物价、工资不变的话，这大体上来说是正确的。如果需求的下降导致了通缩，那它就尤其有害，这有两个主要的原因：一个是利率几乎等于零和工资，另一个是物价极不妥协，进行很少缩减的可能性（尽管后者的说明是有争议的，见 Yates，1998。关于这个话题的文章，参见 Nickell 和 Quintini，2003；Christofides 和 Leung，2003；Kuroda 和 Yamamoto，2003）。但是没有充足的理由一定要担心工资、物价通缩，尤其是因为在当前的菲亚特货币体系下，中央银行总是能通过购买额外的收益以及还没有接近于零的资产，来充分地扩大货币存量，以阻止通缩。

在商品或盯住汇率体系下，货币存量的扩张不可能发生，其中，货币增长量受可兑换性的目标限制。在这种情况下，货币存量增长率的下降可能被强加进体系中，乍看起来，在这样固定的汇率体系下，人们或许期望通缩会遇到很大的麻烦。但是，实际上并非如此。

5.2.2　1873—1913 年

历史上有名的长期持续性趋势的物价紧缩，发生在 19 世纪 70 年代早期到 20 世纪 90 年代晚期的发达国家。发生的时间这么长，是由于需求方面的因素（如相对于金融的黄金储备需求量的上涨来说，黄金生产率低下）和对比供应方面的因素（如新世界农业生产率的上涨和运输通讯技术的改善，如蒸汽船和电报机）都是有争议的，并且超出了本章的讨论范围。

我们想讨论的是本次的“经济大萧条”时期，总体来说，是相当有意义的。我们对比这一时期和随后的 19 世纪 90 年代后期，直到 1913 年的战前时期，并以此进行讨论。

人们一般认为“大萧条”始于 1873 年，直到 1896 年结束（摩根斯坦，1959）。为了估测各国在“大萧条”期间（1873—1896）和随后的战前时期（1897—1913）的经济表现，是否存在重大差异，我们对比了 GDP 的平均增长率和平均通胀率，并显示在表 5—3 中。

表 5—3　CPI 通胀率和 GDP 增长值的平均值（1873—1913）

国家	CPI 通胀率			GDP 增长值		
	1873—1896 平均值	1897—1913 平均值	差值	1873—1896 平均值	1897—1913 平均值	差值
美国	-1.52	1.03	2.55	4.52	4.49	-0.03
	(0.57)	(0.50)	(0.76)	(1.07)	(1.35)	(1.72)
英国	-1.53	1.21	2.74	1.81	1.74	-0.05
	(0.53)	(0.48)	(0.72)	(0.74)	(0.84)	(1.12)
德国	0.0	1.93	1.93	2.32	2.66	0.34
	(0.96)	(0.44)	(1.06)	(0.76)	(0.63)	(0.99)
法国	-0.14	0.43	0.57	1.33	1.72	0.39
	(0.27)	(0.32)	(0.42)	(0.94)	(0.95)	(1.34)

注释：括号内是标准差。

这些数据的明显特征是，实际产出的趋势增长率并没有很大差异：美国和英国的增长率在第二个时期略低，而法国和德国增长得稍快一点。但是，这四个国家的增长率的差异都不大。相比之下，在第一个时期，四个国家都出现了通缩，而在第二个时期出现的是通胀。两个时期物价平均变化率的差额是：美国和英国超过 2%，德国大约是 2%，而法国更小，是0.57%。

下一步，我们将估测美国、英国、德国和法国的通缩对产出增长值的影响，依据是 1873—1913 年期间的简单产出增长值回归（产出增长值在滞后的产出增长值上的回归），代表通缩的潜在负面影响，以及一阶滞后利率、证券价格和房价。在方程式的不同应用中，后面这几个被加入到名义的和事后的实际项中。下面我们公布了最好的应用，即用事后实际资产价格计算，但是所有的应用都可以从作者那里得到。当不知道怎么估测通胀的增长效应时，我们尝试了三种不同的形式。在第一种形式中，从 1897 年起，我们包含了一个取值为 1 的虚拟量（1897d）。这个形式本质上测试了 1873—1896 年的通缩期和 1897—1913 年的通胀期的平均产出增长率是否有重大的变化。如果后一时期的增长率明显要高，那么虚拟量的系数就明显是正的。在第二种形式中，我们包含了一个虚拟变量

（def_{t-1}），在有通缩那年的前一年，其取值为1。如果通缩对下一时期的产出增长值有负面影响，那么这个虚拟变量将表现得很消极。最后，我们在方程式中增加了CPI的滞后变化（Δcpi_{t-1}）和CPI通缩的滞后变化（$\Delta cpi_{t-1}{}^{def}$）。$\Delta cpi_{t-1}{}^{def}$等于通缩年份的CPI变化，否则为零。如果通缩对增长值有负面影响，那么通缩变量将表现得相当积极。

下面，我们列出了三个产出增长值回归的估算方程式（NB长期汇率和房价表现得没有任何显著性，因此被删除）：

$$\Delta gdp_t = a1\Delta gdp_{t-1} + a2rirs_{t-1} + a3\Delta rsp_{t-1} + a4d1897 \quad (1)$$

$$\Delta gdp_t = a1\Delta gdp_{t-1} + a2rirs_{t-1} + a4\Delta rsp_{t-1} + a4def_{t-1} \quad (2)$$

$$\Delta gdp_t = a1\Delta gdp_{t-1} + a2rirs_{t-1} + a3\Delta rsp_{t-1} + a4\Delta cpi_{t-1} + a5\Delta cpi_{t-1}{}^{def} \quad (3)$$

回归是用SUR估算的，允许不同的国家采用不同的系数，不同的国家允许共用观察数据，不同的方程式只允许回归截距不同，结果公布在表5—4中。一个普遍存在的特征是，在GDP变化中，似乎有一些短期的负自相关（没有公布）。好年之后是坏年，反之亦然。为什么这对我们来说不是很清晰呢？更重要的是我们没有得到任何结果，即在三种形式中，我们都没有找到通缩对增长值有负面影响的迹象。在第二种和第三种形式中，在英国和德国，甚至有一些微弱的在通缩之后是更高增长的迹象。产出增长唯一重要的决定因素，似乎是短期实际利率。在德国、法国和英国，5%是有显著性的。实际利率弹性也是在1%或5%的显著性，在合并回归中，则取决于形式。除法国以外，它的实际股价变化的显著性是5%，在这一数据集合中，我们没有发现证券价格变化对实际产出的清晰且重要的影响。

表5—4　**产出增长值和通缩（1873—1913）**

国家	形式1			形式2			形式3			
	$rirs_{t-1}$	Δrsp_{t-1}	$d1897$	$rirs_{t-1}$	Δrsp_{t-1}	def_{t-1}	$rirs_{t-1}$	Δrsp_{t-1}	Δcpl_{t-1}	$\Delta cpl_{t-1}{}^{def}$
美国	0.184	−0.055	0.55	0.207	−0.046	−0.956	−0.236	−0.034	−0.869	0.514
	(0.72)	(−0.88)	(0.31)	(0.79)	(−0.71)	(−0.47)	(−0.70)	(−0.51)	(−1.42)	(0.78)
英国	**−0.475**	−0.063	−1.254	**−0.751**	−0.05	**2.419**	−1.00	−0.08	−0.349	−0.412
	(**−2.7**)	(−0.93)	(−1.25)	(**−3.27**)	(−0.77)	(**2.03**)	(−1.47)	(−1.12)	(−0.48)	(−0.88)

续表

国家	形式 1			形式 2			形式 3			
	$rirs_{t-1}$	Δrsp_{t-1}	$d1897$	$rirs_{t-1}$	Δrsp_{t-1}	def_{t-1}	$rirs_{t-1}$	Δrsp_{t-1}	Δcpl_{t-1}	Δcpl_{t-1}^{def}
德国	**-0.284**	0.017	0.062	**-0.511**	0.002	2.103	**-2.157**	-0.03	**-1.831**	0.018
	(**-2.29**)	(0.40)	(0.06)	(**-2.99**)	(0.04)	(1.50)	(**-2.74**)	(-0.66)	(**-2.39**)	(0.05)
法国	(**-1.38**)	**0.223**	-1.176	**-1.246**	**0.195**	-0.40	-0.166	**0.214**	1.422	0.10
	(**-3.59**)	(**2.5**)	(-0.94)	(**-2.69**)	(**2.25**)	(-0.27)	(-0.24)	(**2.51**)	(1.60)	(0.09)
共用	**-0.319**	0.001	-0.375	**-0.414**	-0.001	0.99	**-0.567**	-0.001	-0.269	-0.043
	(**-3.40**)	(0.01)	(-0.64)	(**-3.35**)	(-0.05)	(1.30)	(**-2.08**)	(-0.05)	(-0.91)	(-0.16)

注释：方程式是用 SUR 估算的，以黑体加粗标注的是有显著性的系数（10% 的水平）。

5.2.3 两次世界大战期间

在两次世界大战期间，很多国家经历了 1920/1921 年的通缩，随后是 1929—1933 年的大萧条期间。依照 1929 年和 1932 年期间，美国和其他国家的成本、工资等急剧下降，依照这一点，欧文·费希尔（1993）发展了著名的债务通缩理论，在 5.1 节已经提到这一点。

为了测试美国的大萧条是否能够由商品价格通缩，或一定程度的资产价格通缩所驱使，我们估算了前一节的方程式（2）和（3）的回归形式，并且在方程式的右手边也包含了实际房地产价格的滞后变化。结果列示在表 5—5 中，其说明即使是在战争期间，商品价格通缩似乎也没有对产出增长值有负面影响。在两种形式中，通缩的测量都毫无显著性，实际事后利率也无显著性。或许更令人惊奇的是，股价的变化似乎并没有对产出增长值有重大影响。战争期间，美国产出增长的主要驱动力量，似乎是实际房地产价格的变化，弹性显著性是 1%。

5.2.4 东亚

通过对比 1873—1896 年的“大萧条”，或战争期间的 1920/1921 年很多国家出现的物价暴跌，以及 1929—1933 年的再一次大萧条，就 CPI 的

表5—5　　美国的产出增长回归（1919—1934）

形式2				形式3				
$rirs_{t-1}$	Δrsp_{t-1}	Δrhp_{t-1}	def_{t-1}	$\Delta rirs_{t-1}$	Δrsp_{t-1}	Δrhp_{t-1}	Δcpl_{t-1}	Δcpl_{t-1}^{def}
-0.445	-0.05	**1.886**	-0.54	-0.753	-0.121	**2.149**	-0.486	0.92
(-1.09)	(-0.61)	(**3.19**)	(-0.11)	(-0.79)	(-0.855)	(**3.00**)	(-0.61)	(0.77)

注释：方程式是用OLS估算的，以黑体加粗标注的是有显著性的变量（10%的水平）。

变动而言，东亚的通缩是短暂而轻微的。日本被看做是当前通缩经历的典型，但是实际上，截至2003年底，从1998年4月以来的数据来看，CPI只下降了3.3%。相比之下，资产价格通缩更明显。日经股价指数与1989年4月相比下降了64%，住宅资产价格从1991年1月开始下降了32%。

值得注意的是，日本几乎没有意识到从1998年1月开始到2003年之前，中国经历了比日本更严重的通缩，并且通胀率更早地急剧下降。1994年，中国的通胀率超过了20%，而同一年，日本的通胀率大约是1%。从1998年1月开始，中国的CPI累积下降了6%，几乎是日本的2倍。当然，中国在CPI通缩时没有发生资产价格通缩。自从1998年1月开始的通缩期起，房价略微上涨，涨幅是3.6%。上海的物价大幅上涨，其他主要样本城市（如北京、广州和深圳）大体上保持稳定。证券价格起伏不定，但是上涨了27.5%。

多次被认为面临通缩压力的其他亚洲国家（或地区），是中国香港和新加坡。中国香港经历了所有亚洲国家（或地区）中最剧烈的消费品价格下降。从1998年4月的数据来看，下降幅度超过16%，其中下降得最明显的是房地产价格。从1997年2月的数据来看，房地产价格下降了66%。同一时期，股票价格起伏不定，但是下降了26%。另一方面，新加坡只在1998/1999年和2002/2003年经历了两个短暂的通缩期。但是，像中国香港一样，新加坡也经历了相当明显的资产价格通缩：住宅资产价格从1996年2月开始下降了38%，股价从1996年1月开始下降了24%。

根据我们对第一次世界大战前期的研究，我们对比了通缩年份，亚洲国家（或地区）的GDP增长值的表现，以及相似时间段之前时期的，可以拿到2003年2月的GDP数据。对于中国香港，我们只用到了2003年1月的GDP数据，因为2003年的第二个季度受非典的影响极大。为了查明是否与CPI或资产价格的通缩有关，我们对CPI通缩期和资产价格通缩期都做了研究。但是新加坡来说，由于它没有清楚的CPI数据，因此我们只分析了资产价格通胀期，而中国没有资产价格通胀，因此我们只分析了CPI通胀期。结果列示在表5—6中。

表5—6　**亚洲国家（或地区）最近的平均GDP增长值**

国家	CPI通胀			资产价格通胀		
	通胀期	前期	差额	通胀期	前期	差额
日本	1.41	1.25	-0.16	1.23	3.94	2.77
	(0.84)	(1.06)	(1.35)	(0.54)	(0.43)	(0.69)
中国香港	3.15	2.76	-0.39	2.17	4.97	2.8
	(1.40)	(0.48)	(1.99)	(1.38)	(0.74)	(1.56)
新加坡	-	-	-	3.81	8.85	5.04
	-	-	-	(1.54)	(0.91)	(1.79)
中国内地	7.84	10.10	2.26	-	-	-
	(0.13)	(0.34)	(0.36)	-	-	-

注释：括号内的是标准差。

从数据中可以很明显地看出，通缩压力和这些经济状况的负面经济影响，来自于资产价格通缩，而不是CPI通缩。对于日本和中国香港来说，与没有通缩前相比，CPI通缩期的经济增长值表现得并不是更糟，而在资产价格通缩期，增长值似乎要低得多。在新加坡，资产价格通缩期内的增长值也有明显降低的迹象，而中国似乎只有在CPI通缩期，GDP增长值才有明显的下降。

对第一次世界大战前和战争时期，我们用我们能找到的尽可能长的数据集做了相同的回归。从整体来说，唯一增加的，是以非亚特货币和浮动汇率为特征的国家（或地区），我们也将实际有效汇率作为一个附加变量（虽然注意到中国内地和中国香港使用的都是盯住汇率制，而日本和新加坡的汇率则是被严格管制的）。得到的回归结果列示在表5—7中。

样本期分别为日本1982.1—2003.2；中国香港1985.1—2003.2；新

加坡1986.1—2003.3；中国内地1999.2—2003.2。因为不能完全清楚每个国家开始通缩体制的时间，我们没有进行对方程式形式（2）和形式（3）的分析。对于中国内地，我们只估算了一个回归，包含了CPI的滞后变化，因为在可获得的样本期内，CPI只有负增长。我们用季度数据代替了年数据，并运用更多的滞后组合，估算了方程式形式（2）和形式（3），并且加入到回归方程式中的每个变量，允许达到五阶滞后。

表5—7　亚洲国家（或地区）的产出增长值回归（20世纪80年代至2003年）

国家	形式2					形式3					
	rirs	Δrsp	Δrhp	*rex*	*def*	*rirs*	Δrsp	Δrhp	*rex*	Δcpi	Δcpi^{def}
日本	**−0.36**	**0.021**	**0.295**	0.011	−0.513	−0.266	**0.021**	**0.278**	0.006	0.322	−0.059
(1,5,1,1,1)	(**−1.72**)	(**1.93**)	(**3.37**)	(0.67)	(−0.66)	(−1.13)	(**1.95**)	(**3.09**)	(0.32)	(1.17)	(−0.71)
(1,5,1,1,1,1)											
中国香港	0.122	**0.024**	**0.098**	**0.126**	1.625	−0.19	0.021	**0.089**	**0.147**	−0.425	−0.108
(1,4,1,1,1)	(0.52)	(**1.86**)	(**2.76**)	(**1.78**)	(0.58)	(−0.50)	(1.55)	(**2.47**)	(**2.00**)	(−1.01)	(−0.16)
(1,4,1,1,1,1)											
新加坡	0.30	**0.032**	**0.134**	**0.163**	−1.493	0.299	**0.032**	**0.137**	0.16	−0.351	1.23
(1,3,4,2,1)	(0.68)	(**2.09**)	(**3.21**)	(**1.67**)	(−0.48)	(0.53)	(**2.10**)	(**3.23**)	(1.59)	(−0.47)	(0.69)
(1,3,4,2,1,1)											
中国内地	–	–	–	–	–	**−0.438**	−0.001	**0.107**	**0.235**	−0.088	–
(3,3,4,1,1)	–	–	–	–	–	(**−2.17**)	(−0.04)	(**3.09**)	(**2.43**)	(−0.47)	–

注释：该表公布了两个产出增长值回归方程式形式的估算结果。对于中国内地，只做了一个形式的估算，因为样本期只包含通缩期。*rirs* 代表事后短期实际利率；Δrsp 代表实际证券价格的变化；Δrhp 代表实际房地产价格的变化；*rex* 代表有效的实际汇率；*def* 代表一个虚拟量，如果有消费品物价通缩，则其取值为1，否则为0；Δcpi 代表CPI的变化，如果有消费品物价通缩，则 Δcpi^{def} 代表CPI的变化，否则为0。第一栏括号中的是我们选择的滞后组合，数字代表的是每一个估算形式中每个变量持有的滞后。其他栏中公布的是估算系数，括号内的是统计数字t。以黑色粗体标注的系数的显著性至少在10%。

删掉所有无显著性的滞后，并且每个变量至少保留一阶滞后，则可以得到更好的回归形式。我们发现，在第一次世界大战前和战争期间，测量的CPI通胀并没有对产出增长值有重大的影响。在四个国家（或地区）中，实际房地产价格的变化对产出增长值的影响都很强烈，且非常重大。在日本和中国香港，实际股价的影响很大，在中国香港和中国内地，则是实际有效汇率的影响大。我们发现，在日本和中国内地的方程式形式（2）中，事后实际利率对产出增长值的影响很大。

5.3 总结

本章的实证结果非常简单——商品和服务价格通缩本身没有固有的损害，而且在通常情况下，其的确能继续强劲增长。而当（需求）通缩伴随着房地产价格通缩，或者假借房地产价格通缩显示出它本身时，就会有很多麻烦。这种关系的强度（除了1873—1913年，那时美国和英国的数据有点不太明确）甚至让我们都感到震惊。但是，房地产不仅是财富的重要组成部分（大多数情况下，远远超过证券，人们为它投入了超常的注意力），也与银行信贷的扩张密切相关。银行贷款通常是用于购买房产的，以房地产为抵押品的贷款，大大多于为证券或其他商品和服务的贷款。

部分的结论也是清楚的。当日本的房地产价格停止下跌的时候，它将经历持续的复苏，并且和之前是不一样的。[①] 在美国和英国，网络公司的股票暴跌没有导致产出的急剧下降，因为低息货币导致房价猛涨。如果房价同时随后下跌，或许应该对货币政策效能进行更严峻的彻底考察。

房地产价格通胀比商品和服务的通胀，对产出增长来说更重要。我们的这一断言本身并非暗示，中央银行应该以房价，或者甚至以一般商品和服务价格为操控对象。但是它说明了，中央银行和其他机构应该知道房地产价格，信贷和货币扩张、产出，还有一般商品和服务通胀之间的关系与联系。而且，当短期（或者甚至长期）政府债券的利率趋向于零时，中央银行也没有耗尽其库存力量。甚至当国际政治经济（也可叫做美国财政部）机构阻止中央银行购买外汇（美国国债）时，它也总能购买国内房产（通过房地产投资信托）。这的确不符合常规，随后，对实质票券学说的忠诚信徒来说，购买政府债券是非常不符合传统观念的。

① 这是一个经得起验证的假说，时间将会证明。

第二部分

房价和金融稳定

第6章

房价和银行信贷

6.1 引言

在过去的20年里，大多数的工业国家已经经历了信贷市场的繁荣和衰败的阶段。这些信贷周期通常与经济活动和房地产市场的周期相吻合。这些周期的吻合性已经被广泛地记录在政策导向型的文献中（国际货币基金组织，2000；国际清算银行，2001a)，但是只有一部分研究正式地评估了信贷总额、经济活动和房地产价格之间的关系。尤其是房地产价格的作用，还没有得到很好的探究。本章的目的是填补这一空白，我们从国际性的角度，分析了国内银行信贷对私营非金融部门的决定性作用。以16

大工业国为实例，我们用自1980年以来的各季度数据，以银行信贷[①]作为经济活动、利率和房地产价格的函数，建立了模型。

在实证文献中，信贷总额在通常情况下，主要是由需求决定来估测的（伯南克和Blinder，1988；Fase，1995；Calza等人，2001），积极的方面取决于经济活动，消极的方面取决于金融成本。[②] 经济活动状态反应的经济情况，对消费和投资需求有积极的影响。结果，人们预期经济活动对信贷需求有积极的影响（Kashyap等人，1993）。[③]

另一方面，关于信贷市场的不对称信息的影响的新理论见解，已经激发了商业周期模型的发展。其中，信贷通过传导与放大生产力和货币政策冲击，来影响商业周期，在其中扮演着重要的角色。[④] 在标准的实际商业周期模型，以及标准的凯恩斯主义教科书中的IS—LM模型中，信贷市场状况并不会对宏观经济的成果有任何影响，这个结果取决于假设信贷市场无摩擦。紧接着，布伦纳和梅尔茨（1972）以及伯南克和伯林德（1988）证明，放宽贷款和其他债务证券（如债券）的理想的替代性假设，在其他标准教科书的IS—LM模型中，产生了另外一个信贷的宏观经济角色。伯南克和格特勒（1989）、Kiyotaki和Moore（1997）用信息不对称性，改进了制定的信贷市场实际商业周期的模型。因为信息的不对称性，公司和家庭的借贷受限制，并且只有当他们提供抵押品的时候，才能贷款。因此，他们的借贷能力取决于他们的资本净值。由于借款人的资本净值是顺势循环的[⑤]，家庭和公司的借贷能力在经济回升时上涨，在经济跌落时下降。借贷能力的上涨或下降刺激或抑制了经济活动，这依次反作用于借款

---

① 我们用银行信贷，作为对私营非金融部门的国内银行信贷的简捷形式。

② 关于怎样更好地代表金融成本，对此有一些不同意见。大多数的研究用的是贷款利率（Fase，1995）或者货币市场和资本市场利率（Calza等人，2001）。Friedman和Kuttner（1993）评论说，偿付贷款的利率应该随着从替代品得到的资金成本来调整，例如，证券市场或国内现金流。

③ 也有观点认为，经济活动对信贷需求有负面影响。如果期望经济扩张是短暂的，那么家庭和公司为了使消费更顺利，或许会改为增加存款。另外，在经济回升的时候，公司现金流的状态可能会改善，因此公司或许会将国外市场的资金转移到国内，以此来减少贷款（伯南克和Gertler，1995）。实证证据在一定的程度上支持这一观点，即经济活动对信贷需求有积极影响（伯南克和Blinder，1988；Fase，1995；Calza等人，2001）。

④ 早期关注信贷的宏观经济角色的著作有Fisher（1933），Kindleberger（1973、1978），Minsky（1964），以及Brunner和梅尔茨（1972）。这些早期文献的调查见Gertler（1988）。

⑤ 借款人的资本净值是顺势循环的，因为公司的现金流状况、家庭的收入，以及可抵押资产的价值，是实际产出的正函数。

人的资本净值，因此演变成了一个自我强化的过程。这暗示了信贷是顺势循环的，并且放大了商业周期的波动。在信贷和经济活动之间相互增强的作用，在文献中将之描绘为“金融加速器”。①

人们期望由市场利率表现的融资成本，对信贷需求有负面影响。当利率上涨的时候，贷款的成本更高，贷款需求减弱。由利率水平反应的货币政策的立场，或许也通过银行影响信贷的供给。这样的供给影响或许源于货币政策，通过它对公司和家庭金融状况的影响，从而形成一个存储流失，对他们的信用可靠性造成影响。因此，货币政策立场改变之后的银行部门提供的可贷资金，由中央银行通过开市销售来操控。②

银行信贷中潜在而重要的决定因素是房地产的价值。这一因素通常会被忽视。房地产价格或许会通过财富效应刺激经济活动，从而直接影响信贷需求，而财富效应或许也会导致房地产价格对房屋所有者的信贷需求有直接的影响。根据家庭消费的生命周期模型，房屋所有者为了使生命周期内的消费平稳，会增加开支和贷款。这个时候，或许会对房地产价格的上涨作出反应。另一方面，房地产价格的上涨，也会引起租赁的增加。承租人或许会通过降低消费和贷款的方式作出反应。因此，房地产价格对消费和信贷需求的总体财富效应，在理论上是不明确的。关于财产和家庭消费之间的关系，国际实证是混杂的，Kennedy 和 Andersen（1994）分析了 15 大工业国中房地产价格对家庭储蓄的影响。他们发现在 8 个国家中，房地产价格波动对家庭储蓄有重大的负面影响。在另外的 7 个国家中，估测的影响是正面的。Case 等人（2001）发现，在 14 大工业国组和美洲组中，房屋财富的变化对家庭消费有显著且重大的影响。

根据投资的托宾 q 值理论（Tobin，1969），投资活动无疑取决于资本的市场价值占其所需成本的比例（托宾 q 值）。对于建筑部门来说，这暗示出，建筑活动无疑取决于房地产价格占建筑成本的比例。这就意味着，假设其他条件不变，房地产价格的上涨将要增加建筑活动，可能也会导致

① 关于“金融加速器”机制的文献调查，参见伯南克等人（1999）。

② 在文献中，货币政策通过信贷供给的传导，是作为信贷渠道被提及的。通过资产负债表和金融状况的子渠道传导，被称作资产负债表渠道；通过银行储备和储蓄传导的子渠道，被称作银行贷款渠道。在伯南克和 Gertler（1995）以及 Kashyap 和 Stein（1997）中，可以找到关于理论的和实证的信贷渠道调查文献。

信贷需求的增加。

房地产价格通过资产负债表效应，或许也影响银行贷款的意愿。由于金融市场的自身缺陷，家庭和公司的贷款或许是受限制的。因此，家庭和公司只能在他们提供抵押品的时候，才能获得贷款。因此他们的借贷能力是其抵押品资本净值的函数。[①] 因为房产通常被用作抵押，因此房地产价格是私营部门贷款能力的重要决定因素。

房地产价格也影响银行资本的价值，直接地对银行自己资产的价值造成影响，间接地影响以房产为担保的贷款价值。[②] 因此，房地产价格影响银行承担风险的能力，以及发放贷款的意愿。

关于房地产价格对信贷影响的正式的实证研究很少。古德哈特（1995）调查了美国和英国在长期样本期内（美国 1919—1991 年，英国 1939—1991 年）信贷增长的决定因素。他发现，房价的变化对英国的信贷增长有重大而积极的影响，而对美国的信贷增长则没有这种影响。滚动回归估算暗示了，英国的信贷和房价之间的关系在战后被加强。Hilbers、Lei 和 Zacho（2001）发现，将房地产价格的变化，加入到工业国和发展中国家的金融危机多变量的概率值—分对数模型很有意义。Gerlach 和 Peng（2005）分析了中国香港的银行信贷和房地产价格之间的动态互动关系，发现了房地产价格驾驭银行信贷，而非相反。Davis 和 Zhu（2004）得出了大概相同的结论，结论是大量的工业化国家的信贷和商业房地产价格之间有关系。Borio 和 Lowe（2004）证明，总资产价格差的衡量是工业化国家金融萧条的有用指示，衡量的标准是总资产价格与它们长期趋势的偏差，再加上相似确定的信贷差。[③]

在本章中我们证明，根据约翰森（1988、1991 和 1995）共整合分析的方法，信贷的长期变动不能通过信贷需求的标准决定因素来解释，即实

① 关于这方面的基本资料见伯南克和 Gertler（1989）以及 Kiyotaki 和 Moore（1997）。调查见伯南克、Gertler 和 Gilchrist（1999）。早期的著作参见 Fisher（1933）。

② Chen（2001）建立了一个 Kiyotaki 和 Moore（1997）模型的延伸形式，其中附加的商业周期的扩增，源于资产价格变动对银行资产负债表的影响。这一观点的早期来源是 Keynes（1931）。

③ 总资产价格指数是用住宅房地产价格、商业房地产价格和证券价格的加权平均数来计算的。权重是根据每项资产占从国民资金流量数据或联合国标准化的国民核算中得到的国民资产负债表的份额来计算的。住宅和商业房地产价格的权重指数平均都在 80% 以上，因此，房地产价格的变动控制着总资产价格指数的变动。

际 GDP 和实际利率。但是作为实际住宅和实际商业房地产价格的加权平均数的房地产价格，一旦被加入到实证模型中，我们就能找到实际信贷和实际 GDP、实际房地产价格正相关的关系，以及和实际利率负相关的关系。人们发现，在大多数国家，信贷主要调整了共整合关系，这暗示了信贷与 GDP、房地产价格和利率之间存在长期关系。因此，房地产价格似乎是私营部门长期借贷能力的重要决定因素。为了解释银行信贷的长期变动，需要重视这一点。估设的错误修正模型，是通过估算正交化的脉冲响应来分析动态的相互作用。

脉冲响应大体上和之前的预期一致。实际 GDP 的上涨对借贷有正面影响，而实际利率的上涨对银行信贷有负面影响，但是脉冲响应通常是无显著性的。从另一方面来说，在大多数国家，房地产价格的变动对银行信贷有强大的、很重要的而且长久的正面影响。这一结果表明，潜在的反映房地产市场未来经济状况或投机活动变化的房地产价格的变化或许导致银行信贷出现明显且持续的周期，并且可以潜在地解释银行信贷持续性的周期，这一点在前面提到过。

6.2 数据和一些程式化的事实

在这一节中，我们用季度数据分析了 1980 年 16 大工业国的总银行信贷、总经济活动、利率和总房地产价格间的关系。① 所有的数据都是从国际清算银行的数据库中得到的，并且除了名义利率之外的所有数据，都是经过季节性调整的。总银行贷款被定义为，国内银行机构对国内的私营非金融部门（也就是对国内的家庭和国内的非金融企业）发放的未偿付的借贷，因此不包含给政府的贷款、给非银行金融机构的贷款和给外国人的贷款，以及由外资银行延伸的贷款。因此，不能得到发放给私营部门总信贷的标准化数据，所以，信贷总数的对比性受限于银行信贷的国家定义的差异。名义信贷总数通过消费品物价指数的通缩，被转化成实际的总数。

① 很多国家都不存在总信贷的部门性下降，因此不可能分析部门性信贷总数的决定性因素。

我们用实际 GDP 作为实际活动最广泛的总衡量，用小于年度 CPI 通胀率[①]三个月的银行间的货币市场利率[②]，作为事后短期实际利率，来代表总的实际融资成本。除了实际利率之外，所有的数据都被转化成自然对数。

按照 Borio 等人（1994）的方法，我们用住宅和商业房产价格的加权平均数，建立了总房产价格指数。对于美国和澳大利亚，可以得到季度性的私营部门资产负债表的数据。该数据可从国民财富统计数据中得到。而关于日本、德国、加拿大和英国，得到的是年度数据。在瑞典和挪威，关于住宅和商业建筑物存量的年度数据，可以从联合国标准化的国民核算（SNA）中得到。为了得到季度性的加权数据，我们插入了年度财富数据。对于所有其他国家来说，国民资金流量数据和联合国标准化的国民核算数据都无法得到。根据 Borio 等人（1994），我们假设，在法国、意大利、西班牙、瑞士、比利时和荷兰，住宅和商业房地产在私营部门资产负债表中的相对份额与德国的相同，爱尔兰的和英国的相同，挪威的和瑞典的相同。

将资产负债表的权重用于住宅和商业房地产价格数据中得到了总地产价格数据。表 6—1 详细地描述了房地产的价格数据，我们使用了代表全国范围发展的住宅房地产价格指数。德国是个例外。关于德国，我们使用的是柏林、法兰克福、汉堡和慕尼黑的住宅房地产价格的平均值。只有在美国、日本、瑞士和爱尔兰，才可以得到商业房地产价格全国范围的数据。对于其他国家，我们只能使用单一城市的商业房地产价格指数。德国只能得到住宅房地产价格的年度数据，意大利和日本只能得到半年的数据。除了美国、加拿大、澳大利亚和瑞士以外，只能得到年度商业房地产价格指数（日本是半年的）。在这些情况中，季度指数是用线性内插法组

---

① 用季度通胀率代替年通胀率，就会在实际利率中引入大量的可变性，导致 6.3 节中估算体系的残数的异方差性。投资和储存，是通过事前的实际利率决定的，该利率小于相应时间范围内通胀预期值的名义利率。关于足够数量国家的足够长期限内的通胀预期值数据，不可能得到，因此我们用事后实际利率作为代表。对于短期实际利率来说，这是一个有效的方法，因为通胀持续性很高，并且当前季度的通胀率，将是下一季度通胀预期值的有用近似值。对于更长期限的通胀预期值来说，当前的通胀率或许不是一个好的代表，以至于事后长期实际利率可能会被事前长期实际利率错误性地指引。因为这个原因，我们在分析中没有考虑长期实际利率。

② 关于总融资成本的更准确的测量标准，当然是总借贷率。但是，代表性的借贷率在很多国家都无法得到。实证说明从长期来看，短期和长期借贷率依赖于货币市场利率或政策利率（关于大量工业化国家的实例，见 Borio 和 Fritz（1995），关于欧元区国家的，见霍夫曼（2001），关于英国的，参见 Hofmann 和 Mizen（2004）），因此货币市场利率似乎是信贷的融资成本的有用近似值。

建的。

表 6—1　　　　　　**工业化国家的房地产价格数据**

	住宅房地产价格	商业房地产价格
澳大利亚	建立的房价指数 来源：Central Bank	悉尼的商业房地产价格指数（CPPI） 来源：Central Bank
比利时	房价指数 来源：Stadim，Antwerp	Brussel CPPI 来源：Jones Lang LaSalle，London（JLL）
加拿大	平均房价指数 来源：Central Bank	Ontario CPPI 来源：Frank Russel Canada
芬兰	全国房价指数 来源：Central Bank	Helsinki CPPI 来源：Central Bank
法国	住宅房价指数 来源：Central Bank	Paris CPPI 来源：JLL
德国	Frankfurt、Munich、Hamburg 和 Berlin 自住型住所的平均销售价格 来源：Ring Deutscher Makler	Frankfurt CPPI 来源：JLL
爱尔兰	用所有贷款机构都批准的贷款买的新房平均价格 来源：Department of the Environment	全国的 CPPI 来源：Investment Property Databank，London
意大利	全国房价指数 来源：Central Bank	Milan CPPI 来源：JLL
日本	全国范围的住宅土地价格指数 来源：Japan Real Estate Institute	全国范围的商业土地价格指数 来源：Japan Real Estate Institute
荷兰	现有住所的价格指数 来源：Central Bank	Amsterdam CPPI 来源：JLL
挪威	一户型住房的销售价格指数 来源：Central Bank	Oslo CPPI 来源：JLL
瑞典	单身家庭房价指数 来源：Central Bank	Stockholm CPPI 来源：JLL
瑞士	全国住宅房地产价格指数 来源：Central Bank	全国的 CPPI 来源：Central Bank
西班牙	全国房价指数 来源：Central Bank	Madrid CPPI 来源：JLL
英国	所有住所价格指数 来源：Department of the Environment	London CPPI 来源：JLL
美国	单身家庭房价指数 来源：OFHEO and National Association of Realtors	全国的 CPPI 来源：NCREIF

为了得到实际房地产价格，可用消费品物价指数紧缩名义房地产价格。图 6—1 显示的是，在 1980—1998 年期间，实际住宅和商业房地产的价格指数，以及实际总房地产的价格指数。对于意大利、加拿大和爱尔兰，只得到了分别是从 1983、1985 和 1983 年开始的商业房地产价格数据，相应地缩减了总房地产价格指数的实例。

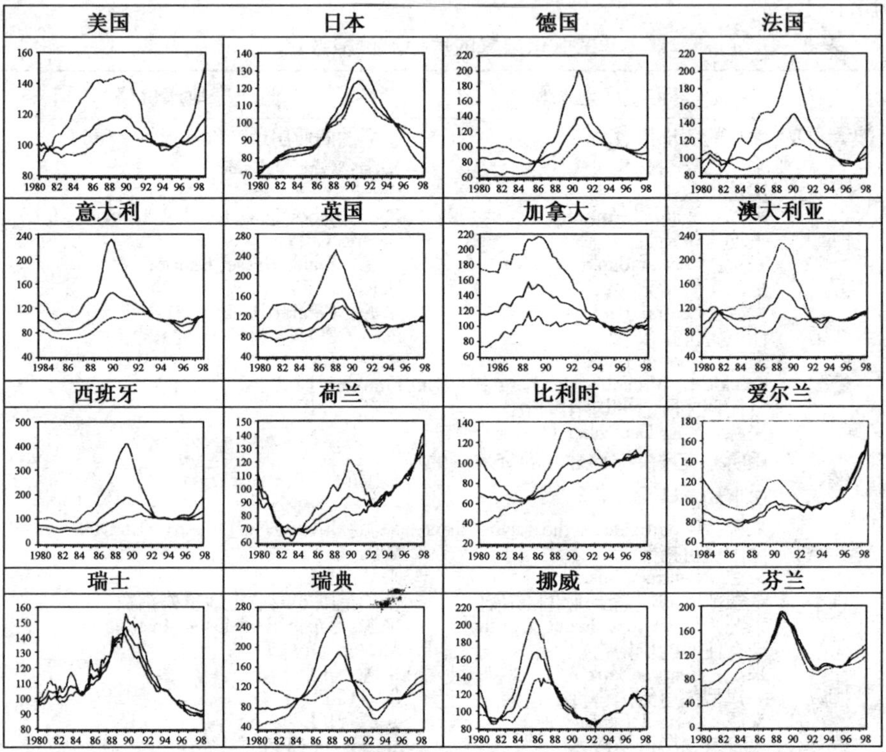

图 6—1　工业化国家的房地产价格（1980—1998）

注释：虚线代表住宅房地产价格指数；点线代表商业房地产价格指数。这两个指数都是由实际数据得到的，也就是名义指数用消费品物价指数紧缩得到。实线代表实际总房地产价格指数（1995 = 100），是按照住宅和商业房地产价格指数的加权平均数构成的。权重是根据住宅和商业房地产在私营部门财富中各自的份额得到的。详细数据见表 6—1。

图 6—2 中列示了 16 大工业国在 1980—1998 年的调查期限内，信贷占 GDP 的比例（实线），以及实际总房地产价格指数（虚线）。该图揭示出，信贷是经济快速增长的特征。它平均高于实际 GDP 的增长率，以至于在大多数国家，信贷占 GDP 的比例呈增长的趋势。不同国家实测的信贷占 GDP 的比例呈增长趋势。对此的普遍解释是，从 20 世纪 80 年代早期开始，在工业化国

家，信贷市场的自由化和放松管制过程的影响比较深远。①

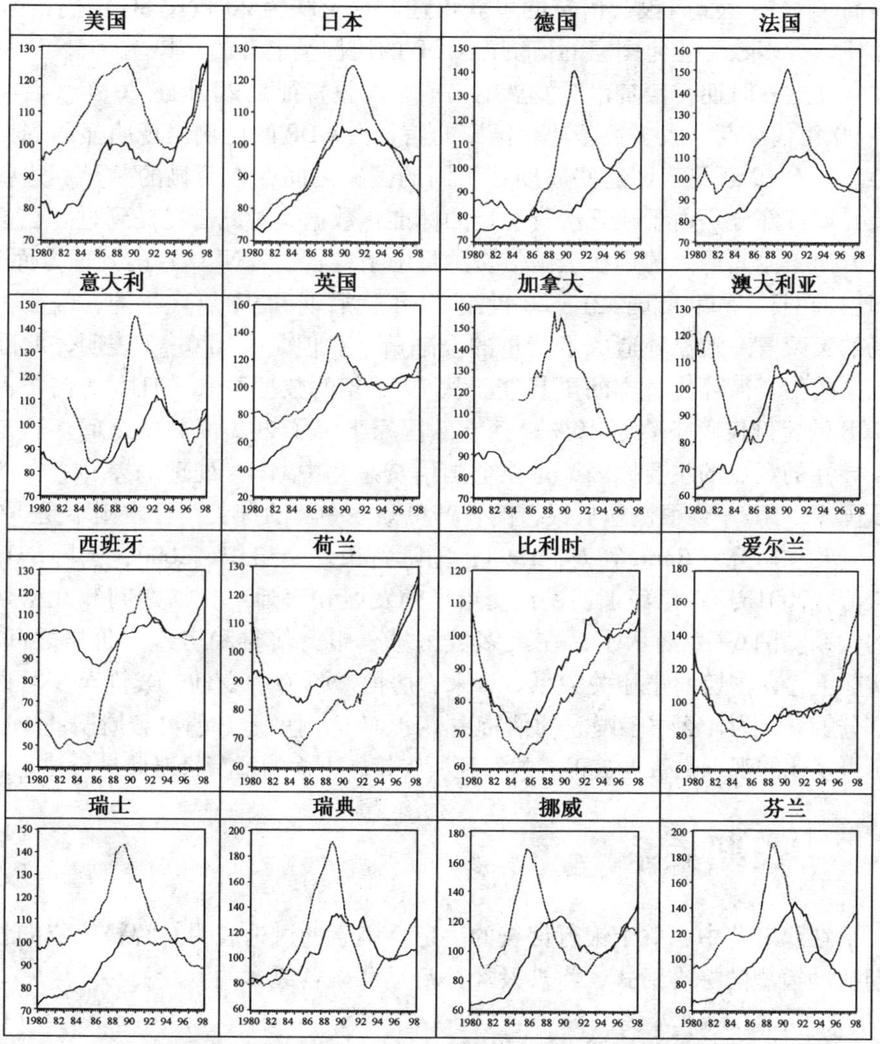

图6—2　工业化国家的信贷占GDP的比例和房地产价格指数（1980—1998）

注释：实线代表信贷占GDP的比例；虚线代表总房地产价格指数。

① 关于从20世纪80年代早期开始，工业化国家金融部门的发展，见BIS（1999）。Borio（1996）全面描述了发达国家信贷市场的特征。

通过放宽金融限制，提高银行系统的效率，人们设想金融自由化已经提高了对私营部门银行信贷的可获得性，这反映为20世纪80年代至90年代，大多数工业化国家的信贷占GDP的比例呈上升的趋势。

在这一时期，信贷市场发展的另一个明显特征是20世纪80年代后期和90年代早期，大多数工业化国家的信贷占GDP的比例出现明显的周期性。图6—2还可表明这些周期在不同的国家之间存在明显的差异。这些差异或许部分是由于缺乏信贷总量的标准化数据，对此已经提到过。在这一方面，尤其重要的是在全国信贷总量中不良贷款（NPLs）的处理方面[①]（比如在日本和北欧国家），20世纪80年代后期和90年代早期，信贷市场的繁荣—衰败循环造成了严重的金融萧条。但是，图6—2表明，北欧国家的信贷循环比日本的更易变。从1989年的数据看来，日本的信贷占GDP的比例仅仅下降了10%，而北欧国家下降了20%～45%之间。这个误导性的观点的主要原因，是在全国信贷总数中NPLs处理的差异。在北欧国家，NPLs会很快地从银行的资产负债表中清除掉，而日本则不是。[②]

几项研究（Borio等人，1994；国际货币基金组织，2000；国际清算银行，2001a）都已经证明，信贷市场的发展和房地产价格之间存在密切的关系。图6—2揭示了，在大多数国家，银行信贷和房地产价格之间，实际上存在密切的正相关关系。看来，房地产价格的变动，或许至少可以部分解释，为什么很多国家的信贷占GDP的比例呈上升趋势和周期性。这个可视化的观点是否也被正式的实证所支持，下面的章节将对此进行讨论。

6.3 长期关系

在6.1节中，关于银行信贷的决定性因素的讨论表明，解释信贷的长期变动模型的标准形式，将涉及经济活动和融资成本的测量：

$$C = \alpha + \beta_1 Y + \beta_2 R + \varepsilon \qquad (1)$$

其中，C是发放给私营部门的实际信贷（的对数）；Y是作为经济活

① 关于这一问题的详细讨论，见BIS（2001b）。
② 关于北欧国家银行危机的原因和结果，参见Drees和Pazarbasioglu（1998）。当然有大量文献是关于日本的危机的，关于这方面的调查和参考，见Hoshi和Kashyap（1999）。

动大概测量的实际 GDP（的对数）；R 是作为实际融资成本大概测量的（短期）实际利率。这种形式被普遍用于实证文献中（Fase，1995；Calza 等人，2001）。

引言部分提出的论点表明，房地产价格或许是信贷重要的附加决定因素。

因此，长期信贷关系的替代或延伸的形式是：

$$C = \alpha + \beta_1 Y + \beta_2 R + \beta_3 P + \eta \tag{2}$$

其中，P 是实际房地产价格（的对数）。在标准的时间序列分析中，房地产价格的重要性能通过根据方程式（1）做一次回归，根据方程式（2）做一次回归，并且测定房地产价格系数的显著性来评定。但是，我们用放大的标准的迪基—富勒（迪基和富勒，1981）单位根检验①，这一单位还没有公布出来，这表明，实际银行信贷、实际 GDP、实际利率和实际房地产价格，在样本期内，都是一阶单整，因此标准回归分析和推理都不合适。②

因此，在估算信贷的任何长期关系之前，我们不得不建立一个长期的或共整合的存在关系。在学术上，共整合意味着，在非平稳的变量之间存在一个平稳的线性组合，因此它们不能长期漂移。问题是我们是否需要房地产价格紧随信贷的长期变动，也就是说，在我们的案例中，方程式（2）是否给出了长期的信贷关系，或标准形式方程式（1）从长期看来，是否已经足够解释信贷。现在，我们应该使用由 Johansen（1988、1991 和 1995）提出的多变量分析法，进行共整合分析③，以便分析实际借贷、实际 GDP、实际利率和实际房地产价格之间的关系。Johansen 的分析方法，是根据下面的 VAR 模型进行的：

$$X_t = B_1 X_{t-1} + \cdots + B_k X_{t-k} + \mu + \varepsilon_t \tag{3}$$

其中，X 是内生变量的向量；μ 是不变的向量；ε 是被假设为白噪音

① 单位根检验的结果在本章的工作文件格式中可以找到（霍夫曼，2001）。

② Granger 和 Newbold（1974）显示了标准的回归方法，这或许可以指出非平稳变量之间重要的相互关系，即使变量是完全不相关的。这个问题也被认为是假性回归的现象。

③ 在我们的实际应用过程中，比起单一方程式来说，评论者更喜欢 Johansen 分析法，因为我们没有任何先验因素，用以假设任何变量集合是弱外生的。如果解释变量不是弱外生的，那么，根据单一方程式估算技巧估算的长期关系，得到的是无效的系数评估。

的误差项的向量。为了评定房地产价格是否在解释信贷的长期变动中起到很重要的作用，我们估设了两个经济模型：一个是标准体系，它只由实际信贷的对数、实际 GDP 的对数、实际利率组成；一个是供替代的延伸体系，也就是由实际房地产价格的对数组成。

分析的样本期是 1980 年的第一季度到 1998 年的第四季度。① 由于数据的可获得性，加拿大、意大利、爱尔兰和西班牙的样本期偏短一点，分别是从 1986 年 2 月、1984 年 1 月、1983 年 3 月和 1981 年 1 月开始。

约翰森的研究方法，是根据最大相似估计法得到的，因此需要高斯的误差项。为了得到良好的 VAR 残差，需要选择 VAR 的滞后阶数。为了消除一些大的并且会导致异方差性的极端值，在德国（1989 年 2 月和 1991 年 2 月，涉及到德国的重新统一）、澳大利亚（1981 年 4 月和 1982 年 3 月，涉及到严重的经济衰退）、意大利（1992 年 3 月，涉及到 EMS 危机）和瑞士（1982 年 2 月，涉及到严重的经济衰退）的 VAR 中，必须加入中心的推动虚拟量。② 在表 6—2 和表 6—3 中，报告了估算体系的诊断检测。它表明，估算体系的残差摆脱了序列相关和异方差性。在一些情况中，存在一些残差的非常态性迹象，但是 Lutkepohl（1993）显示，Johansen 的分析法并没有完全依赖正态假设。因此，在一些情况中，正态假设的违规并不会被视作是我们分析的警告。我们没有公布的递归邹氏断点检测，大体上表明在子样本期，体系也是稳定的。③

用向量误差对 VAR 模型进行修正后，该形式重新表述为：

$$\Delta X_t = C_1 \Delta X_{t-1} + \cdots + C_{k-1} \Delta X_{t-k+1} + C_0 X_{t-1} + \mu + \varepsilon_t \tag{4}$$

在估算中，始终是左边不受限制；在数据中，允许确定性的时间趋势。Johansen 的研究方法，是建立于方程式（4）的最大相似估计法基础上的。共整合测试建立于矩阵 C_0 的秩的基础上。它指出了 VAR 中，内生变量之间的长期关系的数量。直观地看，Johansen 的共整合分析法，是放

① 没有包含更多时期的资料，是因为 1999 年 1 月，欧洲货币联盟的建立影响了实证分析中一半的国家。欧洲货币联盟的建立意味着，这些国家采用新的货币政策体制，这或许会导致估算体系的结构发生改变。因为仍存在一些新体制的观察资料，潜在的结构改变不容易被断点检验发现，但是或许会对估算结果产生负面的影响。

② 反对非中心虚拟变量的中心化使用，是为了确保共整合测验中标准的临界值仍旧有效（Johansen，1995）。

③ 关于递归邹氏断点检测的结果，参见霍夫曼（2001）。

大的迪基—富勒单位根检验的多变量的一般化。如果矩阵 C_0 的秩是零，这基本上意味着，变量的滞后等级的向量 X_{t-1} 对体系的动态没有重大影响，因此在一阶差分中，我们留下了一个 VAR。

另一方面，如果 C_0 的秩是正数，则暗示了体系的动态从长期看来由内生变量的一些线性组合牵制。如果共整合测验表明存在长期关系，那么矩阵 C_0 能被因素分解为 $C_0=\alpha\beta'$。其中，α 是载入矩阵或调整系数，β 是描述内生变量间的长期关系的共整合向量中的一个向量。载入矩阵 α 描述的。是内生变量对从 $\beta'X$ 给出的长期平衡中偏离的动态调整。载入系数能帮助评测估算的长期关系的经济含义。在我们的案例中，如果估算的长期关系描述了银行信贷关系的长期平衡，那么，我们应该发现信贷的动态从长期来看，是被这一关系牵制的。也就是说，信贷应该显著地调整到能保持它的长期平衡的水平。

表 6—2 显示了标准体系的测验结果，其中删掉了房地产价格。标准的轨迹检定评测了这样一个无效假设，即至多 r 的长期关系对供替代的多于 r 的长期关系。[①] 检定结果表明，在德国、加拿大、西班牙、荷兰和比利时，信贷、GDP 和实际利率之间存在单一的长期关系，而在其他国家，没有显示任何长期关系。在我们能驳回无共整合的假设的情况下，我们公布了估测的长期关系，括号内的是渐进标准差。结果表明，从长期来看，实际信贷（C）与实际 GDP（Y）是正相关的，与实际利率（R）是负相关的。信贷的长期收入弹性在 4 种情况中都明显大于 1。这一发现反映出，作为从 1980 年以来的金融自由化的结果的金融深化过程，或者省去的变量（如被 GDP 代替的房地产价格）的影响。对实际利率而言，信贷需求的半弹性多半是负的，并且除了比利时以外，也都是有显著性的。显示在表 6—2 中的最后一栏，信贷方程式中的调整系数是负的，并且除了德国以外，显著性至少都在 5% 的水平。这暗示了，信贷适应被认可为长期关系，并且信贷支持这样的观点，即它解释了信贷的长期变动的关系。但是，由实际信贷、实际 GDP 和实际利率组成的标准体系，对此体系估算的总结论，一定不能由标准体系来解释，而应由我们样本中的大多数国

① 关于 Johansen 分析法的更多详细的技巧，见 Johansen（1988、1991、1995），Lutkepohl（1993），以及 Hamilton（1994）。

家的信贷长期变动来解释。

表6—3公布了延伸体系的共整合分析的结果，也包含了实际房地产价格的对数、附加到实际信贷的对数、实际GDP的对数和实际利率。

表6—2　　　　标准体系的共整合分析

国家（滞后阶数）	约翰森轨迹检定			长期关系	载入	诊断		
	r=0	r=1	r=2			SC	H	N
美国（4）	20.16	4.25	0.23	无整合性	-	8.49	121.52	41.52*
日本（7）	24.46	10.36	2.02	无整合性	-	1.90	168.05	33.71**
德国（5）	36.70**	12.16	0.91	**C=1.411Y-0.096R**	0.005	10.24	129.05	48.24**
				(0.195) (0.018)	(0.008)			
法国（6）	16.61	4.35	0.39	无整合性	-	14.47	83.36	17.95**
意大利（3）	19.59	7.85	0.79	无整合性	-	4.61	137.80	9.28
英国（2）	27.07	10.25	1.04	无整合性	-	6.23	105.71	7.55
加拿大（2）	36.40**	9.68	0.01	**C=1.559Y-0.030R**	**-0.077**	14.92	183.52	16.92**
				(0.097) (0.006)	(0.045)			
澳大利亚（3）	19.55	8.77	0.82	无整合性	-	5.42	208.94	14.89*
西班牙（4）	33.52*	8.97	1.26	**C=1.269Y-0.022R**	**-0.112**	12.73	315.75	19.00**
				(0.068) (0.005)	(0.023)			
荷兰（2）	37.48**	11.87	0.01	**C=1.689Y-0.035R**	**-0.047**	8.45	105.87	5.30
				(0.126) (0.007)	(0.012)			
比利时（4）	38.00**	12.57	0.14	**C=2.169Y-0.011R**	**-0.059**	9.95	172.64	11.14
				(0.136) (0.009)	(0.018)			
爱尔兰（2）	25.42	7.64	0.75	无整合性	-	7.07	201.75	13.09*
瑞士（3）	25.27	6.65	2.80	无整合性	-	9.62	202.94	6.14
瑞典（4）	21.59	7.26	0.06	无整合性	-	13.43	85.91	24.48**
挪威（4）	18.93	3.165	0.025	无整合性	-	4.08	110.85	10.98
芬兰（3）	23.35	7.51	0.18	无整合性	-	7.98	199.42	15.26*

注释：该表显示了，在Johansen共整合轨迹检定、被认可的长期关系（如果有的话）和借贷的误差修正模型（如果有的话）方程式中载入系数（α）的检定统计数字；当r=0、r=1和r=2时，共整合检定的5%（1%）的临界值分别是29.68（35.65）、15.41（20.04）、3.76（6.65）（Osterwald-Lenum，1992）。*和**分别代表共整合检定统计数字的显著性在5%和1%的水平。第1列括号内的数字代表潜在的VAR的滞后阶数；*C*代表实际信贷的对数；*Y*代表实际GDP的对数；*R*代表实际利率。黑色加粗字体标注的是显著性至少在10%的长期的和载入的系数。SC代表达到5阶的自相关的拉格朗日乘数检定；*H*代表异方差性的怀特检定；*N*代表正常化的哈尔克—柏拉检定。所有的检定都是针对整个体系的。

除澳大利亚以外，轨迹检定说明了所有国家都存在着单一长期关系。澳大利亚的轨迹检定说明无共整合性，但是检定统计数字只稍低于5%的临界值。

在表6—3最后一栏中显示的是实际贷款增长值的误差修正模型方程式的调整系数，除了日本和德国以外，其余国家都是负的，且显著性至少在10%的水平。因此，信贷明显适应被认可的长期关系，并且支持它代表的这一观点，即实际信贷与实际GDP、实际利率和实际房地产价格存在长期关系。在估算的调整系数中存在很多变化，然而，考虑到标准误差的大小表明，信贷到它的长期平衡水平的调整速度，在大多数的不同国家之间并没有明显差异。

调整系数相当小，这表明信贷调整相当慢，以至于信贷会持续偏离它的长期平衡水平。信贷恢复到它的平衡水平的平均的一半时间，大约是3～4年。日本和德国的错误纠正系数是无显著性的，日本的情况或许可以用官方数据说明。在20世纪90年代，银行信贷的未偿还部分减少，因为不良贷款没有从银行的资产负债表中清除（见6.2节），而德国或许是由于其统一控制着信贷动态的特殊因素。

因此，共整合检定表明，房地产价格是私营部门长期借贷能力的重要决定因素。为了解释银行信贷的长期变动，需要考虑私营部门的长期借贷能力。估算的长期关系表明，信贷（C）、实际GDP（Y）和实际房地产价格（P）之间存在着显著的长期正相关，而信贷和实际利率（R）存在显著的长期负相关。除芬兰以外，实际GDP和实际利率总是加入到共整合向量中，并且有显著性。除德国和西班牙以外，房地产价格总是加入到长期关系中，也很有显著性。

关于实际GDP的长期弹性，意大利、澳大利亚、西班牙、荷兰、比利时、爱尔兰和瑞典，并不会与1有明显差距，并且显著性在5%的水平。这暗示了，在这些国家中，实际GDP 1%的变化会导致实际银行信贷1%的变化。我们发现，在美国、德国、法国、英国、加拿大、瑞士和挪威，信贷产出弹性明显大于1，而在日本和芬兰则明显小于1。

表6—3 延伸体系的共整合分析

国家(滞后阶数)	约翰森轨迹检定				长期关系	载入	诊断		
	r=0	r=1	r=2	r=3			SC	H	N
美国(4)	90.90**	27.27	11.67	0.72	**C=1.550Y−0.019R+0.504P**	**−0.135**	19.88	364.40	16.56*
					(0.022) (0.002) (0.032)	(0.075)			
日本(7)	53.10**	23.93	8.97	0.15	**C=0.661Y−0.065R+1.121P**	0.024	10.75	183.32	30.03**
					(0.162) (0.014) (0.161)	(0.034)			
德国(5)	52.36**	28.96	10.96	2.68	**C=1.855Y−0.063R**＋0.129P	0.004	12.91	439.01	29.47**
					(0.156) (0.015) (0.12)	(0.012)			
法国(6)	50.19*	29.43	12.23	0.36	**C=1.332Y−0.014R+0.778P**	**−0.053**	13.60	520.37	31.11**
					(0.097) (0.004) (0.058)	(0.030)			
意大利(3)	49.59**	21.90	5.68	1.78	**C=1.067Y−0.069R+0.409P**	**−0.039**	9.00	330.06	24.27**
					(0.261) (0.020) (0.149)	(0.018)			
英国(2)	54.45*	27.40	10.1	5.25	**C=2.036Y−0.057R+1.04P**	**−0.015**	17.46	175.36	5.08
					(0.324) (0.024) (0.285)	(0.008)			
加拿大(2)	49.51**	21.25	10.99	2.40	**C=1.834Y−0.036R+0.227P**	**−0.076**	19.39	165.27	8.36
					(0.121) (0.006) (0.077)	(0.032)			
澳大利亚(3)	46.74	20.37	5.43	0.30	**C=1.250Y−0.069R+1.090P**	**−0.013**	10.05	274.33	15.16
					(0.188) (0.02) (0.353)	(0.006)			
西班牙(4)	56.93**	25.11	8.14	0.177	**C=1.178Y−0.023R+0.036P**	**−0.079**	15.65	342.08	16.70*
					(0.104) (0.006) (0.062)	(0.019)			
荷兰(2)	49.59**	29.21	11.50	1.34	**C=1.326Y−0.050R+0.736P**	**−0.024**	16.04	203.04	12.17
					(0.295) (0.011) (0.210)	(0.008)			
比利时(4)	57.58**	25.32	11.33	0.02	**C=1.269Y−0.011R+0.459P**	**−0.062**	16.37	371.86	20.78**
					(0.265) (0.005) (0.152)	(0.026)			

续表

国家(滞后阶数)	约翰森轨迹检定				长期关系	载入	诊断		
	r=0	r=1	r=2	r=3			SC	H	N
爱尔兰(2)	52.98*	27.96	7.67	0.12	**$C=1.172Y-0.030R+0.361P$**	**−0.082**	18.75	157.73	75.17**
					(0.110) (0.006) (0.171)	(0.036)			
瑞士(3)	59.11**	24.10	6.57	0.66	**$C=2.487Y-0.077R+0.438P$**	**−0.026**	14.28	251.01	7.88
					(0.147) (0.011) (0.100)	(0.015)			
瑞典(4)	57.99*	26.68	6.37	0.42	**$C=0.973Y-0.053R+1.356P$**	**−0.056**	19.95	175.57	16.22*
					(0.70) (0.022) (0.248)	(0.011)			
挪威(4)	61.77**	26.12	7.61	0.17	**$C=2.369Y-0.077R+3.828P$**	**−0.01**	11.45	179.14	8.72
					(0.369) (0.028) (0.606)	(0.005)			
芬兰(3)	76.98**	27.69	10.16	1.41	$C=0.494Y+0.009R$ **$+1.681P$**	**−0.058**	24.68	254.52	10.66
					(0.389) (0.011) (0.200)	(0.013)			

注释:该表显示了 Johansen 共整合轨迹检定、被认可的长期关系,以及借贷的误差修正模型方程式中载入系数(α)的检定统计数字;当 r=0、r=1、r=2 和 r=3 时,共整合检定的 5%(1%)的临界值分别是 47.21(54.46)、29.68(35.65)、15.41(20.04)、3.76(6.65)(Osterwald – Lenum,1992)。*和**分别代表共整合检定统计数字的显著性在 5% 和 1% 的水平;第 1 列括号内的数字代表潜在的 VAR 的滞后阶数;C 代表实际信贷的对数;Y 代表实际 GDP 的对数;R 代表实际利率;P 代表实际房地产价格的对数。黑色加粗字体标注的是显著性至少在 10% 的长期的和载入的系数;SC 代表达到 5 阶的自相关的拉格朗日乘数检定;H 代表异方差性的怀特检定;N 代表正常化的哈尔克—柏拉检定。所有的检定都是针对整个体系的。

信贷关于GDP长期弹性的变化，或许反映了由实际GDP代表的实证模型并没有说明的财富效应的差异，例如，抬高证券价格的影响。Boone等人（1998）公布的实证表明，美国、英国、加拿大等国，与日本、德国、意大利、法国等国相比，证券价格对个人消费本质上有更强大的影响。因此，这一发现或许解释了7大工业国估算的长期产出弹性的差异。德国的高弹性并不适合这一发现，或许可以再一次用德国再统一的特殊因素来解释。

关于不同国家之间在样本期内对银行部门自由化程度的差异，或许还有另一种解释。较高的金融自由化，通常是与GDP和信贷对经济状况增长的敏感度相对应的较高债务水平相联系（国际清算银行，2001a）。Abiad和Mody（2003）呈现了作为样本的发达国家和发展中国家，确定金融自由化程度的指数。他们的样本国只包含了我们分析中的一部分，因此，我们只能沿着这些线索再一次进行有限的对比。

对比他们的自由化指数数字和我们估算的信贷产出弹性得出的结果是，在样本期内，相对高于自由化平均程度的国家（加拿大、德国、英国和美国）比低于自由化平均程度的国家（日本、法国、意大利、澳大利亚）有更高的长期产出弹性。[①]

最后，估算的日本、瑞典和芬兰相对小的长期产出弹性，或许可以通过这些国家在20世纪90年代经历的尤其严重的银行和经济危机来解释。这些事情可能会对信贷供给和需求产生特别的负面影响。虽然样本期相当短，但是这可以在长期系数中有所反映。

除了芬兰，信贷关于实际利率的长期半弹性明显是负数，并且估算的半弹性的大小和估算的货币需求的长期利率半弹性大致相同。[②] 影响不同国家之间信贷的利率半弹性差异的最可能的因素，是货币政策传导机制强度的差异，但也有信贷和私营部门负债的期限结构的差异。大多数国家的利率半弹性，似乎明显高于我们样本内的三个国家——德国、日本和瑞

① Abiad和Mody（2003）自由化指数的范围是0（完全受限）到18（完全自由）。在大体上和我们的1980—1996年样本期一致的1980—1996年的期限内，澳大利亚的自由化指数的平均值是10，加拿大是17，法国是11，英国是18，德国是16，意大利是10，日本是10，美国是16。

② 例如，von Hagen和霍夫曼（2003）估算了欧洲地区0.03的M3的货币化需求的长期利率半弹性。

士。它们的特点在于，它们的民法都是起源于德国。[①] 在 LaPorta 等人（1997、1998）的著作的基础上，Cecchetti（1999）评论说，在以民法起源于德国为特征的国家，货币政策的传导性更强大，因为股票持有人和债务人权利的弱保护，导致了货币政策通过信贷渠道的更强大的传导。因此，德国、日本和瑞士的高利率半弹性，或许可以通过在这些国家货币政策尤其强的传导机制来解释。

其余国家（意大利、英国、澳大利亚、荷兰、挪威和瑞典）的利率半弹性也相对较高。这一发现的解释或许是，在意大利、英国和澳大利亚，短期借贷占相当高的份额（见 Boiro，1996：表 1），这可能增加了银行信贷对短期实际利率变动的敏感度，在荷兰、挪威和瑞典，私营部门相对较高的债务，或许增强了利率变动通过财富效应对信贷的影响。

德国、日本和瑞士的私营部门的债务也是相当高，这或许可以解释为，在这些国家，存在相当高的估算利率半弹性。

除德国和西班牙以外，信贷关于实际房地产价格的长期弹性明显是正的，但是不同国家之间差别很大。例如，系数估算暗示了，房地产价格 1% 的变化导致了挪威银行信贷 3.83% 的变化，而加拿大只有 0.23% 的变化。估算的长期房地产价格弹性的差异，或许反映了房地产价格对家庭和公司面对的抵押限制的长期影响的差异。这一差异是通过贷款总额中房地产担保的重要性来反映的。Borio（1996：表 1）公布的调查数据表明，在英国、美国、加拿大、瑞典和瑞士，以房地产为担保品的贷款的份额是相当高的。无法得到日本的数据，但是 Borio 指出有迹象表明，在那里，以房地产为担保的贷款的份额或许也是相当高的。挪威和芬兰的数据也无法得到，但是由于经济结构非常相似，我们推测，这些国家在这方面和瑞典相似，因此房地产担保制度的角色在这些国家中可能也是相当重要。日本、英国和三个北欧国家估算的高的房地产价格弹性，与在这些国家贷款总额中房地产相对较高的重要性是一致的，但是房地产担保制度在加拿大也很高，因为我们已经估算了一个相当低的长期房地产价格弹性。澳大利亚的长期弹性也是相当高的，但是其房地产担保制度似乎不是特别重要。

① 见 LaPorta 等人（1997、1998）。

通过拥有自己住房的家庭所占的比例来衡量自住居所的差异，这或许可以解释不同国家之间的差异。正如我们已经在6.1节中讨论过的，房地产价格的上涨，将对住房业主有正财富效应，但是对于承租人来说是负面财富效应，因此，由房地产价格变化引发的财富效应，对自己拥有住房的家庭占的比例越高，影响就越大。事实证明，房屋自居者的比例相对较高，或许可以部分解释澳大利亚、英国、日本和北欧国家较高的房地产价格弹性，而较低的房屋自居者的比例，或许可以解释德国的房地产价格对信贷来说的相对不重要性。① 但是，在爱尔兰、意大利和西班牙，房屋自居者比例非常高。我们发现，它们的长期房地产价格弹性相当低。

由于样本期相当短，由此估算的长期房地产价格弹性，也可以部分反映一些国家经历过的信贷和房地产价格的繁荣—衰败循环内的信贷和房地产价格之间的互连变动。实际上，北欧国家、日本、英国和澳大利亚，是有最高估算的长期房地产价格弹性的国家，也是在样本期内信贷和房地产市场经历了最明显的繁荣—衰败循环的国家。

6.4 信贷动态

在本节中，我们根据6.3节估设的向量误差纠正模型，分析了实际GDP、实际利率和实际房地产价格的变动，通过估算的正交化的脉冲响应分析其对银行信贷的动态影响。为了恢复方程式（2）中约化型体系的结构变动，我们使用了标准的乔里斯基分解法（Sims，1980）。乔里斯基分解法包含并采用了变量的递归顺序：实际GDP、实际房地产价格、实际银行信贷和实际利率。因此，我们假设，实际GDP并不会对任何其他变量的变动同时做出反应，但是在当期季度内，或许会影响所有其他变量。这一假设完全是货币政策传导文献的标准。我们进一步假设，实际房地产价格是相当不易变动的，因此它们不会同时受信贷和利率的影响。货币市场的利率也是相当灵活的，因此在一个季度内，它们会对经济活动、房地产价格和信贷的变动做出反应。选择的顺序也反映了利率变化被传递给滞

① The economist（2002），Kennedy和Andersen（1994），以及本书在第1章中公布的房屋自居者的数据。

后的经济的普遍假设。在我们看来，变量的选择顺序有最直观的吸引力，也得到了似乎合理的脉冲响应。大体上看，结果并不会因变量顺序的重新调整而受影响，除了实际利率和银行信贷的顺序。利率对借贷的即时效应，通常会得到银行信贷对积极的利率波动难以置信的积极反应。

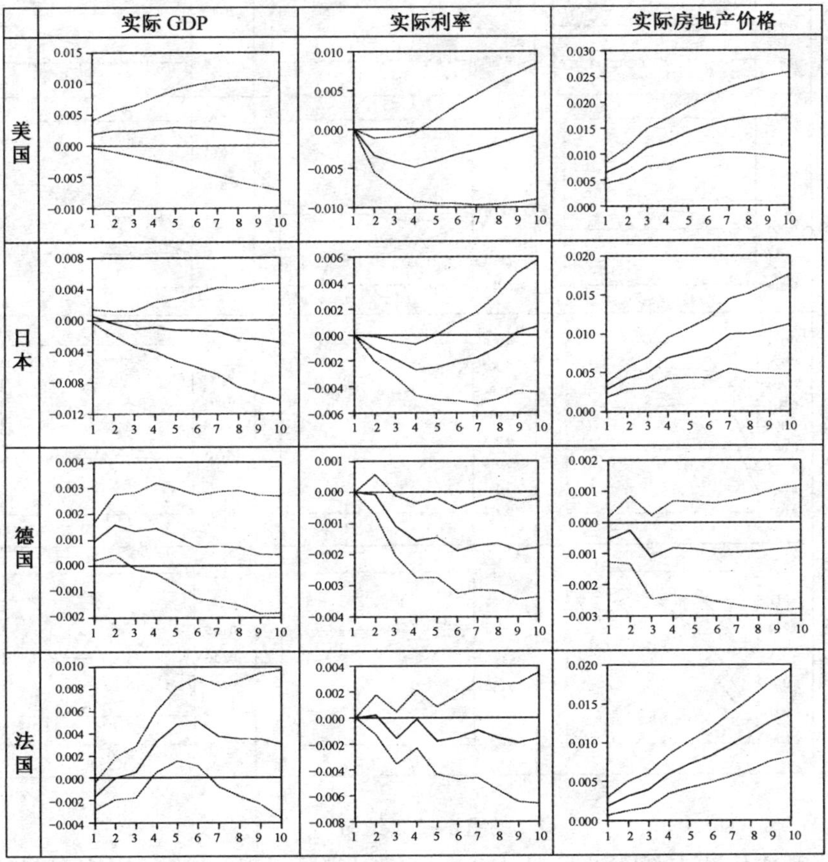

图6—3　工业化国家信贷的脉冲响应（1980—1998）

图6—3显示了，信贷对实际GDP、实际利率和实际房地产价格造成的一个标准差冲击的脉冲响应，置信区间是10%。正如我们所预期的，从整体来看，信贷对实际GDP和实际房地产价格的冲击积极回应，而对

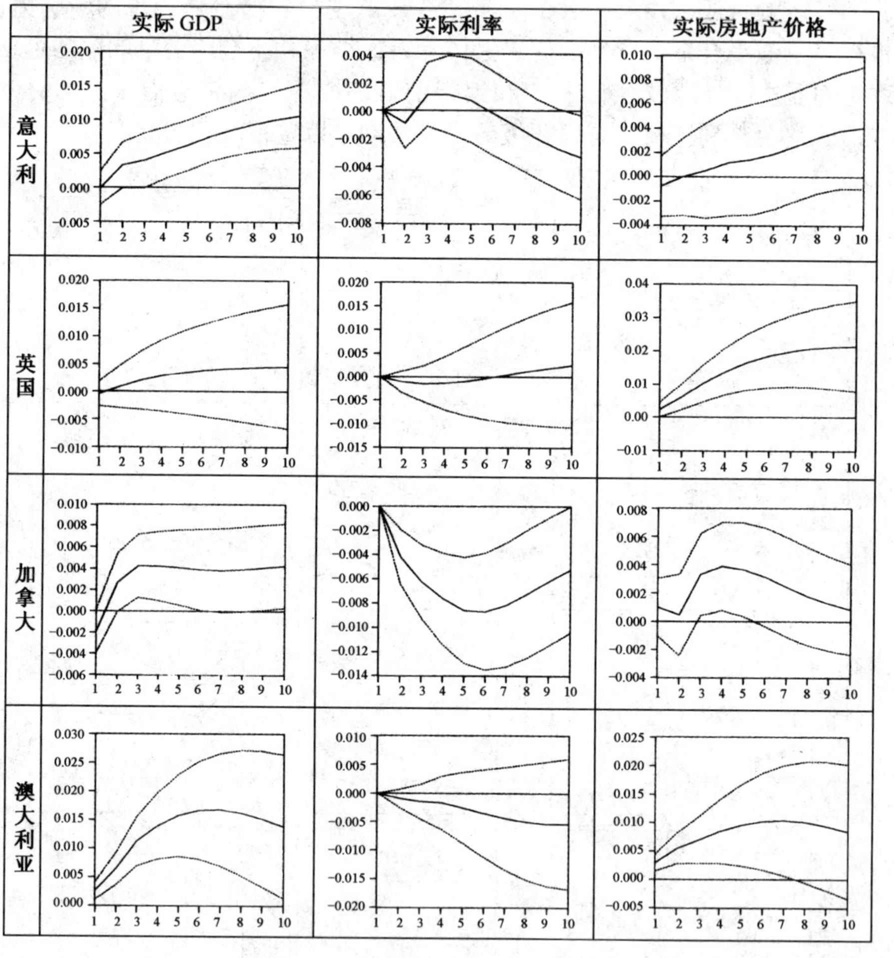

图 6—3　续图

实际利率的冲击都消极回应。10 个国家对实际 GDP 冲击的回应在统计上是显著的，美国、日本、英国、荷兰和瑞典等国的回应是不明显的。调查显示，16 个国家中，实际利率的变动引发了银行信贷统计上重大的消极回应的国家有 9 个，它们是美国、日本、德国、意大利、加拿大、西班牙、荷兰、爱尔兰和瑞士。

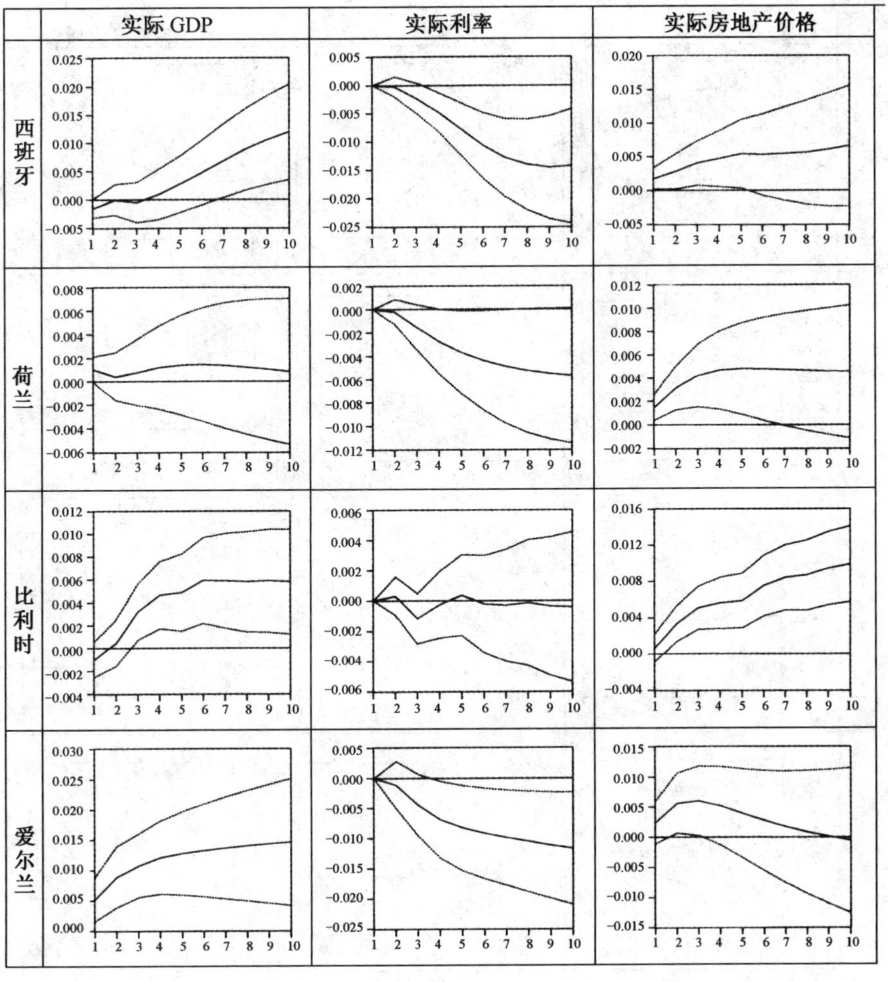

图6—3 续图

我们发现，房地产价格的变动对银行信贷的影响极其显著，并且是持续的积极的动态影响。16 个国家中有 14 个国家的信贷对房地产价格冲击的脉冲响应是积极的，并且 10% 是有显著性的。

只有德国和意大利的回应，似乎是接近于零的。这一发现表明，房地产价格变动可能反应未来经济状况或房地产市场的投机活动变化。这或许

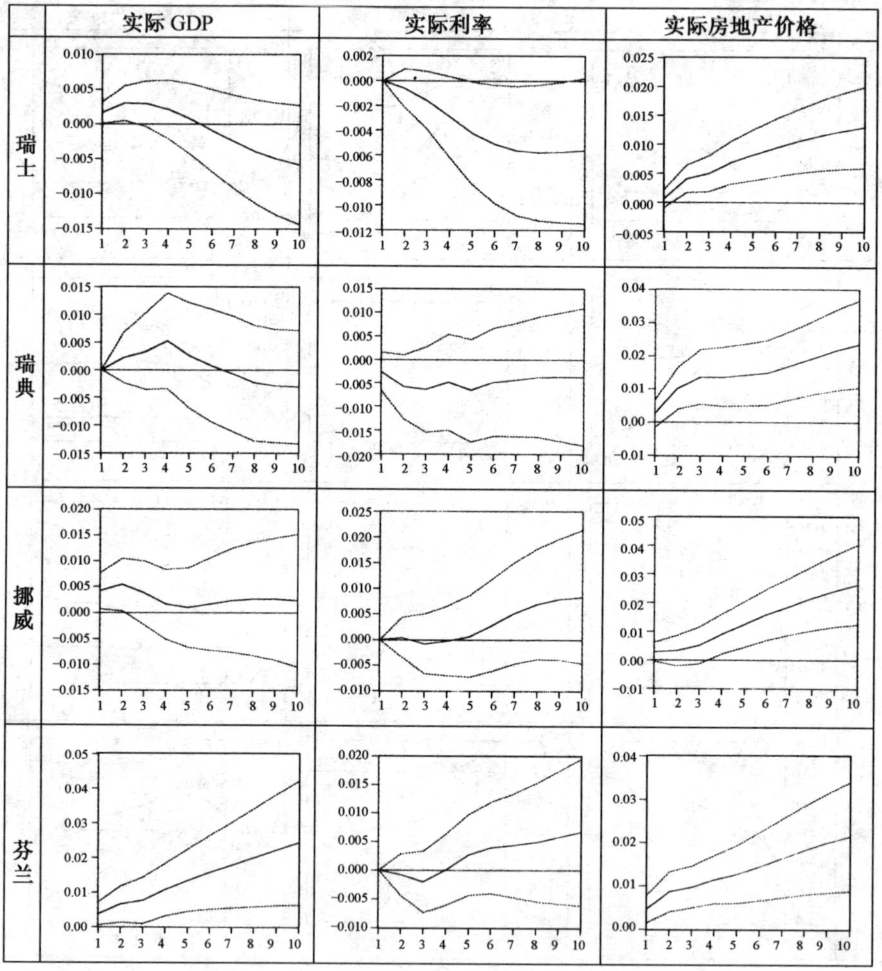

图 6—3　续图

注释：该图显示了银行信贷对一个标准差冲击的脉冲响应，置信区间是 10%。纵轴是没有冲击的基准情景的偏离；横轴是冲击之后的时期。

会导致银行信贷的明显且持续的循环，并且可以解释之前评论过的持续性的金融循环。

6.5 总结

在过去的20年里，大多数的工业化国家已经经历了信贷市场显著的繁荣—衰败循环，并且通常以经济衰退和金融危机结束。这些信贷周期，通常与经济活动和房地产市场的周期相吻合。这些周期的吻合性已经被广泛地记录在文献中，但是只有小部分研究以正式的形式陈述了这个情况。房地产价格的职能尤其没有得到深度探究，本章正试图填补这一空白。

根据共整合 VAR 模型，我们用季度数据，分析了 16 大工业国在 1980—1998 年的信贷对私营非银行机构的决定性因素。共整合检定表明，信贷的长期变动不能用标准的信贷需求因素来解释，即实际 GDP 和实际利率。但是，实际房地产价格作为实际住宅和实际商业房地产价格的加权平均数，一旦被增加到体系中，我们就能发现，实际信贷与实际 GDP 和实际房地产价格之间积极的长期关系，以及与实际利率之间消极的长期关系。因此，房地产价格似乎是私营部门长期借贷能力的一个重要的决定性因素。为了解释银行信贷的长期变动，我们需要考虑私营部门的长期借贷能力。

采用多变量分析法，我们也能分析实际 GDP、实际利率和实际房地产价格的变动对银行信贷的动态影响。正如预期的一样，脉冲响应途径揭示了实际 GDP 的变动对银行信贷有显著的正面影响，而实际利率的冲击引发了信贷的下降。实际房地产价格的变动，似乎对银行信贷有强烈的、积极的、很明显且持续的影响。信贷对实际房地产价格冲击的回应，比对实际 GDP 和实际利率的回应似乎更重要。

这表明，可能反映未来经济状况或房地产市场投机活动变化的房地产价格变动，或许导致银行信贷的明显的、持续的循环，并且可以解释之前评论过的银行信贷的持续性循环。

综合来说，这些发现表明，房地产价格是银行信贷的重要驱动力。这暗示出，房地产市场的繁荣—衰败循环，或许也被传导到信贷市场，这可能导致严重的金融失衡，并或许会对宏观经济和银行体系稳定构成威胁。这还似乎表明，为了金融稳定和长期的物价稳定，货币政策应该对信贷和资产市场的波动积极地做出回应。[1] 我们的脉冲响应分析表明，实际利率的变动对实际信贷有明显的负面影响。古德哈特和霍夫曼（2004a）以及本书第 8 章的论证表明，利率变动对房地产价格也有明显的负面影响。这些发现可以支持这样一个观点，即货币政策管理当局或许可以通过对有杠杆作用的短期利率的调整，使它能对信贷和房地产价格的变动做出积极回应，来缓解甚至阻止金融循环发生。但是，中央银行或许影响信贷状况和资产价格。这一发现并不能保证该工具能够以正确的方式来缓解金融循环。Bordo 和 Jeanne（2002）建立了一个小型程式化模型，并用担保限制调查这一情况。他们发现，货币政策是否一定会对资产价格变动做出回应，在高度非线性的方式中，取决于经济感观。古德哈特和霍夫曼（2004a）评论说，根据美国联邦 1929 年和日本央行 1989/1990 年的经历来看，利率变动对资产价格和银行信贷的影响，或许也是经济感观的高度非线性函数。在繁荣期，普遍极度兴奋的情趣，或许降低了资产评估和信贷对利率上升的敏感度。一旦市场感观改变，投资者意识到利率很高，或许会引发资产价格的急剧逆转，普遍的悲观情绪或许再一次使降息无效。潜在非线性的驱动发现，经济感观是无法观测的，并且利率政策作为维护金融稳定的工具的作用存在质疑。

我们的实证发现，争议较少的政策可能是为了限制银行体系暴露资产价格波动，应该采取监管措施，通过对银行部门，直接或间接地暴露房地产市场，加强监管限制。

例如，中国香港和爱尔兰都采用了这一方法。香港金融管理局关于房地产借贷的准则，包含了房地产贷款的最大贷款成数比例。[2] 爱尔兰的准则要求，银行对面临相似经济危机的单一部门或者两个部门放贷时，遵循一个最大贷款成数比例。

---

① Borio 和 Lowe（2004）坚持主张这些观点。

② Gerlach 和 Peng（2005）指出，中国香港在银行开始实施最大值贷款成数比例准则之后，房地产价格对银行信贷的影响明显减弱。

第 7 章

银行监管和宏观经济波动

7.1 引言

由于布雷顿森林体系的结束，宏观经济周期在最近 10 年里一直都在变化，并且现在涉及了更多的资产价格波动（暴涨—暴跌循环）和金融的脆弱性。面对这些更频繁的银行危机，调整者已经转向加强个人银行资本的充足比例，比如通过巴塞尔协定 I 和协定 II。但是，银行监管本来就是顺势循环的。在经济衰退时期，它的作用很大，但在繁荣时期，它则无法进行管制。越完善的和风险灵敏度越高的银行监管，顺势循环性变成一个问题的机会就越大，尤其是由于宏观经济周期的变化性。本章的主要目的是探究这一关系，由此产生了政策问题。

随着物价稳定成为金融主管当局的首要责任，短期利率是正确的，并且是适合完成这一任务的工具。因此，央行自己几乎没有任何可用的工具，来对抗金融波动。在大型的和多样化的货币区，例如欧元区，更会出现这一问题。区域间的资产价格变动明显不同，如考虑一下爱尔兰和西班牙的房价通胀，以及德国和澳大利亚的房价通胀的不同经历。在广大的货币联盟内，欧洲央行几乎不会出现这一问题。由于巨大的资本流入和可能流出，相对较小的联盟还会产生其他问题。

我们在 7.2.1 部分，首先介绍后第二次世界大战（以下简称“二战”）期间商业周期的特殊性质，以此开始本章的内容。在 1945—1971 年的第二次世界大战之后的 10 年里，需求保持着很高的水平，并且意味着在严而紧的信贷控制下，通过保留银行体制来抑制通胀。因此，实际上不存在银行业危机，并且银行监管是轻度的。

在 20 世纪 70 年代的滞涨之后，尤其是在 1979 年 10 月的亚瑟·沃尔克的货币政策改变之后，金融当局逐渐懂得怎样使用市场导向的货币政策来保持物价稳定。

在 20 世纪 70 年代早期和中期，银行业的自由化扩大了金融体系承担风险的能力、杠杆作用的影响，还有顺势循环的机会。稳定的消费品价格和自由化的银行业，伴随着商业周期在某些方面恢复到看得见的种类形式，例如，从此时到 1913 年消费品物价再一次保持稳定。在这种新形式里，实际冲击通常趋向于产生资产价格波动，这将导致资产价格和借贷频繁地暴涨—暴跌。在后一种情况中，银行业通常变得很脆弱，并且最终导致失败。

在金融中介全球范围的竞争环境下，加强金融监管不仅是全国性的需要，而且也是国际性的需要所在。7.2.2 部分描述了这一点。其中我们特别关注了，巴塞尔银行监管委员会在使国际间对全球问题的回应协调一致的过程中的主要作用。然而，巴塞尔的处理方法有几项弊端。首先，监管本身是顺势循环的。银行在经济衰退和资产价格下降时是弱者。越是根据当前估测的风险和当前的市场估价进行监管，制定的监管制度越是顺势循环的。其次，监管似乎必须集中在个别金融机构。但是，明显且直接地显现在个别层面上的行动和过程，会受整体体系层面上的破坏，尤其是当监管强化的是整体活动时。因此，在 7.2.3 部分中，我们考虑的不仅是顺周期性的可能的程度，还有可能采取的措施。

7.2 节相当高水平地概括了这一问题。因此，我们选择用三个更集中的实证运用，来论证这一观点。首先，在 7.3.1 部分中，我们分析了金融自由化的顺势循环的影响。我们指出，自由化和随后的资产价格暴涨/暴跌之间存在关联是一个普遍的现象，不论是对于西方和亚洲国家，还是发达和发展中国家都很普遍。我们还指出，金融自由化似乎通过增强银行信贷对资产价格浮动的敏感性，来加强金融加速器机制。

在 7.2 节的主要分析中，我们表明，在经济衰退期间增加银行资本需求，或许会加重经济衰退。在 7.3.2 部分中，我们试图（再一次）通过借鉴 1990/1991 年经济衰退中美国的“信贷紧缩”的经历来支持这个假说。那时需求的银行资本充足率，在 1988 年的第一个巴塞尔协议之后一直上涨。

最后，在 7.3.3 部分中，我们尝试着做了一个反事实的模拟，以便查明在墨西哥、挪威和美国这三个国家，“典型的”银行近代史上需求的银行资本充足率是怎样变化的，

这三个国家分别使用了三种不同的监管方式：

①巴塞尔 II 标准法；

②巴塞尔 II 基础内部评等法（IRB）；

③改良的信贷风险法。

我们需要说明的是，巴塞尔 II 的 IRB 法的使用，或许大大加剧了监管制度的顺周期性。

7.2 一般因素

7.2.1 周期的变化性和资产价格的作用

危机和金融监管的周期性都是随时间而变化的。Eichengreen 和 Bordo（2003），Bordo 等人（2001）把从 1880 年开始的 120 年分成了 4 个时期：1880—1913 年、1919—1939 年、1945—1971 年和 1973—1997 年。其中，第三个时期在多个方面都很独特。首先，通胀不仅持续，而且还在加剧，

这在之前的和平时期从来没有出现过。其次，在发达国家，产出和生产率增长值比之前高很多，或者（期望）相继地，失业率较低且持稳。第三，没有银行危机（Eichengreen 和 Bordo，2003：表 3.5，本书见表 7—1；相同的数据用图解法显示于图 7—1 中，Bordo 等人，2001），毋庸置疑，最终的结果是银行的监督和管理大体上仍然不重要。① 总体来说，在大多数国家，至少到本期末，不光是银行对私营部门的借贷直接受信贷管制的限制，针对出口公司和生产厂商的有优先权的部门的借贷也受限制。

表 7—1 **金融危机发生的频率（年度概率,%）**

年度	银行业危机	货币危机	孪生危机	所有危机
1880—1913	2.30	1.23	1.38	4.90
1919—1939	4.84	4.30	4.03	13.17
1945—1971	0.00	6.85	0.19	7.04
1973—1997（21 个国家）	2.03	5.18	2.48	9.68
1973—1997（56 个国家）	2.29	7.48	2.38	12.15

资料来源：Eichengreen 和 Bordo，2003：表 3.5。

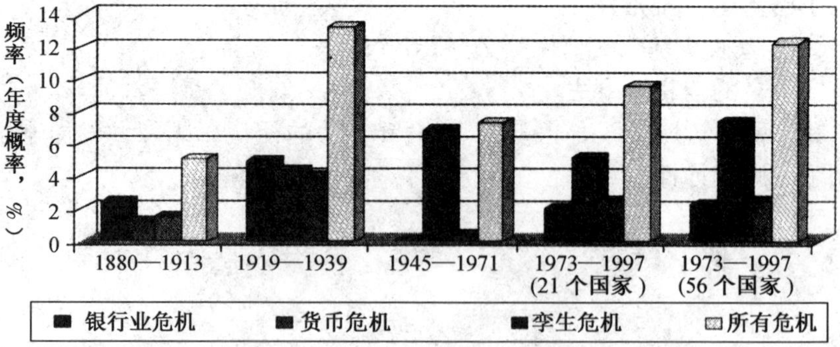

图 7—1 金融危机发生的频率（1880—1997）

资料来源：Bordo 等人，2001：图 1。

政府主要通过扩张性的财政政策，使得需求大体上保持足够高的水

① 关于英国银行监管结构变化的叙述，见古德哈特（2004）。

平，来保持失业率在“自然”比率之下，因此通胀往往会大大加剧。金融主管当局抬高利率来抑制通胀，核查通胀更严重的国家的国际收支/货币危机状况。

据说在这几十年里，美国的每一次经济繁荣，都会受到联邦储备银行制度的抑制。此后，在时断时续周期性的停止阶段，为了控制公共部门债务成本和鼓励私营部门投资，利率将低于期望值。利率的上涨，虽然有时很突然，但是相对不可能引发金融脆弱，因为银行的资本主要是短期政府有价证券和发放给大型（且通常是没有风险的）私营部门（制造）公司的贷款。

20世纪70年代，经济极其衰退且伴有滞涨的10年，引发了政策组合的重建，尤其是持续偏离市场调整机制的直接的、中心的（政府的）控制。类似地，主要目的从使失业率达到期望的水平的财政政策，转化成使通胀达到（低的且稳定的）水平的货币政策。

银行系统由于它在经济活动中的核心作用，已经成为这些优先控制的中心：利率控制，信贷分配控制，国际资金流动控制（通过汇率控制）。因此，被看做是类似于公用事业，而不是商业机构的受控的商业银行，普遍乏味的、无创新，但是受保护。银行经理/信贷员的主要任务，是对较不利部门的潜在借贷者的借贷要求说“不”。在这种情况下，风险分析和风险管理会萎缩。

因此，全世界银行系统的自由化后是相继的贷款高潮和相继的贷款低谷不会令人感到惊奇。正如我们记载在7.3.1部分中提到的，这已经相继在很多国家发生过。或许是从英国开始的，英国银行1971年的“竞争和信贷管制”的自由化之后不久，就是1973/1974年的边缘银行危机。

在自由化之前，受控商业银行的部分业务通常由新的中介机构（有或没有当局的授权）来操作，而这些新的中介结构的存在理由是避免这种管制。自由化之后，商业银行试图抓住市场份额，来恢复之前丢失的业务，而非银行中介机构坚持持有。加上缺乏风险管理的经验，以及最大的、风险最低的借贷者转移到资本市场，结果是出现繁荣—衰败的循环。正如在7.3.1节提到的，这与20世纪90年代早期的斯堪的纳维亚国家、20世纪90年代的日本，以及1997/1998年的东亚大部分国家（或地区）

的经历相同。当彻底自由化的时候，印度和中国也会出现相同的状况。

这种经历虽然很普遍，但却不是全部的，如几个主要的欧洲国家，特别是德国，没有出现过这种情况。在德国，这或许应该归功于二战之后，他们重建了以相对自由化为基础，从头开始的银行体系。① 尽管如此，自由化之后立即出现的加剧的金融不稳定性的危险，要求同时需要确保改善金融监管和风险管理的能力。

银行系统的自由化，是繁荣—衰败周期最有说服力的起源之一，但是它不是唯一的因素。在 Eichengreen 和 Bordo 的第三时期（1945—1971年），如果银行主要放贷的大型公司转移到资本市场，银行逐渐开始放贷给中小型企业（SMEs）和个人。对小型贷款人风险较大，并且获得关于大量的独特小型贷款人的信息的成本更大。因此，银行逐渐着重于以担保为基础的借贷，但是这导致了假借金融加速器机制（伯南克、格特勒和吉克利斯，1999）或 Kiyotaki 和 Moore（1997）的循环机制，增加了动态不稳定性的可能性。

基本上，一些好的冲击，例如对生产率和贸易的冲击，能使利润增加，资产价值上涨；由于抵押贷款更容易操作从而造成的借贷增加，增多的借贷提高了投资、利润和资产价值，这些或许都会激发经济好转，一直持续到股本上升到没有利润时，才会停止。然后，当然一切都会逆转。

这样的繁荣有一个令人感兴趣的特征，即它们的特征通常是稳定的实际单位劳动力成本（受生产率收益控制的）、稳定的物价（通常是受货币升值控制的，部分是由于资本流入）和似乎是审慎的或者甚至是健全的财政政策（增加税收和减少社会支出），这与之前时期截然不同。

除了大部分放贷给中小型企业以外，银行也逐渐添加按揭业务，放贷给家庭，和之前限于专门抵押（且通常是卡特尔化的）贷款的领域。这种信贷趋向于使房价进一步升高，这种类似关系在不同的国家多次被验证，在盎格鲁撒克逊国家，比在欧洲大陆国家更多。在盎格鲁撒克逊国

① Kaminsky 和 Chmukler（2003）提供了，大量关于工业化国家和发展中国家的金融自由化的全面年表。他们的年报表显示，德国银行业自由化比其他工业化国家的银行业早很多。德国 1967 年废除了利率的上限，而在其他国家大多数是在 20 世纪 70 年代甚至是 80 年代，才废除了利率上限。也考虑到金融自由化的其他方面，Abiad 和 Mody（2003）设立的自由化指数指出，德国的金融体系，是以在 20 世纪 70 年代早期已经完全自由化为特征的。

家，很少人拥有自己的房子，居住者大多采用租赁形式。

在7.3.1中，我们提出了一些正式的证据，可以支持金融自由化增加了金融体系顺周期性的假说。我们首先需要说明的是，大体来说，金融自由化伴随着经济活动、银行信贷和资产价格的繁荣—衰败循环。我们也使用滚动回归证明了，银行业的自由化与银行信贷对房地产价格变动的敏感性增大有关。这暗示出，商业周期波动对银行信贷的影响加强。

当然，这样的特征引发了一个辩论，即金融主管当局是否能对应该观察到的，并且对资产价格偏离于它的长期基础价格，也就是资产价格泡沫做出反应（Cecchetti等人，2000；伯南克和格特勒，1999；格特勒等人，1998）。这场辩论在网络公司的股票出现泡沫且破裂之后，仍在继续，但是本章要解决的问题，或者说目的，不是要讨论宏观货币政策。我们的目的从一定程度上来说是，讨论关于金融管制和监督的政策怎样周期地相互作用。

7.2.2 监管和贸易周期的相互作用

贸易周期的这些变化性的特征，特别是自由化的金融市场和明显的资产价格波动，已经导致了一批银行危机和孪生银行/货币危机。表7—1的数据显示了1880—1913年，这些危机的频率恢复到了之前的标准的频率（虽然仍旧低于战争年代经济大萧条时）。

金融市场的自由化意味着一定会增大竞争，而竞争会导致更低的利润率。综合因素导致贷款中承担的风险更大，例如，大型的（且风险较低的）借贷者转向资本市场，最初（即自由化之前的）缺乏风险管理的经验，希望闯入新的且不熟悉的市场，尽管风险较低的业务的利润率下降，但仍旧希望保持股本回报率（ROE）。风险较大的业务导致不良贷款（NPLs）的增多和随后的注销。下降的利润率和增多的不良贷款，加上希望保持的股本回报率，导致资本比率的下降，意味着增加了金融脆弱性。

20世纪70年代，在主要的发达国家，担负有维护银行体系系统性实力的特殊责任的机构是中央银行。实际上，在20世纪30年代中期之前，它还没有这一职能，但是，历史发展赋予了它这一责任。20世纪70年代早期，开始出现银行危机（如富兰克林国民银行，1973；赫斯塔特，

1973/1974；边缘银行，1973/1974），因此，很多主要的中央银行工作人员变得很不安。

然而，随着国家金融市场的日益繁荣、国际资本流动的迅速增长（伴随着外汇管制的取消）与银行和投资公司达成了具有国际影响性的批发层面上的国内金融市场的互相贯通（偶尔也在零售层面）。这意味着没有任何一个国家，即使是美国，能够保持单方的、高标准的金融诚信。问题是，如果没有外汇管制金融中介现象可能只出现在近海地区。这导致了我们的时代建立了一个更出众的机构，巴塞尔银行监管委员会（简称BCBS，最初被称作 Blunden，后来称作 Cooke 委员会，Blunden 和 Cooke 是英国银行前两位行长）。这一委员会是在国际清算银行（BIS）的赞助下，由十国集团的央行行长秘密会议建立。它没有正式的法律身份，并且没有政府的支持（既没有国际上的，也没有国内的）。它的通令（协定）是软性法律中最软的，可是有鼓励遵守的制裁。拥有主要国际金融市场的国家的央行，是 BCBS 的主要成员。如果一个国家拒绝遵守 BCBS 的协定，那么，这个国家的银行的分行/附属机构被禁止在主要的金融中心经营。

由于跨国贸易的日益繁荣和国际资本流动的增加，主要的银行和投资公司，在很多国家建立了子公司和分支机构。迫切需要使银行监管的国际程序系统化和合理化，并且首要的是从整体来看，确保要有一个能监管银行的合并账户的领头监管者（已经由如 1981 年意大利安保信银行倒闭验证过的需要）。BCBS 在这一方面做得很好，但是他们主要涉及到的是暂停，甚至只是扭转资本比率的下降趋势。他们引用 1988 年的关于资本充足要求的协定来实现这一目的，现在一般称为巴塞尔协定 I。① 对于 BCBS 来说，这是一次伟大的成功。到目前为止，这的确是它应收到的最恰当且全面的历史性的评价。

巴塞尔协定 I 要求，国际间起作用的银行保持的资本，等于他们的风险加权资产的 8%，其中对私营非银行部门的贷款的风险加权值统一是

---

① 银行监管巴塞尔委员会的秘书处（2001）在第 11 页陈述道："1988 年巴塞尔资本协定的主要的推动力，是十大集团国的央行行长提到的，世界主要银行的资本通过竞争，持续性地受损之后，低的很危险。"

100%。由于巴塞尔协定I的风险具有不灵敏性，刺激银行从资产负债表中移出高质量的资产，并且信贷风险消减技巧的使用也没有得到回报（见巴塞尔银行监管委员会秘书处，2001），所以对它的批评日益增多。因此，最近批准的新的资本协定，巴塞尔协定II的主要目的之一，就是显著地增加资本需求的风险灵敏性。这一目的的达成手段，是通过风险权数范围的大幅度扩大，并使他们取决于贷款人的外部的或内部的等级。

虽然巴塞尔协定I中的资本充足需求的引入理所当然地被作为一项伟大的成功，但是它的缺陷，也是我们现在应该关注的。

首先，要尝试决定资产的相对风险的相关银行的资本需求。这个决定可以理解的，但是风险的评估是非常复杂的（金融学家花费了一生的时间研究这一问题）。如果金融当局要制定风险等级，他们也会陷入左右为难的尴尬境地。一方面，按照巴塞尔协定I中所说的，他们可以试着使他们的风险评估简单且粗略，但是那将意味着这样的风险评估将是不准确的，因此面临着赌博、裁决和逃避并伴有负面影响，这实际上就发生在巴塞尔协定I中。另一方面，他们能使他们的风险评估尽可能地接近最新分析。由于风险评估很复杂，结果需求将同样变得很复杂且很难理解。由于分析逻辑通常不得不和民族特色相联系，结果更是如此。而且当前的水平随时间在变化（我们期望它不断改进），以至于可能今天是正确的，明天就可能变得不正确，并且，或许随着时间的推移同样面临着赌博、裁决和逃避的简单规则。

此外，规则越详细，将越趋向于要求银行以相同的方式对共同冲击正确地做出回应。那将提高畜群行为——单一市场，甚至是在巴塞尔协定II之前，很多观察者已经认为这是一种危险行为。作为对这个问题的回应，BCBS恰当地列入巴塞尔协定II中的内部评等制度（IRB）部分，已经成为督促银行改善其自身独特的（信贷）风险模型的工具。但是对于这一观点，在私营银行逐步发展他们自己的有效的专有的（信贷）风险评估，同时最好伴有持续性的差异和革新的模型过程中，巴塞尔协定II是暂时性的阶段（或步骤）。还有，当出现贸易/投资监管的时候，监管者或许关注的是银行模型所疏忽的地方，而不只是尝试着监管模型本身。

然而，需要继续关注的是，是银行业者需要的模型与监管者需要的不同。监管者关注最多的，是在极不利的事件下会发生什么。从概率分布的角度来看，银行业者需要关心的，是充分的分配结果。大多数情况下，假定对数正态分布、风险价值模型（VAR）表现得都很好，因此，它很适合银行业者，极端事件在正态分布（肥尾，峰态）中发生的很少，那么银行业者的模型通常不会被监管者大量使用。

第二个缺陷是监管。分析和模型主要侧重于个体银行机构，而不是整个系统。这两个缺陷在认识的意义上是相互关联的，监管者不能凭借银行业者自己的 VAR 模型，来进行新一代的应力试验或情景模拟。其中个体银行要求，在发生某些极端冲击时对他们自己的盈利能力和资本充足率的影响进行评估。但是，不可能估算大型冲击对每一个个体微小机构的影响，审查银行间（例如，如果银行 A 被强迫从银行同业拆借市场撤走资金，这可能会对银行 B 会有什么影响?）或银行反映和更广泛的经济间（例如，如果银行面对负面经济冲击时，缩减新的贷款，那么它是否会推动经济进一步地严重下滑?）的动态关系。简言之，大型/小型的应力测试只能片面地评估（和测量）系统的脆弱性。

当然，整体系统的稳健性与个体成员的实力有关。银行之间相互联系，如果个体银行的状况很差，那么整个银行系统也可能很脆弱，反之亦然。即使如此，完全可以做如下假设，即一个银行的资产流动性，或偿付问题，可能会通过资金撤走和资产价格下降，使最初健康的银行陷入严重困境，并对其他银行产生级联影响。使用当前的技能不可能分析和估算这样的系统性缺陷。已经采取了措施，分析级联的最明显的来源之一的系统性含义，也就是银行同业拆借市场。已经有了各式各样的实证研究（如 Elsinger 等人，2002；Furfine，2003；Upper 和 Worms，2004；Wells，2002），并且初期的结果已经得到证实。只要劣势银行能尽快地按比例偿付他们的银行同业拆借债务，并且/或者关注其他银行的形势，同时劣势银行没有引发他们使用的资金的第二次的（信誉性的）撤回，那么，银行间连锁反应的第一轮的直接影响，是可以通过同业拆借市场全部化解的。

这一分析强调了试图分析金融脆弱性的问题。金融体系的发展严格来说取决于各方的信心。假设当我们正在处理的确很少发生的极端冲击的后果的时候，确定这样的次级（信誉性的）影响的潜在可能性几乎是不可能（虽然有人或许能模拟他们，也只是理论上可以）。

我们有一个正试图建立极端冲击的系统性影响的模型（古德哈特、Sunirand 和 Tsomocos，2004a），但是这个模型有点脱离本章的重点，在此我们就不做进一步阐述了。

此领域普遍的问题是，当完全合乎情理的监管适用于个体机构时，会有负面影响，而且通常是非计划中的、巨大的、综合的影响，尤其是当个体机构同时受到我们将在 7.2.3 中讨论的普遍因素（特别是贸易周期）影响的时候。但是，无论这些普遍因素什么时候同时影响大部分的中介机构，都会产生一些不好的结果。

2002 年发生在英国的人寿保险（LI）公司的事件就是一个典型的例子。在此事件中，股票市场低迷，伴随着网络公司的兴起和衰变，给人寿保险公司的偿付能力带来了压力。因为这证明了他们可以履行他们对股东的义务，即使当（股票）市场继续下降时（再下降 25%）。确保履行这一承诺的标准形式，是使债务和持续相同时间的资产，与相似的、固定的支付流程相匹配（对冲）。因此股票市场的低迷，再加上和偿付的保偿要求的相互影响，将迫使人寿保险公司销售股票到劣势市场，而在上涨市场购买长期（政府）债券，因而使两个市场的趋势相继恶化。然而，那些试图从盲目交易投机中受益的人们，他们的窘境也是显而易见的。

7.2.3 监管的顺周期性

影响银行和其他大多数的金融中介机构的最普遍的因素是贸易周期，也就是广义的经济波动。监管是固有顺势循环的，贷款人和银行的利润在繁荣期均上涨，新的资本更容易产生，资产价格上涨。相反地，在低迷期，不良贷款、无偿还贷款和注销就会增加。在经济虚弱期，监管更要深思熟虑，因为个体银行更脆弱。因此，每个银行的价值和相对风险在任一时间点测量得越准确，谨慎的监管体系的顺周期性越明显。

因此，巴塞尔协定 II 将比巴塞尔协定 I 更加具有顺周期性；公允价值核算方法多于历史成本的；通过循环，时间点的评定等级高于平均水平；

超前的内部风险评估（IRB），高于基础的 IRB（自从违约损失率（LGD）在基础方法，被看做是随时间推移而始终不变的之后尤其如此，而几乎所有的实证研究发现，LGD 是强势循环的，这或许和违约的顺周期性（PD）一样，甚至更多，见 Acharya 等人，2003；Altman，2002；Altman 等人，2002）。

定价越准确，谨慎监管的结果的顺周期性越强的观点，在大体上都会被接受。但存在一个问题，就是这种关系的实际的、实证的程度能达到多少，造成的宏观经济结果多么重要。我们在 7.3 节中的两项研究中，将调查这些问题。在 7.3.2 中我们将重新讨论，为了满足巴塞尔协定 I 中新施加的资本充足要求（CAR），追加资本是否在一定程度上加剧了 1991/1992 年的经济萧条，我们进行了大量的实证研究，尤其是在美国。

在 7.3.3 中，我们做的第二个尝试，就是分析巴塞尔协定 II 相对于巴塞尔协定 I，对循环中的 CAR 的相对影响。为了实现这一目的，我们使用了墨西哥、挪威和美国的数据和文献中的一些其他的实证尝试的评论。

审慎性监管的顺周期性，趋向于加重贸易循环本身。我们已经提到了，人寿保险公司在伦敦证券交易所的暴涨—暴跌的经历中，提升了经验的偿付能力条例的实例。同样，如果在经济低迷期，银行信贷总体受到有约束力的审慎的限制（在经济繁荣期，限制会放松），那么周期的幅度可能会增大。①

当然，如果顺周期性问题的程度比较小，那么我们就不需要如此担心。虽然程度总是不能确定，但是在 7.3.3 中的实证表明了，此程度可能会扩大。这提出了一个问题：如何最有效地应付此类问题。

第一种方法是，使用循环中的某种形式数据的平均值，按历史成本核算，利用（巴塞尔协定 I 中的）不变的 PDs、（基础法中的）不变的 LGDs 或者循环周期评级。但是，这会不利于为市场价格提供有效的指引，因为投资者资源和资金需要得到最优的、最准确的估价。

第二种方法是，尝试使用财政政策，而非货币的措施，来缓和这种顺

① 一个反驳性的论点是，经济低迷期的有约束力的审慎监管，成功地缩减了银行倒闭的数量和范围，经济衰退期的系统性崩溃的可能性也将会减少。同样地，风险评估方法的逐渐成熟，会鼓励私营部门银行经理人主动地控制他们自己的风险。

周期性。由于各种各样的税收都能根据资产市场状况进行调整，资本所得税或许限制了税后收益的波动性，金融主管当局可以使用它们来缓和顺周期性。但是，这并不仅仅依赖于金融主管当局掌握的一定程度上的更好的关于“基本的”资产价格的信息，而且会引入其他会产生不利影响的扭曲理解。

第三种或许更有效的方法是，调整循环周期中的抵消循环的审慎参数（适用于最准确的估算值）（Gordy 和 Howells，2004）。但是这种方法实现的可能性，很大程度上取决于它们的可确认的、可以恢复到一定程度的（估计的）、平均水平的周期。

例如，假设在股票市场存在一个公认的某个（可计算的）价格/收益比率（P/E）的均值回归的趋势，规定的偿付比率的计算应该要求 LI 可以承受的下降百分比，应该是股票市场的 P/E 的当前水平的函数。相似地，按揭和房地产市场上的贷款与估值比率，应该是住房/房地产价格偏离它们的平均水平的函数。

一个明显的问题是，对于整体经济体制和主要的资产市场来说，均值回归是一个极其薄弱且不可靠的因素（外汇市场正在考虑），并且遵守长期基本均衡的能力，同样也是极其薄弱且难以预料的。但总是存在一种不确定性——“确实是一个新的经济体制”。虽然后者是最常见的妄想（且一些情况下是利己主义的妄想）趋势，例如生产率的变化、产出缺口的估算和平衡资产价格的估算总是不太可靠的。然而有一种情况会使审慎参数受这样的不可靠的估量的限制，比使它们在循环中保持不变，会对顺周期性有负面影响。因此，可能在最低的 CAR 中需要一些反周期性的变量，在经济繁荣期增加这些变量，且在经济衰退期允许这些变量再一次缩减。

原则上，很多人或许支持这一观点，但是会引起争论，由于偏离准则的估算毕竟有点主观。这应该在巴塞尔协定 II 的第二支柱下进行最合适，且作为一个可选择的国家的监管者可以随意增加的，而非作为任何协定的准则的一部分。一些监管者或许已经对这一过程进行了尝试。这一论点有一定的影响力，但是它遇到了一个问题，即不同的国家当局将以不同的形式作出反应，以致于如果他们的国家当局在扩张期单方面地强加给他们更高的 CAR，那么世界上的银行都将大声地抱怨。也需要注意的是，正规监管将要求最低的 CAR，例如，支柱 1 下的欧盟法规，以至于不允许（至少是不正式地允许）国家监管使用扩张期的较高的比率和衰退期的支柱 1 所要求比率以下的比率。

因此，巴塞尔协定 II 的缺点是，任何国家试图建立他们自己的方法中的监管者影响一些反周期性，同时将使他们自己的银行面临更高的随时间变化的平均 CAR。然而这种期望更稳定，与期望他们自己的银行保持国际竞争力之间，存在矛盾。这种方法的主要问题是，均值回归薄弱很难观察到其与基本面发生的偏离。一旦事件确实变成既往史，时事评论员画趋势线的时候，实际的周期立即变得明显。然而，如果有一些人接受时间序列中的变化性的趋势，而有些人不接受（这些之前发生过），那么当前偏离（“基础”标准）的估算就变成了一个热点、难点和论点。或许艾伦·格林斯潘没有升高利率来限制网络公司的泡沫的最有利的论据，也很难向美国国会和美国人们证明这是对的。自从出现了很多诱惑的声音和易受骗的投资者之后，情况更是如此（伯南克，2004），这些投资者没有意识到，正是由于不可持续的泡沫使股票价格攀升。如果对于掌控货币政策的人来说不能评定与基本均衡发生的偏离，[①] 那么为什么说金融管理者和监督者具有更好的经济洞察力呢?

将调整参数与标准发生的偏离相关联的一个稍微简单的替代品，是将它们与相对于过去的平均变化率相关联。后者更容易计算（虽然计算的平均数有点反复无常，但是实质上很重要）。过去银行对私营部门的借贷的增长率，是金融危机的一个好的预警器，即在危机前，它非常灵敏。随着借贷高峰的出现，结果性的危机/崩盘、资产价格泡沫趋向于以加速上涨的价格为特征。如果偿付要求、放款成数要求等关系到之前的变化率，应该避免这种顺周期性。

然而，所有这些讨论都隐含了（衍生的或必备的稳定）调整宏观贸易周期方式的讨论。一般性的微调和需求管理最好侧重于长期的规则，例

① 一个反驳性的论点是，如果货币政策制定者的目的，是凭借产出缺口评定与长期均衡发生的偏离，那么，他们为什么不愿意评定在相似的在经济体制中，其他地方与均衡发生的偏离呢（如在楼市上）? 针对这一点的可能回答是，整体经济比个别资产市场，例如房市、股市或外汇市场，大体上更稳定、更可预测。

如，实现通胀目标和坚持一套“黄金”财政规则。

有人可能会问，监管性政策的目的，是否是使它自己与循环波动的浮动相关。答案或许是否定的，但是可以确定的是，监管性政策的目的是避免系统性危机，而非预防所有的个体的破产。现在，金融监督和管理的侧重点是个体机构，而不是整个系统。个体机构监管的当前的和预期的方式，通过顺周期性的间接影响，可能会对整个系统造成破坏性的影响。

7.3 实证分析

7.3.1 金融自由化、信贷周期和资产价格的变化性的角色

自从20世纪70年代早期至中期，各发达国家和发展中国家为使经济体制中银行系统自由化，付出了大量的努力。银行自由化的趋势发展会导致更高的经济增长和金融自由化①，反过来又是受金融发展的前提的理论性的和实证性的发现激发的。从理论上来讲，通过宽松的金融限制和效率改善了的银行系统，银行部门的自由化，加上更高且更有效的实物资本和人力资本的投资，刺激了经济更快地长期增长。② 在实证上，这一假设是有数据可以证明的（Leahy等人，2001）。

但是最近几年，对金融自由化的认识变得更为关键，因为紧跟金融自由化之后的信贷产生，使经济活动和资产市场发生了剧烈的繁荣—衰败循环。这些繁荣—衰败的循环，通常会随着银行部门的彻底的系统性危机的结束而结束。关于银行危机产生的原因，有大量的且仍在不断增加的文献，其中最重要发现是，金融自由化明显加强了银行危机的可能性。各种研究（Demirguc - Kunt 和 Detragiache，1998；Kaminsky 和 Reinhart，1999）显示，金融自由化的指示器，有助于解释大量的发展中国家和发达国家的银行危机。Tornell等人（2004）评论说，偶然性危机的发生，并不会推翻金融自由化有利于长期增长的一般性结果。他们表明，在发展中国家的实例中，增长最快的国家，基本上都是那些经历过繁荣—衰败循

① 发达国家和发展中国家市场的金融自由化的年表，Kaminsky 和 Schmukler（2003）。
② 金融发展和经济增长间的关系的调查，Levine（1997）。

环的国家。他们也展示了一个金融自由化导致更高的长期增长和更高的经济金融脆弱性的理论模型。然而也有一些值得注意的违反这一结论的实例，如日本在20世纪80年代中期，经历了自由化之后的繁荣—衰败循环后，就会以一个比之前更慢的速度增长。因此，即使金融自由化一般来讲对增长有利，控制着金融脆弱性的破坏性的影响，然而紧跟金融自由化之后，繁荣—衰败循环的潜在发生仍然需要关注。

然而令人惊讶的是，只有极少数的研究试图分析紧跟金融自由化之后的主要的宏观经济和金融变量发展的程式化的因素（北欧国家的 Drees 和 Pazarbasioglu，1998；东亚国家的 Collyns 和 Senhadji，2002）。[①] 其表明金融自由化之后，是相继的银行信贷、经济活动和资产价格，尤其是房地产价格出现了暴涨—暴跌的循环。为了评定这一发现是否也是建立在金融自由化的基础上的，我们关注了16个经合组织国家的金融自由化之后的实际 GDP、银行信贷、房地产价格和股票价格的发展变化。这16个国家是澳大利亚、比利时、丹麦、芬兰、法国、爱尔兰、意大利、日本、韩国、新西兰、挪威、西班牙、瑞典、瑞士、英国和美国。[②]

图7—2显示了在金融自由化之后的十年内，实际 GDP 增长值的发展变化、实际银行信贷的变化、实际房地产价格的变化和实际股票价格的变化（四季度的增长率）的未加权的国家的平均值（实线）和上下四分位数（虚线）。

图7—2显示了通常金融自由化之后紧跟着的经济活动，即银行信贷和资产价格的繁荣—衰败的循环。实际 GDP 的增长值在金融自由化之后

---

① Reinhart 和 Tokatlidis（2001）得到了大量关于的发达国家和发展中国家的自由化的长期影响的程式化的因素。为了评定自由化之前和之后的每项指数的平均值是否存在明显差异，他们分析了金融自由化之前和之后的主要的宏观经济变量——国民核算总数、货币和信贷总数和以及利率的发展变化。Kaminsky 和 Schmukler（2003）侧重于分析金融自由化对股票价格的变动性的影响。他们发现，自由化短期内容易导致明显的暴涨—暴跌的循环，但是长期内能使股票市场更稳定。

② 布雷顿森林体系之后的金融自由化时间，是根据 Abiad 和 Mody（2003）、Kaminsky 和 Schmukler（2003）、Glick 和 Hutchison（1999）以及 Drees 和 Pazarbasioglu（1998）提供的信息确定的。各个国家金融自由化的时间是：澳大利亚1985年、比利时1986年、丹麦1981年、芬兰1986年、法国1985年、意大利1981年、日本1985年、韩国1988年、新西兰1985年、挪威1983年、西班牙1981年、瑞典1983年、瑞士1989年、英国1981年和美国1982年。注意这一资料中得到的英国的时间，不同于早在7.2.1中指出的1971年。这表明，自由化是通过多个起伏进行的（因此在某个国家，或许会有多个有效的时间），并且日期必然会有一定程度的潜在易错的、主观判断。

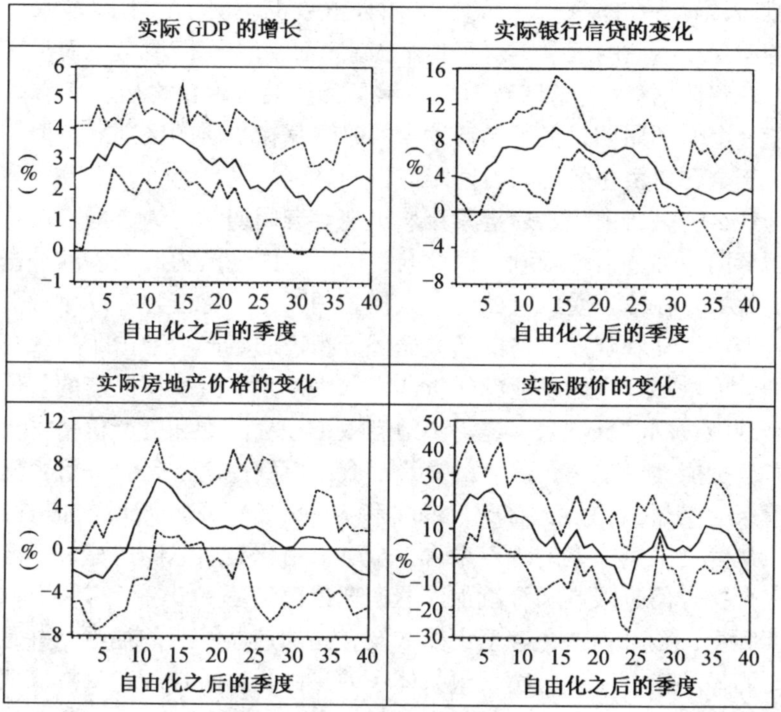

图 7—2　自由化之后的周期变化

注释：实线是样本平均数，虚线是上下四分位数。

立即开始上涨，并且大约在三年之后达到峰值。然后实际增长值逐渐下降，并且大约在五年之后下降到它的初值以下。实际借贷增长值在自由化之后的五个季度之后开始上涨，并且在大约三年之后达到峰值。随后，实际借贷增长率开始下降，且在大约七年之后下降到它的初值以下。房地产价格在自由化之后的一年之后开始上涨，大约在三年之后，房地产价格的上涨达到高峰，然后逐渐下降。大约在六年之后，房地产价格开始下降。实际股价似乎是在自由化的时候已经正在快速上涨，自由化之后，股价的上涨进一步加速，在大约六个季度之后达到高峰。自由化之后大约五年后，股价开始下降。因此，样本的平均值似乎验证了这一观点，即金融自由化伴随着明显的暴涨—暴跌的循环。

然而，显示在图7—2中的上下四分位数也说明了，不同国家之间变量的变动存在本质的区别。对于各个国家，我们为了简要考虑而没有讨论其中的一些数据集[①]。这些数据集暗示了，金融自由化之后，所有国家都经历了一个循环周期，但是循环发生的时间存在本质的区别。然而，这或许是由于金融自由化的确切时间难以精确确定。

为什么金融自由化之后会紧接着出现盛衰周期？因为金融自由化放宽了私营部门面临的借贷限制，因此与积极固定的生产力对经济的冲击会有类似的效果。在信贷受约束的借款人模型中[②]，积极的生产力冲击引起了借贷、经济活动和资产价格的盛衰循环。积极的生产力冲击，导致可抵押资产的价值增加。因为企业的借贷能力取决于它们可抵押资产的价值，所以更高的借贷同时反过来又进一步地刺激了经济活动和资产价格，再一次提高了借贷能力。最终，所有的变量都会回落到稳定水平，并且由繁荣变成了萧条，结果就是导致了 Klyotaki 和 Moore（1997）所说的信贷周期。因此，从信贷限制模型的观点来看，金融自由化之后紧随的盛衰循环的出现，完全符合信贷限制和金融加速器的理论模型。

实际上，金融自由化甚至可能涉及金融加速器机制的加强，并且可能导致更明显的盛衰循环。由于银行体系的自由化通常伴随着资本和股票市场的自由化，因此，对于银行最大且最安全的借贷者来说，在资本和股票市场更容易筹措资金。[③]因而，银行尝试着开始放贷给中小型企业和个人，来弥补业务损失。大体上，这些较小型的借贷者的风险有点偏高，而且监视这些小型借款者的成本也偏高，因此银行逐渐着重于以抵押借贷为基础。结果，可抵押资产占主导地位的房地产价值的变化，可能对自由化之后借贷的影响更大。

为了在实证上检验这一假设，我们对约化型的信贷增长方程式进行了滚动回归，其中，我们以它自己的滞后，回归了实际银行信贷的变化（Δc）、实际房地产价格的滞后变化（Δp）、实际 GDP 的滞后变化（Δy）

---

① 如果需要各个国家的数据，可以从作者处得到。
② 这一资料的文献基础是伯南克和哥特勒（1989）；Kiyotaki 和 Moore（1997）。
③ 关于不同国家的银行部门和股票市场自由化的年报表，见 Kaminsky 和 Schmukler（2003）。

和事后短期实际利率的滞后变化（Δr）：

$$\Delta C_t = \beta_1 \Delta c_{t-1} + \beta_2 \Delta p_{t-1} + \beta_3 \Delta y_{t-1} + \beta_4 \Delta r_{t-1} + \varepsilon_t \quad (1)$$

图7—3是根据方程式（1）在15年的滚动窗，利用季度数据和组织的国家为样本，通过OLS估算得到的。为了得到主要包括自由化之前时期的样本期的第一个系数的估算值，要求得到的所有说明变量，都必须在20世纪70年代早期。这一数据要求，将这次尝试的样品国的数量减少到10个：澳大利亚、法国、意大利、日本、新西兰、挪威、瑞典、瑞士、英国和美国。图7—3显示了，在5%的置信区间里，估算的滚动房地产价格系数。该图似乎验证了这一个假说，即房地产价格对银行信贷的影响逐渐增大。除澳大利亚和新西兰以外，在20世纪90年代，其他所有国家的滚动房地产价格系数都明显增大。比较第一个和最后一个滚动估算系数，可使事情变得更加清晰。与自由化前期的样本期相对应的滚动回归中，包括从20世纪70年代早期到20世纪80年代中期，第一个房地产价格系数估算在所有国家中都没有显著性。甚至完全相反，至少有5%的国家与样本期相对应的最后一个滚动回归的房地产价格系数估算的显著性是70%。我们选定的样本期为1987年1月到2001年4月。在这期间，调查中的所有国家的国内银行部门实现完全自由化。因此，滚动回归的结果明显验证了，银行信贷在金融自由化之后，使房地产价格变动变得更加敏感。

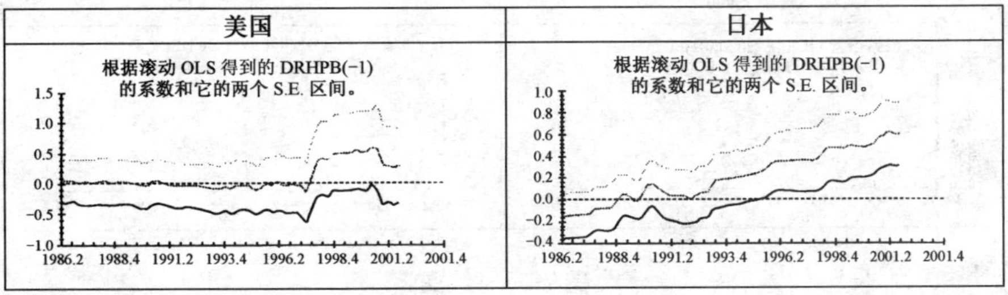

图7—3　银行信贷使房地产价格的敏感性增强（20世纪80年代中期—2001年）

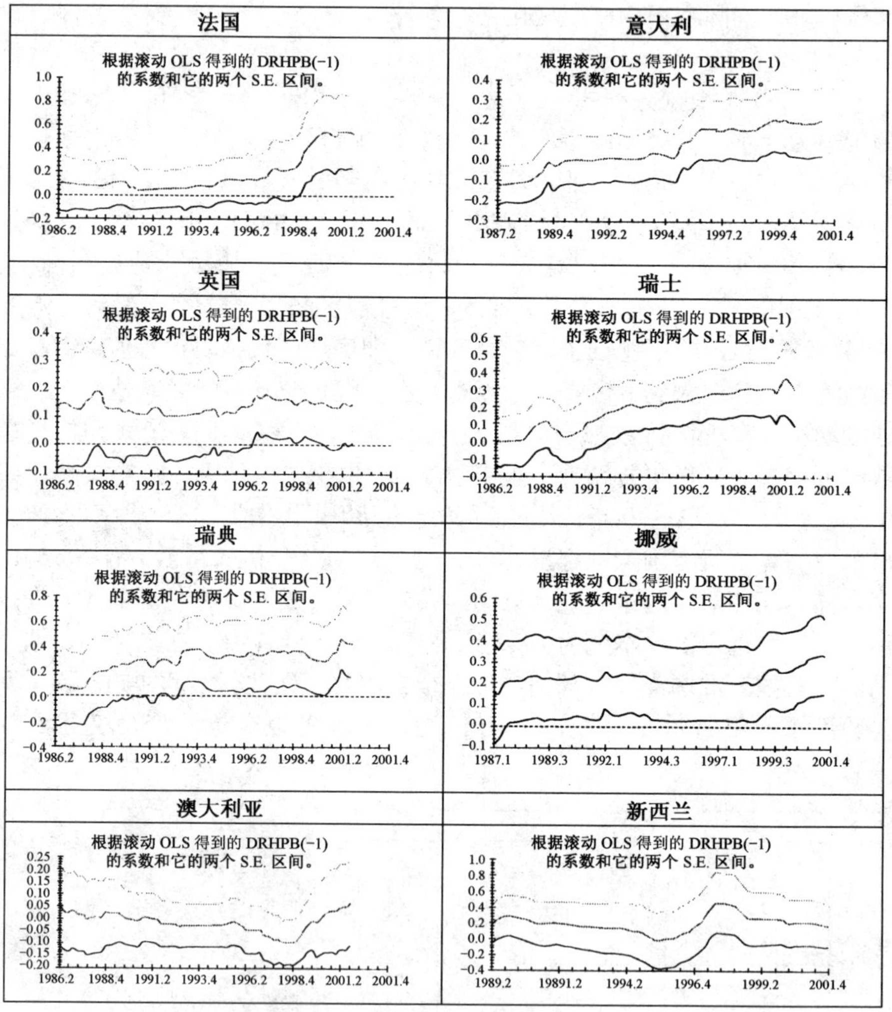

图 7—3　续图

7.3.2　巴塞尔协定的宏观经济影响

按照 BCBS 的计划，1988 年巴塞尔协定的采用使得十国集团的平均风险加权资本比率明显上涨（见 1999 年，巴塞尔银行监管委员会）。没有在计划之内的很多国家（包括美国），在20世纪90年代早期伴随着新的CAR的采用出现了经济衰退。因此，1988年巴塞尔协定的采用，或许为顺势循环的CAR的潜在的宏观经济影响，提供了一个实例。

风险加权资本比率，能随着监管资本（分子）的逐渐增加和风险加权资产（分母）的逐渐减少而上涨，见图7—4。

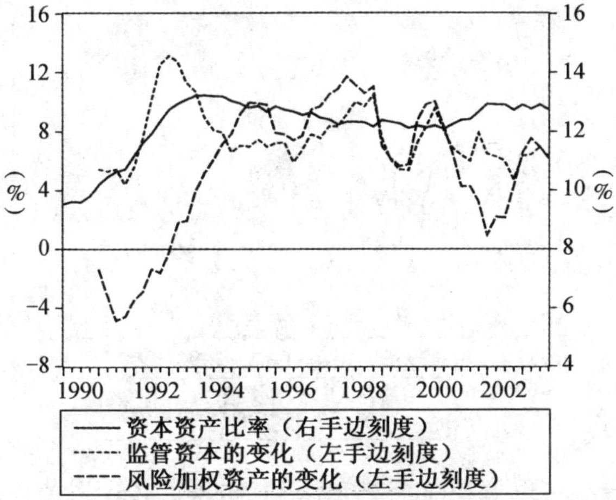

图7—4　美国的风险加权资本比率、监管资本和风险加权资产的发展变化（1990—2003）

资料来源：FDIC。

图7—4显示了，美国从1990年开始的监管资本、风险加权资产和CAR的发展变化。[①] 在1990年到1993年期间，CAR从9.5%到13%左右的明显上涨，是由监管资本的上涨和风险加权资产的下降这两方面因素造成的。这暗示了，CAR的上涨或许造成信贷对经济体制的供应的缩减，这在文献资料上被称作“信贷紧缩”。人们常常争辩，巴塞尔协定的信贷供应的负面影响，或许会使1990/1991年的经济衰退加剧。然而，验证这一假设的有力证据在减少，主要是由于识别和区分信贷需求与信贷供应变动的问题。

---

① 数据来自于国际清算银行的数据库。遗憾的是，我们无法得到美国的更长时间的数据序列。对于其他国家来说，得到的风险加权资本比率和风险加权资产的数据序列时间，也不能早于20世纪90年代后期。

实际活动的变动影响信贷需求，而信贷供应的变动也会影响实际活动。图 7—5 显示了，美国从 1965 年开始的实际 GDP 增长值和名义借贷增长值的发展变化经济活动和信贷产生在循环周期中是密切相关的，通过经济活动对信贷需求的影响，或许可以得到合理解释。1974. 5、1980. 2 和 1990. 1 这三个时期开始的经济衰退，都伴随着信贷产生的减缓。

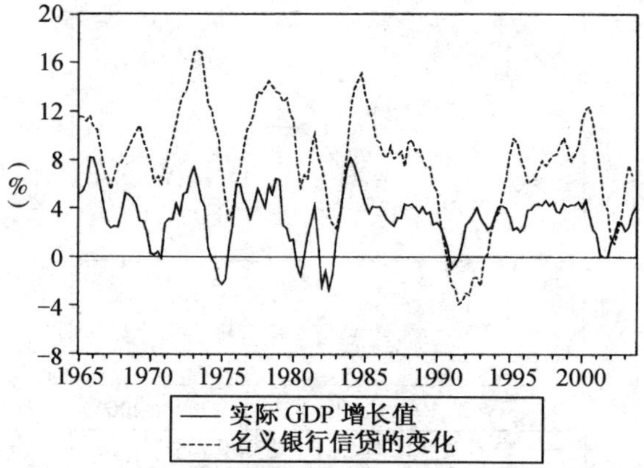

图 7—5　美国的经济活动和信贷产生（1965—2004）

然而，1990/1991 年的经济衰退，出现了唯一一次信贷增长值是负数的事件。因此，银行信贷下降的程度，比根据以往经历预期的更大。这经常作为那时出现的附加的负面供应效应所采用的证据。

通过关注信贷增长值回归中信贷供应决定因素的意义，各种实证研究调查了这一问题（如 Berger 和 Udell，1994）。继 Walsh 和 Wilcox（1995）之后的另一种战略是，使代表借贷供应状况变化的最优贷款利率单独变动。最优贷款利率（一直都不是市场决定型的利率）过去常常被认为是，银行放贷给它们最好合作客户的利率。但是实际上，最好合作客户的贷款利率，在最优贷款利率之下，而且最优贷款利率更适用于小型企业和信誉较低的大型企业的基准利率。长期来讲，借贷率被设定为增高标价高于银行的资金的边际成本，而最优贷款利率是由联邦基金利率决定的。当扩展贷款的时候，高于银行的资金的边际成本借贷利率的增高标价，是银行遭受的额外成本（如信用评估的成本，尤其是增加资本来满足借贷的资本要求的成本）的函数。这暗示了，给出的资本要求已经被巴塞尔协定收紧，高于联邦基金利率的最优利率预期将上涨，供应将对信贷市场产生负面影响。图7—6显示了，从1980年以后的最优贷款利率和联邦基金利率的发展变化。

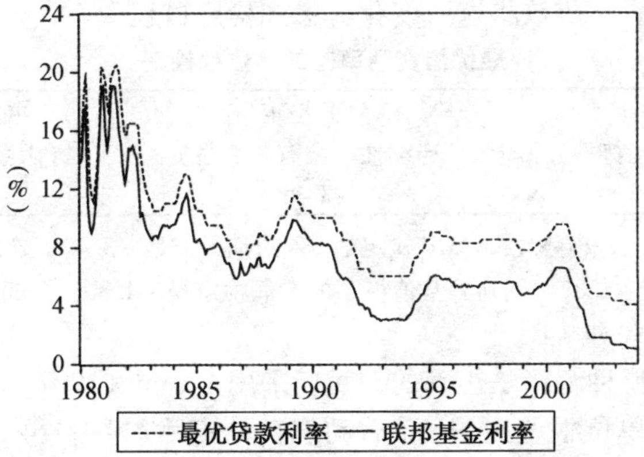

图7—6　美国的最优贷款利率和联邦基金利率（1980—2004）

图7—6表明，高于联邦基金利率的最优贷款利率的散布，实际上从大约1990/1991年开始加宽。高于联邦基金利率的最优贷款利率的散布明显加宽这一假设能根据单位根检定更正式地得到检验。Perron（1989）提出，趋势断点的出现或时间序列数据的平均值，或许支持单位根检定中无法证明的单位根假设。Perron针对断点趋势和平均值，提出了一个相对应的检定策略，对已知断点的情况（Perron，1989、1990）和更常见的未知断点的情况均适用。在检定过程中，平均值或趋势转变的时间是内部确定的（Perron，1997）。

表7—2显示了，标准增加的迪基—富勒（ADF）最优贷款利率差的单位根检定的结果（迪基和富勒，1981），一次考虑最优利率分布的连续性和趋势性。一次考虑连续的，允许在不确定的时间内分布的平均值变化的ADF型单位根检定，都是由连续的测定程序内生地决定的。这是由Perron提议的（1997）。高于联邦基金利率的最优贷款利率的分布，是根据1980—2003年的月度数据测定的（从国际货币基金组织的国际金融统计数字得到的）。滞后动态项的滞后阶数，是根据从12的最大滞后阶数

开始连续递减的阶数选择的。从而可以得知，采用的最大滞后阶数是 12。在两种情况中，单位根的零值都不能删除。这一发现暗示了，最优利率和联邦基金利率之间没有长期关系。另外，图 7—5 还说明了，在巴塞尔协定采用的时间内，分布的平均值是变化的，并且单位根假设没有被驳回，这仅仅反映出，不应该将这一变化考虑到检定过程中。

表 7—2　　　　**最优借贷利率差的单位根检定**

ADF 检定（连续性和趋势性）	ADF 检定（连续性、没有趋势性）	派润检定（阻断连续性）
-2.65	-1.99	-5.03

注释：连续性、趋势性的 ADF 检定的 5% 的临界值是 -3.43，连续的但没有趋势的 ADF 检定的是 -2.87，创新异常值模型的派润检定是 -4.80。派润检定中内部决定的断点时间是 1990 年 9 月。

为了鉴定哪种解释是正确的，我们采用 Perron（1997）在未知日期的平均值中断点单位根鉴定。[①] 滞后动态项的滞后阶数，再一次根据从 12 的最大滞后阶数开始连续递减的阶数中选择，即得到了 10 个滞后阶数。断点日期是由单位根检定统计数字内部决定的，由所有可能的断点日期计算而得，而且选择的日期是单位根检定统计数字减至最低的日期。回归结果表明，平均分布在 1990 年 9 月之后明显偏高。表 7—2 中公布的单位根检定统计数字是 -5.03，而 5% 的临界值是 -4.80。因此，未知断点的 Perron 单位根检定表明，高于联邦基金利率的最优贷款利率的分布，是围绕着 1990 年 9 月阻断的连续的平均数固定不变的，并且平均值分布似乎是在断点之后更高。这些结果说明了美国信贷市场采用巴塞尔协定的潜在持续的供应影响。

7.3.3　巴塞尔和顺周期性

在新的巴塞尔协定（即巴塞尔协定 II）下，有两种不同的方法被用于衡量风险，即测定资产的风险权重采用的是标准方法和内部评级法（IRB）。标准方法的基础是借贷者的信贷风险的外部等级评定，而 IRB 的

① Perron 称只允许平均值有一个断点的模型为“创新异常值模型”。在他提议的第二个模型中，“单点异常值模型”、平均值和趋势都允许有断点。

基础是银行的借贷者的内部等级评定。

我们的步骤是，尝试着重建一个国家的典型银行资产组合，然后假定贷款随时间没有变化（即用相似质量的贷款代替不良贷款），来调查贷款等级如何变化，以及银行的资本充足率要求在不同的信贷风险衡量方法下如何随时间变化；其他类似的尝试见 Kashyap 和 Stein（2004），Gordy 和 Howells（2004）。为了达到目的，我们使用了 Moody 关于美国的公司（包括 Moody 的投资服务公司和信贷风险衡量公司）债券的数据。

关于信贷等级的 Moody 数据，我们只能对那些有足够长时间序列的国家做这一尝试。不幸的是，这一原则排除了大多数的大型欧洲国家，因为关于完整的 Moody 数据，只能追溯到英国 1988 年、德国 2001 年、法国 2002 年、意大利 2003 年、西班牙 2002 年。我们使用了墨西哥金融监管机构和挪威央行提供的，关于企业贷款的数据。墨西哥的数据包含了 1995 年到 2000 年的信息，挪威的数据包含了 1988 年到 2001 年的信息。

这看起来好像很容易，并且已经出台了这一尝试的详细说明（古德哈特和赛格威诺 2004）。然而存在的问题是，如何重建“典型的”银行资产组合，是否和如何处理将不良贷款从资产组合中剔除，以及如何看待这一事实，即巴塞尔协定 II 或许是能使银行改变其“典型”行为的政治体制。简要地说，我们重建了一个典型的银行资产组合。我们假设，每一项资产组合是由 1000 项贷款组成，并且每一项的收支差相等。从每一个国家的具体数据来源看，我们得到了资产（美国的有价债券或墨西哥和挪威的企业贷款）随时间变化的比例，并根据给出国的每一项公布的等级进行归类。利用这一信息，我们建立了基准资产组合，可以用来计算每个时间点的资本要求。

假设最初质量的银行贷款自始至终保持不变。这相当于假设，不良贷款用类似的最初质量的贷款代替。这是 Kashyap 和 Stein（2004）所做的，看似很自然。然而，Gordy 和 Howells（2004）评论说，在经济衰退期，银行力求更高质量的资产组合，因此，将用比最初质量更高的信贷代替不良贷款。从宏观层面来看，在大多数国家的经济衰退期，很难找到这样更高质量的贷款供应。2004 年 5 月举行的 BIS 会议讨论了这一点，Michael Gordy 注意到，美国高质量的公司，在衰退期趋向于资本市场（例如商业票据市场），转移它们的借贷到银行。无论怎样，由于衰退期的风险分布加宽，任何额外的利益都很少。因此，我们对这一假设的结果相对来说感到安慰。

我们对比了三个监管体制下，“典型”银行隐含的资本需求。这一应用在三个国家的调查结果非常明显。首先用巴塞尔协定Ⅱ的标准化的方法（它接近于巴塞尔协定Ⅰ所采用的），其次用基础IRB法（也就是说，由于我们没有任何国家的平均LGD的良好时间序列，所以假设违约损失率恒定）；再次，用改进的信贷风险方法（ICRM）；最后，使用默顿法建立的信贷质量变化的模型和使用间接法建立的全部的资产组合中各个信贷之间的相互关系模型。但是，ICRM的组成是相当负责的，并且有兴趣的读者可以翻阅我们的配套文件（古德哈特和赛格威诺，2004））。

简言之，后一种方法需要得到资产组合可能值的分布。这种资产组合来自银行持有的金融资产。资产组合可能有不同值，这些可能值记录在所谓的资产组合的利润—损失分布中（P&L）。出于风险管理的目的，我们从这一分布中得到了由银行的经济资本确定的风险价值衡量（VaR）。如果银行保留了资产组合，我们就能尝试着确定它的资产多样化会怎样影响其资产组合的值。因此，当计算P&L的时候，需要考虑由资产组合控制的资产的地理位置和工业活动。在实施这一方法的时候，我们假设，基准资产组合中的贷款，在各自国家的不同地理位置和经济活动中，其分布是均等的。然后我们制定了一种算法，即模拟了10 000个可能影响这些资产组合的不同“质量方案”，因此发生了信用—质量之间贷款的转移。每一个质量方案显示了资产的市场价值变化，因此，在最初和最后的信贷质量之间存在差异。一旦模拟了信贷—资产组合的质量方案，我们就能计算出最初和最后的信贷质量差异的损失/收益。从模拟过程中得到的损失/收益，被用于构建一个柱状图。该柱状图总结了信贷资产组合的损失分布，即风险价值（VaR）是由非预期损失的金额来确定的。我们可以从资产组合中得到这一金额。由资产组合的总金额划分的非预期损失，代表了在极端事件中可能损失的百分比，并且给出了一个概率（例如，99.9%）。

无论如何，我们模拟了不同国家的三种方法——标准化方法，基础内部评定法（IRB）和ICRM法，关于其中的每一个CAR时距曲线，其结果分别列在表7—3至表7—5，以及图7—7至图7—9中。

表7—3　　美国的CAR（1982—2003）

时期	标准的方法	基础IRB	ICRM
1982	9.597967	8.591044	8.070189
1983	8.933900	7.185306	6.802057
1984	8.933900	7.624870	7.032411
1985	9.133900	8.024912	7.262765
1986	9.463390	9.989917	8.736384
1987	9.463930	9.824500	8.545390
1988	9.463930	8.659141	6.990717
1989	9.563390	10.804149	6.488127
1990	9.563390	11.677029	7.601025
1991	9.986339	11.434979	7.541649
1992	9.687739	8.064210	6.470195
1993	9.287739	6.468979	4.665018
1994	8.901877	5.395182	3.783256
1995	8.507394	5.561594	4.087216
1996	8.246774	5.646111	4.316443
1997	8.294313	5.940010	4.837646
1998	8.312774	6.508256	5.831926
1999	8.403155	7.810893	6.704727
2000	8.410316	8.126805	7.163834
2001	8.531238	8.245881	7.242604
2002	8.312375	8.180511	6.779526
2003	8.107739	6.603000	6.258685
平均值	8.959430	8.016694	6.509627
方差	0.339964	3.392352	1.945790

观察到的重要结果是，IRB的模拟结果的方差比标准的方法的或ICRM法的要大。在强劲的增长时期，会有高利润和低NPL（如20世纪90年代中期的美国、1997年的挪威）；在所有的发达国家，IRB比标准方法的CAR要低；而在经济衰退期（例如，1990/1991年的美国、1995/1996年的墨西哥，1994/1995年的挪威），IRB的CAR明显要比其他两种

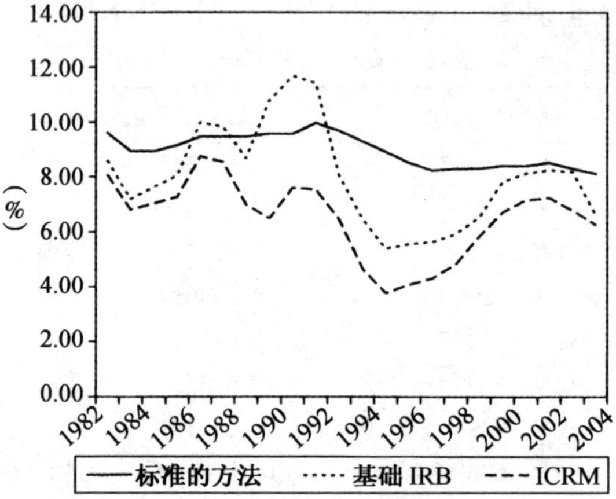

图 7—7 美国的 **CAR**（1982—2003）

方法高很多。在墨西哥，新兴市场经济（EME），贷款的平均质量，始终要比发达国家低，因此，IRB 在所有年份中，都给出了更高的 CAR，但是在发达国家，IRB 的 CAR 方差比其他两种方法的大很多（如在 1995/1996 年的经济衰退期上涨，而在较好年份，则会较低）。

因此，随着国家从繁荣期到衰退期（上涨），再回到繁荣期（下降）的变动，IRB 的需求 CAR 的百分比变化，比其他两种方法的要极端得多，结果显示在表 7—6 中。

表 7—4 **挪威的 CAR**（1989—2002）

时期	标准的方法	基础 IRB	ICRM
1989	9.991635	8.311481	7.580115
1990	10.265155	9.275921	8.127573
1991	10.465155	9.781705	8.675031
1992	10.367155	9.929912	9.034373
1993	10.265155	9.523779	9.186305
1994	10.940239	13.235447	9.821542
1995	11.320031	14.066170	11.082487
1996	10.669155	12.141937	9.722593
1997	10.265155	8.857323	7.317353

续表

时期	标准的方法	基础 IRB	ICRM
1998	10.265155	9.001267	7.422621
1999	10.265155	9.218641	7.527889
2000	10.265430	9.486551	7.930505
2001	10.360916	9.648655	8.333122
2002	10.461360	9.764866	8.343509
平均值	10.440489	10.160261	8.578930
方差	0.113401	2.941614	1.190491

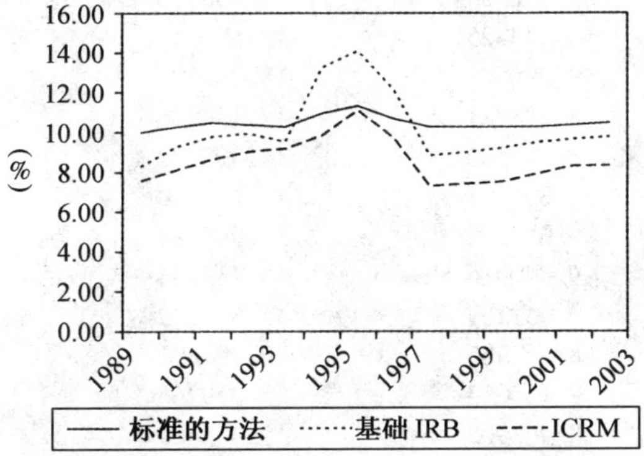

图7—8 挪威的CAR（1989—2002）

其中的含义是，在巴塞尔委员会为了缓解这一问题制定的咨询性文件2和文件3中，都引入了风险平滑曲线。在此之后，顺周期性或许仍是巴塞尔协定II的一个严重问题。

然而，其他因素有可能被抵消。银行一般保持的缓冲器，都高于需求的最小CAR。为了保护它们免受制裁，两个最小值都会受到侵害，并且以此来达到评级机构的要求。在繁荣期，当IRB的CAR下降到极其低的水平之时，这些缓冲器可能会提高。但是要注意的是，我们使用的平均值的Moody数据来自于美国1982—2003年、挪威1988—2001年、墨西哥1995—2000年的循环周期。而其中的几个国家告诉我们，大多数的商业银行可能使用的是某个时间点的额定值。这可能还会进一步地恶化顺周期性。

表 7—5　　墨西哥的 **CAR**（1995—1999）

时期	标准的方法	基础 IRB	ICRM
1995. 3	8. 765096	13. 864230	10. 462123
1995. 6	9. 221855	16. 650790	12. 285877
1995. 9	9. 299730	17. 103009	12. 714591
1995. 12	9. 493498	18. 151470	12. 820000
1996. 3	9. 251044	17. 067542	12. 589874
1996. 6	9. 494958	18. 448561	13. 248221
1996. 9	9. 557249	19. 415843	14. 891864
1996. 12	10. 303734	24. 230942	17. 645355
1997. 3	9. 430354	19. 088714	15. 153354
1997. 6	9. 273425	17. 500911	13. 895955
1997. 9	9. 396601	18. 254201	14. 344051
1997. 12	8. 928781	15. 194116	14. 796451
1998. 12	8. 813186	14. 397932	13. 673818
1998. 6	8. 851211	14. 428160	12. 256023
1998. 9	9. 058278	15. 545394	11. 622476
1998. 12	9. 040916	15. 456234	11. 797630
1999. 3	9. 052107	15. 519282	12. 003802
1999. 6	8. 981783	15. 296608	12. 251375
1999. 9	9. 135013	15. 979265	12. 725803
1999. 12	8. 968905	15. 345409	12. 100842
平均值	9. 215886	16. 846931	13. 163974
方差	0. 122662	5. 644965	2. 588205

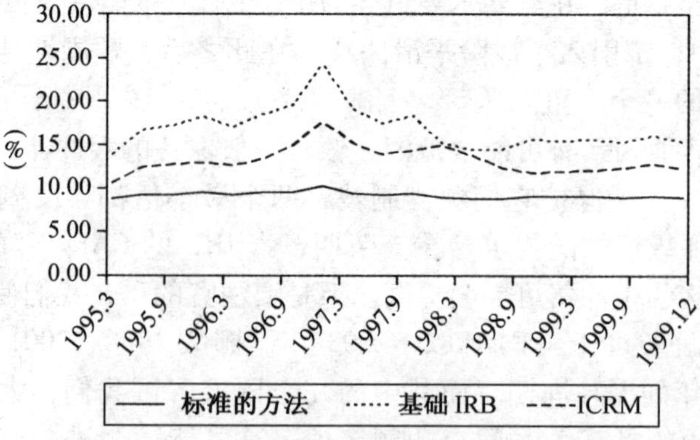

图 7—9　墨西哥的 **CAR**（1995—1999）

表7—6 CAR 的最大百分比变化

	A. IRB							
	Upwards				Downwards			
		2 consecutive				2 consecutive		
	1 period	Date	periods	Dates	1period	Date	periods	Dates
美国	0.25	1989	0.33	1989/1990	-0.29	1992	-0.49	1992/1993
挪威	0.39	1994	0.45	1994/1995	-0.27	1997	-0.41	1996/1997
墨西哥	0.25	1996.12	0.30	1996.9(12)	-0.21	1997.3	-0.30	1997.3(6)
	B. ICRM							
	Upwards				Downwards			
		2 consecutive				2 consecutive		
	1 period	Date	periods	Dates	1period	Date	periods	Dates
美国	0.21	1998	0.33	1998/1999	-0.28	1993	-0.47	1993/1994
挪威	0.13	1995	0.20	1994/1995	-0.25	1997	-0.37	1996/1998
墨西哥	0.18	1996.12	0.30	1996.9(12)	-0.14	1997.3	-0.22	1997.3(6)
	C. Standardized							
	Upwards				Downwards			
		2 consecutive				2 consecutive		
	1 period	Date	periods	Dates	1period	Date	periods	Dates
美国	0.04	2005.6	0.06	1985/1986	-0.07	1983	-0.09	1994/1995
挪威	0.07	2005.6	0.10	1994/1995	-0.06	1997	-0.10	1996/1997
墨西哥	0.08	1996.12	0.08	1996.9(12)	-0.08	1997.3	-0.10	1997.3(6)

Upwards:向上;Downwards:向下; Standardized:标准的方法;1period :1 期;Date :日期;2 consecutive periods :2 个连续的期间。

7.4 总结

在过去的20年里，宏观经济周期时常与银行信贷和资产价格的盛衰循环相关联，并且经常伴随着金融不稳定。

从20世纪70年代早期到中期，银行部门的自由化增加了承担风险和杠杆作用的范围和金融系统的顺周期性。正如我们已经在本章所提到的，这被反映为银行信贷和资产价格的盛衰循环频繁发生，以及通过增加银行信贷，针对房地产价格浮动的敏感性，加强金融加速器机制。

面对更频繁的金融循环，为了缓解系统性的不稳定风险，监管机构已经转向增强个体银行的资本充足比率，例如，通过巴塞尔协定I和II。但是，银行监管本身是顺势循环的。在经济低迷期，它管制很强，但是在繁荣期，则没有管制。管制越“精细”，风险灵敏性越高，而且已经变成问题的顺周期性的程度越大，尤其是当考虑到宏观经济周期的性质变化的时候。本章进行的模拟尝试表明，新的巴塞尔协定II目的是刻意明显加强资本需求的风险敏感性，但实际上或许大大加剧了监管体系的顺周期性。鉴于过去的经历，尤其是我们也已经在本章讨论过的美国在1990/1991年经济衰退期的经历表明，在经济低迷期，资本比率需求的提升，或许可以通过削减借贷而非增加资本得到。因此，新的资本协定或许会导致经济周期波动的扩大，尤其是在经济低迷期。

巴塞尔协定II将是一项体制改革，并且其目的之一，是使银行家更多关注风险评估和风险管理。在这一方面，它已经成功了。希望它将引导银行家在繁荣期判断力更强，尽管CAR下降。从标准的方法到IRB方法变动的含义是，做出这种转变的个体银行，将被鼓励把它的资产组合转化成更高质量、更高利率的借贷，然后它将从较低的CAR中受益。这对它自身很好，但是信贷的质量越高，风险曲线变得越陡峭（将质量与需求的风险比率联系起来）因此，顺周期性可能会被加强，即使平均质量得到提升。

当引入一个体制的时候，实际上没有人能预测它的后果，当然我们也不能。然而这些模拟表明，顺周期性可能仍是一个严重的问题。甚至可能会随着经济严重下滑的到来，遵守 IRB 的影响将会对一些国家的当局产生的后果太严重，以至于无法获得批准。或许，像稳定与发展公约一样，当它开始完全实施的时候，人们只会看到违约。更令我们担心的或许是，巴塞尔协定 II 的采用，可能还会加剧未来的资本波动。

当然，在与 CAR 联系更紧密的个体银行存在潜在风险。谋求宏观经济的目标，是鼓励银行信贷总体，但反周期性变化之间仍存在矛盾。然而，如何画圆这个圈，一定是未来研究的主题。

第 8 章

坏账、信贷增长和资产价格

8.1 引言

不良金融资产的金融市场和实际经济之间的分析关系含糊不清，这或许是因为在大多数宏观经济理论模型中坚持的假设是，所有的机构都会偿还他们的债务（概率为 1）。这暗示了，所有的机构能以零风险利率借出（贷出）无限量的金额的资金（使它们的跨期效用最大化）。所以不需要金融媒介，并且只有一个（无风险资产）市场，其中（在这样的模型中）多数情况下，利率是根据中央银行的反应函数设定的，并且与私营部门的期望相配合。Woodford（2003）是典型的实例，没有商业银行（或者任何其他的中介机构），没有坏账，并且只有一个金融市场。

我们尝试着将坏账带回到主流宏观经济的理论，其实本来就应该这样。Shubik 和他的几个跟随者，开始重点研究坏账概率在发展中的市场（Shubik1973，1999；Shapley 和 Shubik，1977；Shubik 和 Tsomocos，1992；Shubik 和 Wilson，1997）。我们已经致力于扩展和发展 Shubik 的模型，目的是建立理论严密的金融脆弱性模型，但在实证上不严密（古德哈特等人，2004a、2004b、2005、2006）。Kiyotaki 和 Moore 也正在开发没有100%的承诺偿还债务的模型（Kiyotaki 和 Moore，2001）。

理论结构的匮乏意味着，在金融脆弱性和实际发展之间相互影响的领域中（除了通过无风险的实际利率的传导机制），大多数工作一直受实证研究驱动，本章继续遵从这一实证传统。

虽然实际商业周期理论的一些支持者评论说，实际因素（如技术先进）比金融因素要重要得多，但是很难看到其在当前的发展（日本从1985 年开始的危机，斯堪的纳维亚在 20 世纪 90 年代早期的盛衰循环，1997/1998 的东亚危机，网络公司的泡沫，今天引人注目的普遍存在的房地循环），并且不会相信主要金融因素的重要性。或许，除了广泛抑制金融自由化的 1939—1970 年以外，历史上一直如此。

人们应该如何进行金融发展和实际经济之间相互作用的实证研究呢？毋庸置疑，这其中有很多可能性。普遍的起点是大事研究，尤其是金融危机。这非常有成果，特别是在世界银行的很多研究中（Demirguc – Kunt 和 Detriagia，1998、1999；Kaminsky 和 Reinhart，1999；Demirguc – Kunt 和 Detriagia，2005）。

但是这种方法不可避免地有一定的缺点。危机的确切时间、持续时间和强烈程度，都无法测量。通常危机可能会被预防性的提前行动所避免；但是危机缺乏重视，这不会导致偏差吗？研究危机本身会导致撇开无危机年份的证据。

本章主要的新观念是，我们把危机事件作为我们坏账概率（PoD）的默顿型估算的主要因变量。这些坏账来自每一个实例国的主要银行。而任何实证方法都有几点不足。在我们看来，结果似乎是对影响股票市场的总体水平和差异的因素敏感。因此，在 21 世纪早期的网络公司的泡沫破裂之后，国内整体股票市场的波动性的衰退和增强暗示出，可以利用这种观念来衡量国内银行体系之间脆弱性的程度。对于其中的很多案例（如英国、西班牙和荷兰)，我们也怀疑它是否真的具有代表性。出于这个原因，为了区分全国性的、部门性的和特质的影响（通过某种形式的分解，这尚未完成)，我们觉得 PoD 的部门性的和公司层面的估算需要进一步地加强。

任何主要的实证尝试都会遇到的困难是，在研究过程中会有大量的因素（如每个国家的主要银行的 PoD）可能会影响变量。我们只能以理论组合，以之前文献的典型事例和某人的早期著作为基础，来限制变量以及它们的所有转变范围。

早期的著作，特别是古德哈特、霍夫曼和 Segoviano（2004)，古德哈特和 Segoviano（2004)，Segoviano 和 Lowe（2002)，他们指出了在房地产市场（住宅的和商业的）的资产价格波动、私营部门的银行信贷和实际经济之间存在着密切关系。在我们看来，比起股票市场，或者甚至是（数量大的惊人的情况下的）外汇市场，房地产市场对银行稳健和（部分通过银行系统的）经济发展具有更重要的驱动力（古德哈特和霍夫曼，2000b、2005a)。

当然，银行信贷的扩展和房地产市场之间的作用是双向的。大多数的早期研究，都只考虑了单向度影响。

在 8.2 节中，我们提出了一些新的跨国面板证据，可以证明房地产市场、私营部门的银行信贷和实际经济之间的双向相互作用。

已经做了大量的关于资产价格的研究，特别是在 Claudio Borio 和他的几个共著者的文章中（Borio 等人，1994；Borio 和 Lowe，2002)。他们的代表性发现是，银行信贷和实际经济之间相互作用的工作机构，是国际清算银行（BIS)。银行信贷占 GDP 的比率的激增，是随后金融危机的一个普通指示器。只要房地产价格获得应有的重视，资产价格的暴涨也通常趋向于暴跌，这会对银行体系和实际经济带来冲击。

Segoviano（2006）也独立分析了这些数据关系。他确认，这两个变量通常影响银行部门的 PoD，并且当变量作为趋势偏差而非一阶差分的形式加入的时候，这种关系就会更清晰。因此，在以前工作的基础上，我们在 8.3 节复查了这两个主要的金融变量对更大范围的国家银行部门的 PoD 的影响。其中存在一个问题是，不只是这种发展和银行的 PoD 之间的滞后结构持续时间相当长（这或许得益于当局的审慎管理），而且滞后期似乎在国家之间相差很大。

除了特有的金融发展以外，银行的PoD明显受实际经济的波动的影响。在经济不景气时，借贷者不偿付贷款给银行（如不良贷款），并且资产价格下降。因此，在周期性衰退发生时，银行会更糟，并且有更高的PoD。所以，除了金融变量以外，实际变量的种类需要根据银行PoD的情况下的金融脆弱性的潜在指示器来检验。

由于之前的工作已经说明了作为影响银行PoD变量的主要候选变量的范围，所以我们从调查每个国家的双边（相互）关系的滞后结构开始，查明是否可以确定普遍的滞后结构，并由此做了一个不同国家之间连续时间的面板试验，而非仅仅分别做每个国家的连续时间回归。

本章的结论延伸且支持了Borio及其所有共著者，也包括我们的前期工作。这些工作是关于两个金融变量的，即银行信贷和资产价格。这两个金融变量和GDP的趋势关系发生的偏离，能提高银行PoD预测的准确性。

8.2 银行信贷和房地产价格

信贷和房地产市场周期的重合性，已经在政策导向型的文献中（IMF2000，BIS2001a）被广泛地记录并且讨论。但是，银行信贷和房地产价格之间的因果关系的趋向问题，仍然很难探究到。从理论的观点来看，因果关系或许朝向两个方向。房地产价格或许可能通过各种各样的财富效应影响银行信贷。首先，由于金融市场的不完美，家庭和公司的借贷或许会受限。结果导致家庭和公司只能在提供了抵押品之后才能借贷，因此他们的借贷能力是他们的可抵押品的净值函数。由于房地产被普遍用作抵押品，因此房地产价格是私营部门借贷能力的重要决定因素。其次，房地产价格的变化，或许对消费者的预期生命财富造成重大影响①，所以，为了使生命周期内的消费更平稳，导致他们改变他们的消费和借贷计划，

① 公布在OECD（2000）上的关于家庭财富构成的数据显示，房产占家庭财富的大部分份额。

以及信贷需求。[①]最后，房地产价格影响银行资本的价值。房地产价格不仅在一定程度上直接影响银行自己的资产，而且通过房地产，间接地影响抵押贷款的价值。[②] 因此，房地产价格影响银行承担风险的能力，及其扩展贷款的意愿。

另外，银行信贷可能通过各种各样的流动性效应，来影响房地产价格。房地产价格可以被看做是资产价格，这是由已贴现的未来资产回报决定的。可以得到的信贷的增多或许会降低利率，并且会刺激当前和未来的预期经济活动。结果，房地产价格或许会因为较高的预期资产回报和较少的折价因素而上涨。房地产在临时的固定供应中，也被看做是耐用品。如果家庭的借贷受限，那么可得到的信贷的增多或许会增加对房屋的需求。随着供应临时性地固定，并且需要时间兴建新的住房，需求的增加将会反映为房价上涨。

在银行信贷和房地产价格之间的潜在双向因果关系，或许会导致信贷和房地产市场的循环相互加强。[③] 由于对未来经济前景较为乐观的预期造成的房地产价格的上涨，通过增加抵押品的价值，可能提高公司和家庭的借贷能力。部分额外的可得到的信贷，或许也被用来购买房产，甚至进一步地抬高房价，因此产生了一个自我增强的过程。

很少有实证研究是关于信贷和资产价格之间关系的。大多数的研究都建立在设定的单一方程式上，或者侧重于银行信贷，或者侧重于房地产价格。古德哈特（1995）发现，在英国房地产价格明显影响信贷增长，而在美国则不是。Hilbers、Lei 和 Zacho（2001）发现，如果把住宅房地产价格的变化加入到工业化和发展中国家的金融危机的多元概率—分对数模型中，将会很有显著性。Borio 和 Lowe（2002）显示，以总资产价格偏离它们的长期趋势来衡量总资产价格的差距，加上以同样的方法确定的信贷差距，是工业化国家金融困境的有用指示器。

---

① 家庭消费的生命周期模型，最初是由 Ando 和 Modigliani（1963）开发的。生命周期模型的正规分析能在 Deaton（1992）和 Muellbauer（1994）中找到。

② Chen（2001）拓展了 Kiyotaki 和 Moore（1997）的模型，其中商业周期的额外扩张，源于资产价格变动对银行资产负债表的影响。这一论点的早期描述见 Keynes（1931）。

③ Kindleberger（1978）和 Minsky（1982）已经强调了，信贷和资产市场的周期可能会相互强化。

Borio、Kennedy 和 Prowse（1994）调查了大量的工业化国家。在1970—1992 年期间，信贷占 GDP 的比率和总资产价格之间的关系。他们侧重于分析总资产价格波动的决定因素，并且假设，以信贷占 GDP 的比率来衡量的信贷状况的变化，能帮助解释总资产价格的变化。他们发现，在资产价格方程式中增加信贷占 GDP 的比率，能帮助改善这一方程式在大多数国家的适应性。以模拟为基础，他们证明了，在所有的信贷比保持不变的情况下，20 世纪 80 年代后期到 20 世纪 90 年代早期，资产市场的盛衰循环不会太明显，或者就不会发生。对于四个东亚国家或地区（中国香港、韩国、新加坡和泰国）的专门小组来说，Collyns 和 Senhadji（2002）发现，信贷增长对住宅房地产价格会产生重大的同期影响。在这一发现的基础上，他们断定，银行信贷大大促进了东亚早期的房地产泡沫和 1997 年的东亚危机。霍夫曼（2004）、Gerlach 和 Peng（2005）使用多元实证构架，分析了银行信贷和房地产价格之间的关系，并且发现，房地产价格与借贷在长期和短期都存在因果关系，而不是相反的因果关系。

我们还分析了 18 个工业化国家的实际总银行信贷，以此衡量总经济活动的实际 GDP，实际住宅房地产价格和实际货币市场利率之间的关系。这 18 个国家是：澳大利亚、比利时、加拿大、丹麦、芬兰、法国、德国、爱尔兰、意大利、日本、荷兰、新西兰、挪威、西班牙、瑞典、瑞士、英国和美国。这些工业化国家的数据，是从 IMF 的国际统计数据和 OECD 的经济展望数据库中得到的。住宅房地产价格、以股票价格以及住宅和商业房产价格的加权平均数计算得到的总资产价格指数，是从 BIS 得到的。除了名义利率以外的所有数据，都是按季节进行调整的。

由 GDP 平减指数转换成实际项目的银行信贷，被定义为发放给私营非银行部门的总信贷。应该注意的是，由于不同国家之间定义总信贷的差异，使得无法对比不同国家之间的银行贷款的发展无法实现。定义上的这些差异将被反映在实证分析的结果中（例如关于不良贷款的处理（NPL），存在于国家信贷总和中）。房地产价格的下降，一方面将对新贷款的扩展产生不良影响，另一方面，它将导致 NPL 的增加。因此，房地产价格对银行信贷的预计影响，将取决于银行是否被强迫极快地注销 NPL。例如，日本和北欧国家，在 20 世纪 80 年代晚期和 20 世纪 90 年代早期，经历了好几场银行危机，征兆是房地产价格的暴跌。①在北欧国家，NPL被相当快地从银行的资产负债表中清除，而在日本却没有这样做。②

除了日本、意大利和德国以外，所有国家都可以得到每季的住宅房地产价格指数。对于日本和意大利来说，半年指数通过线性内插可以转换成季度性的数据。对于德国，季度性的数据可以通过线性内插法来得到年数据。为了得到实际房地产价格，名义房地产价格被GDP平减指数紧缩。我们也考虑了，在实证分析中，把从BIS得到的总资产价格指数，作为包括银行发放给家庭和企业的银行信贷的估量，因此，住宅房地产价格单独或许不能完全代表与总银行信贷相关的房地产价格的变化。

短期实际利率的衡量标准，是小于CPI的四季度通胀率的三个月的银行同业拆借市场利率。短期实际货币市场利率充当实际总融资成本的代表，更准确的测量是总借贷率。但是对于大多数国家来说，有代表性的借贷率是无法得到的。实证证据表明，从长远来看，借贷率是与货币市场利率挂钩的。③因此，货币市场利率或许充当融资成本的大致近似值。

为了分析银行信贷、房价和总资产价格之间的关系，接下来的操作是，在VAR模型的基础之上，使用了多元建模法，得到了如下模型：

$$x_t = A_1 x_{t-1} + \cdots + A_n x_{t-n} + \mu + \delta t + \varepsilon_t$$

其中，x 包含实际GDP的对数、发放给私营部门的实际国内信贷的对数、实际住宅房地产价格的对数的每项乘以100和短期事后实际利率的一个向量。

t 是确定性的时间趋势。滞后阶数 n 在每种情况中，都是由商议的似然比值检验和信息准则（Akaike、Schwarz-Bayes）来决定的。由于其样本期相对短而且有大量的内生变量，所以我们没有进行任何明确的潜在长期关系的分析。然而，通过做这些层面的分析，我们感受到了隐含在数据中的共整合关系。

为了避免强加任何未经考验和存在质疑的管制，它或许会偏向支持或

---

① Drees 和 Pazarbasioglu（1998）提供了关于北欧国家银行危机的原因和结果的调查，当然有很多关于日本危机的文献，如 Hoshi 和 Kashyap（1999）。

② 这一问题的更详细的讨论，见 BIS（2001b）。

③ 见 Borio（1995）、霍夫曼和 Mizen（2004）以及霍夫曼（2005）。

者对抗另一个方向发现的因果关系。我们采用了一个完整的结构方法，并且模拟了对 VAR 的约化型残差的一个单位的冲击。我们的侧重点是信贷和资产价格之间的动态互动。在图 8—1 中，我们公布了两个标准差的置信区间的信贷对资产价格冲击的脉冲响应，以及资产价格对信贷冲击的脉冲响应。应该指出的是，VAR 是被分别估算的。一次包含从 BIS 得到的总资产价格指数（模型 1），一次包含住宅房地产或房价指数（模型 2）。我们之前的考虑暗示了，房地产或总资产价格的上涨，应该会导致银行信贷的明显上涨。并且银行信贷的上涨，反过来或许会导致总资产和房地产价格的明显上涨。表 8—1 总结了脉冲响应的分析结果，分别公布了每个变量的积极的和明显消极的脉冲响应的数量。结果表明，总资产和房地产价格与借贷之间，存在明显积极的双向因果关系。我们还发现，只有在稍微多于一半的国家中，房价或总资产价格冲击对银行信贷的影响，是具有统计显著性的；在不到一半的国家中，信贷冲击对房价和总资产价格，具有明显的积极影响。

统计学上有显著性的脉冲响应的数量相当少，或许是由于样本期相当短，加上根据滞后精选检定的选择有时相当长的滞后期，致使显著性检定很难进行。作为提高分析力度的初步尝试，我们扩大了样本国的区域规模，并且在相同的样品期的固定影响的面板 VAR 估算基础上，重做了脉冲响应分析。面板 VAR 估算也分开进行，一次包含总资产价格指数（模型 1），一次包含房价指数（模型 2）。在两种情况中，滞后阶数又一次是用商议的似然比检验和不同的信息准则选择的。这暗示了在大多数情况中，滞后阶数是 12，与各国的 VAR 中选择的长滞后阶数相同。

图 8—2 和图 8—3 公布了两个标准差区间的面板 VAR 的脉冲响应。除了银行信贷和资产价格之间的动态互动以外，我们也调查了 GDP 和实际利率对银行信贷和资产价格的动态影响，以及资产价格、银行信贷和实际利率的上涨、对实际 GDP 的动态影响。

我们没有在变量的同时相互作用上强加任何限制，并且改为模拟了约化型 VAR 方程式残差的非分解的一个单位冲击。

总体上来说，结果验证了这一发现，即从各个国家的 VAR 中，得到了信贷和资产价格之间的重要双向关系。

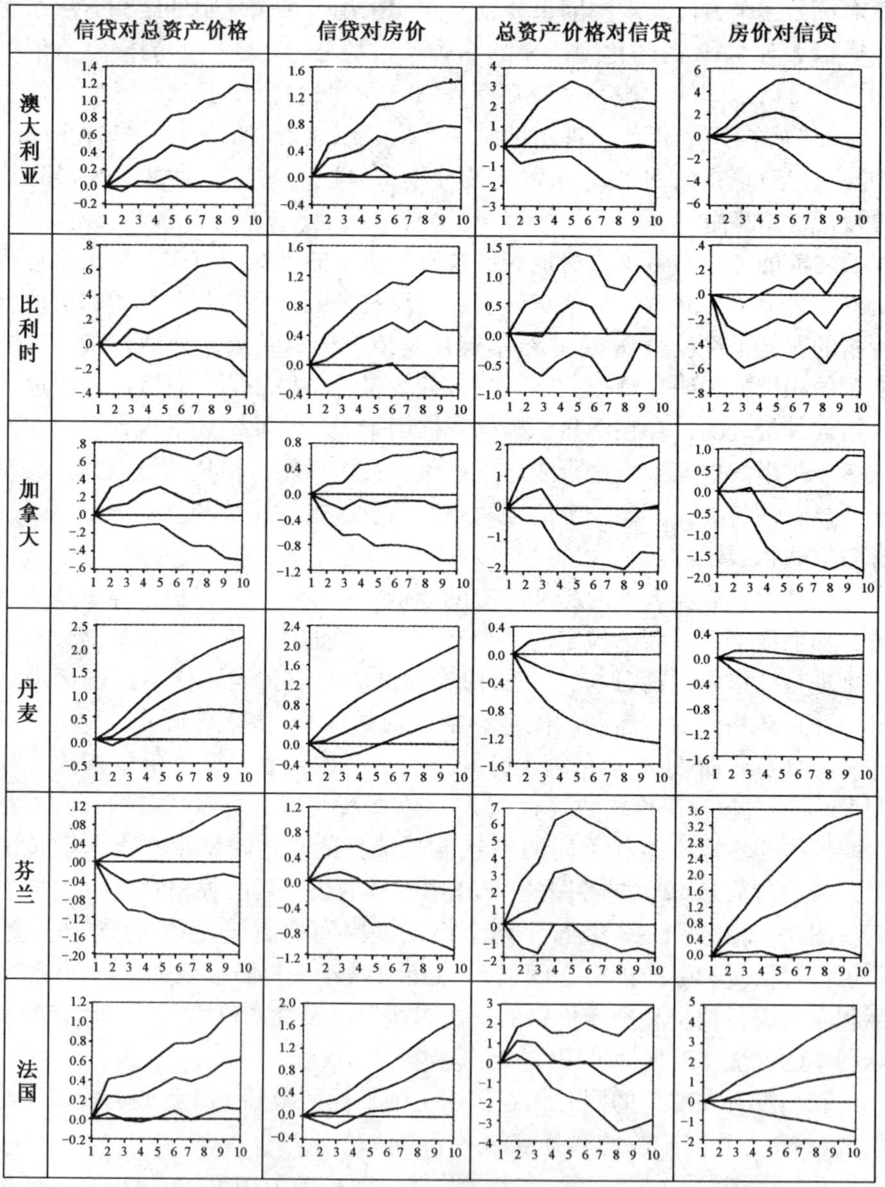

图 8—1 信贷和资产价格之间的动态互动

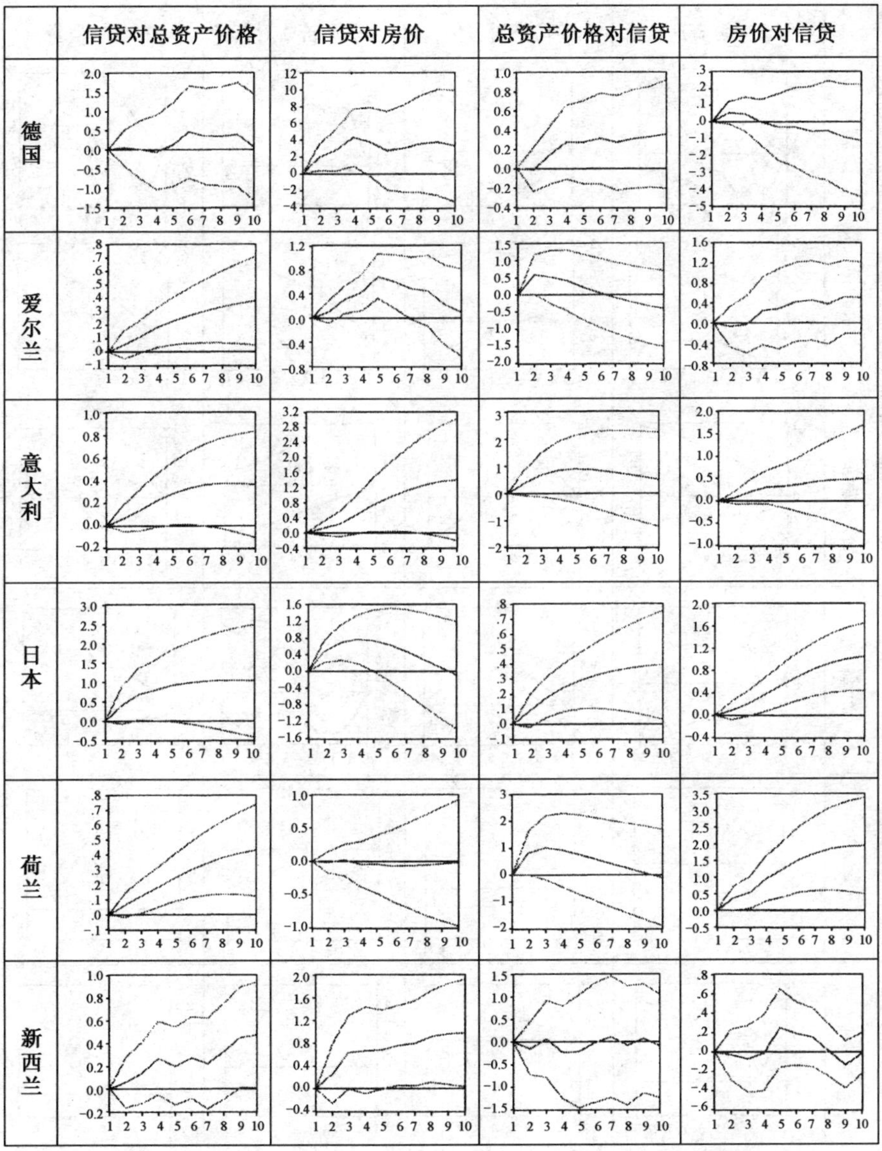

图8—1 续图

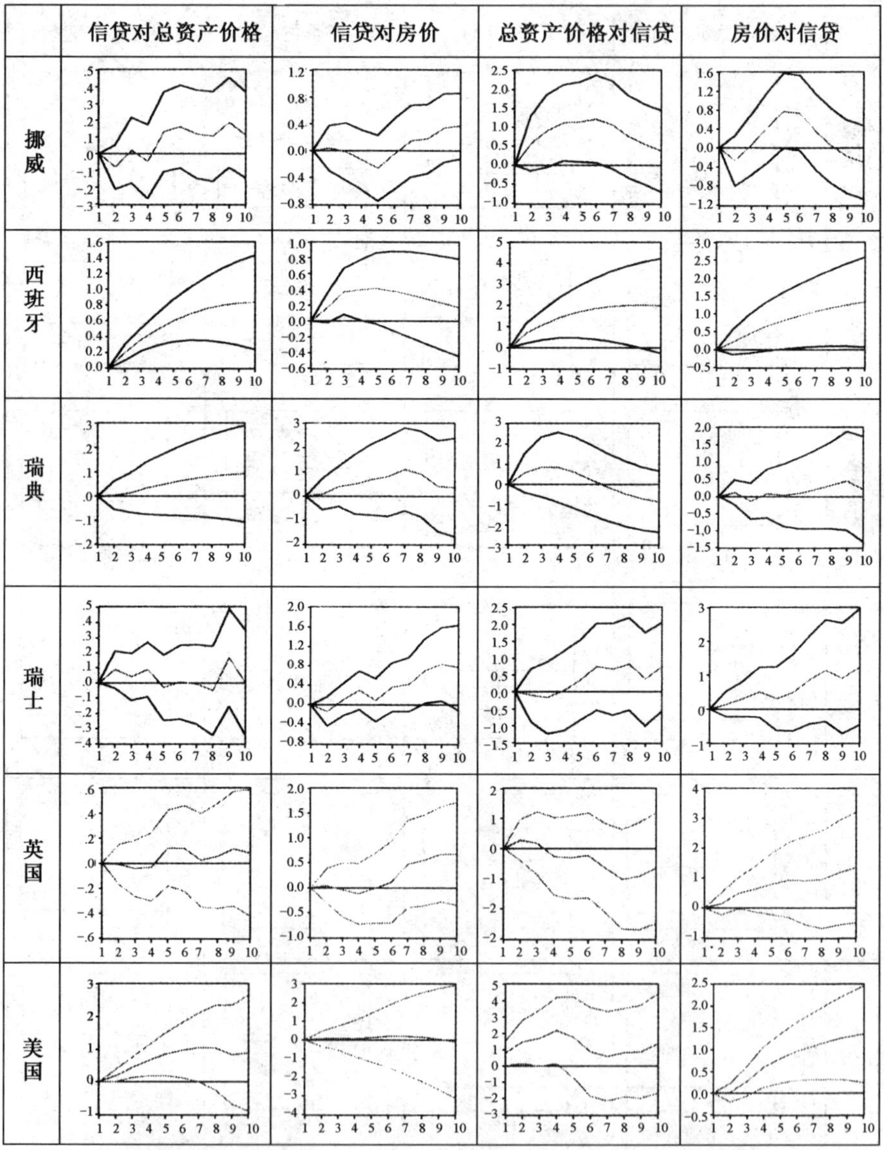

图 8—1　续图

注释：该图显示了，两个标准差置信区间的对非分解的一个单位的冲击脉冲响应。纵轴是与没有冲击的基准情景发生的偏离，横轴是冲击之后的时期。

表8—1　　　　**信贷和资产价格的脉冲响应分析总结**

	模型1（总资产价格）		模型2（房价）	
	资产价格 ↓ 银行信贷	银行信贷 ↓ 资产价格	房价 ↓ 银行信贷	银行信贷 ↓ 房价
积极响应	17	15	14	13
有显著性的响应	10	8	11	7

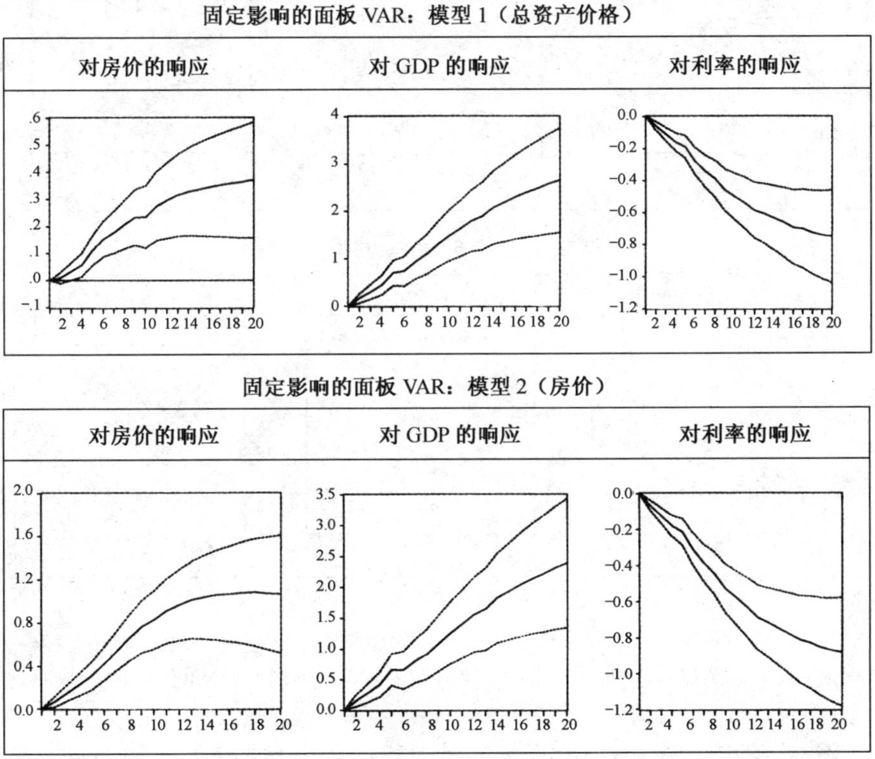

图8—2　信贷动态

注释：该图显示了两个标准差置信区间的对非分解的一个单位的冲击脉冲响应。纵轴是与没有冲击的基准情景发生的偏离，横轴是冲击之后的时期。

在总资产价格和住宅房地产价格都上涨之后，银行信贷明显增加

（图 8—2），而且两个资产价格变量对银行信贷的增加，都做出了明显的积极回应（图 8—3）。脉冲响应也揭示了，实际 GDP 的上涨对银行信贷（图 8—2）和资产价格（图 8—3）有强烈且明显积极的影响。

固定影响的面板 VAR：模型 1（总资产价格）

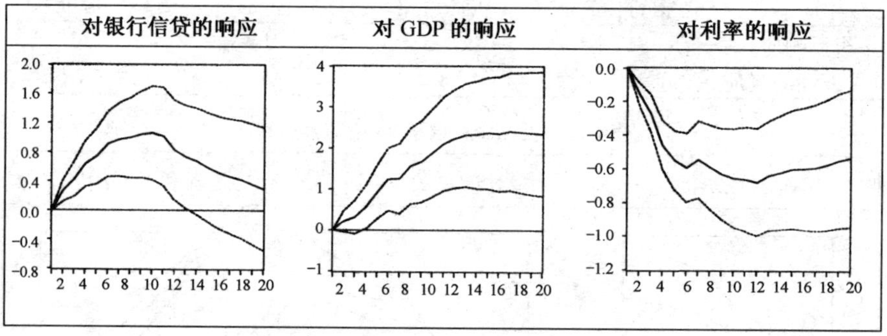

固定影响的面板 VAR：模型 2（房价）

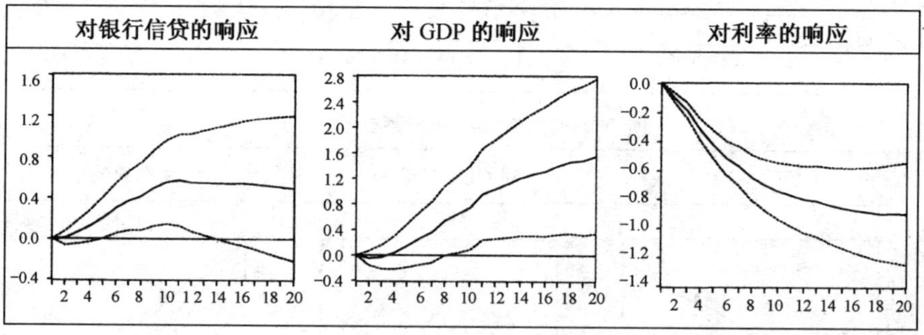

图 8—3　资产价格动态

注释：该图显示了两个标准差置信区间的对非分解的一个单位的冲击脉冲响应。纵轴是与没有冲击的基准情景发生的偏离，横轴是冲击之后的时期。

实际 GDP（图 8—4），反过来对银行信贷的增加和资产价格的上涨，显示出明显积极的回应，这暗示了，在银行信贷、资产价格和经济活动之间，或许存在相互强化的关系。最后，脉冲响应表明，实际利率的上涨导致银行信贷、资产价格和实际 GDP 的明显下降。

固定影响的面板 VAR：模型 1（总资产价格）

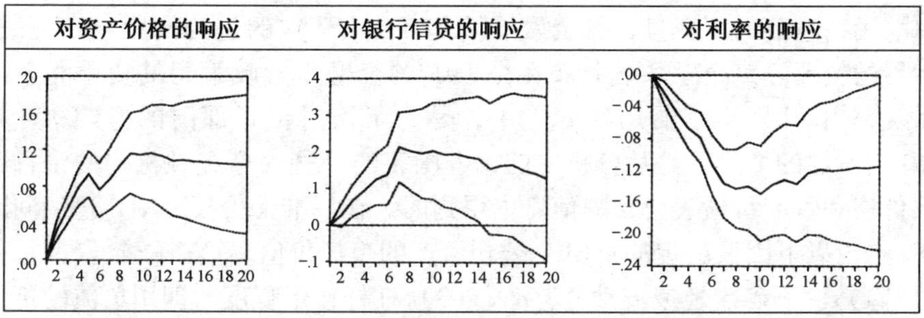

固定影响的面板 VAR：模型 2（房价）

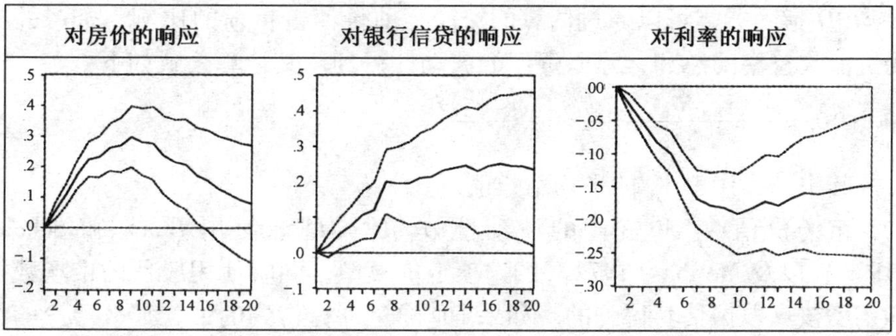

图 8—4　GDP 动态

注释：该图显示了两个标准差置信区间的对非分解的一个单位的冲击脉冲响应。纵轴是与没有冲击的基准情景发生的偏离，横轴是冲击之后的时期。

8.3　坏账、信贷增长和资产价格

本节我们分析 17 个发达和发展中国家的坏账、信贷增长和资产价格之间的相互作用。这 17 个国家是：阿根廷、加拿大、丹麦、芬兰、法国、德国、意大利、日本、韩国、墨西哥、荷兰、挪威、西班牙、瑞典、泰国、英国和美国。数据是从 IMF 国际统计数据和 OECD 经济展望数据库中得到的。

作为股票价格、住宅和商业房地产价格的加权平均数的总资产价格指数，是从 BIS 得到的。除了名义利率以外的所有数据，都是随季节调整的。

用在本节的因变量，是金融系统趋势（FST）的违约间距（DD）指示器的变形。该金融系统公布在由 IMF 的金融监管政策司的货币和金融系统部门。DD 指示器用在 FST 中，是为了衡量银行部门的稳健。计算 DD 指示器的变量，是从分析中的每个国家的一些大型金融机构的银行股票价格和资产负债表包含的信息中得到的。在标准估价模型中，违约间距 DD 是由以下因素决定的：（1）公司资产的市场价值，V_A；（2）资产价值（风险）的不确定性或波动性，σ_A；（3）杠杆作用程度，即用负债的价值来衡量的公司契约型负债的程度，D_t（到期日为 T）。

DD 指示器，可以通过估算的资产当前价值占负债的比例与资产的市场价值收益率的总和，除以资产的波动性得到。其计算公式如下：

$$\mathrm{DD}_t = \frac{\ln(V_{A,t}/D_t) + (\mu - (1/2)\sigma_A^2)T}{\sigma_A^2\sqrt{T}}$$

其中，μ 代表 V_A 的平均增长值。

市场价值 V_A 和资产的波动性 σ_A 是典型地使用 Black 和 Scholes（1973）以及 Merton（1974）的选项定价模型，同时使用股票的市场数据和年度核算数据估算得到的。如果 DD 通过计算得到的话，那么理论的坏账概率（PoD）可以用以下公式计算得到：

$$\mathrm{PoD}_t = N(-\mathrm{DD}_t)$$

其中，N 是正常分布在平均值零和标准偏差 1 之间，变量的累计概率分布函数（cdf）（Vassalou 和 Xing，2002）。每一时期 t 的理论坏账概率（PoD），归类在 T 维向量 PoD 中。因为向量 PoD 的每个取值范围，都限定在 0 和 1 之间，所以我们做了如下的变换：

$$Y = N^{-1}(\mathrm{PoD}) + 5$$

其中，N^{-1}是逆标准正常 cdf。PoD 可以作为确认的宏观经济和金融发展的 X 函数模型，我们建立的关系方程式是：

$$Y = XB + e$$

看待这一问题的另一种方法，是假设坏账是一个潜在的、持续的、有标准正态分布的信贷变化指示器（用概率分析的术语来说，是“正态等差）”。因此，我们设定如下的关系：

PoD = $N(XB + e)$

其中，逆正常 cdf 的转换形式，将这一方程式转化成一个线性问题$Y = XB + e$。

依照理论和实证根据，我们精选了一套初期的解释性宏观经济和金融变量。这些变量可能会影响银行信贷风险。为了探究解释变量的信息内容，我们估算了它们的长期趋势波动，我们称之为“缺口”。

对于可知缺口，我们进行了多元 OLS 回归，来确定与经济理论和实证证据相一致的说明，并且使它显示出最高的适应性。

从作为精选初期的解释变量基础的理论观点中，我们找到了包含信贷限制和金融加速器的理论模型（Kiyotaki 和 Moore，997）。相关的经济理论也包含了货币危机文献中的第二代模型，它强调了决定循环强度的自我实现对预期和羊群效应的作用。注意在当前金融自由化的模型下，承担风险的范围扩大，唤起对不正当机制的产生注意的理论，例如由于投保人可能不可靠造成的风险借贷和差价交易，会加重银行危机和货币危机。①

有越来越多的实证文献资料，强调某些变量的信息内容。例如，观察到的金融自由化，通常预示着银行业危机。因此，与金融自由化相联系的变量值需要细查。经济体制中的实际总信贷和信贷占 GDP 的比例，M2 结存、实际利率和 M2 占外汇储备的比率，需要得到关注。Pill 和 Pradhan（1995）、Kaminsky 和 Reinhart（1999）、Eichgreen 和 Areta（2000）、Borio 和 Lowe（2002）认为，经济体制中的实际总信贷和信贷占 GDP 的比例，是银行问题的重要指示器。McKinnon 和 Pill（1996）认为，货币总数的快速上涨与银行业危机相关联。Galbis（1993）认为，金融自由化之后实际利率会上涨。

M2 占外汇储备的比例或许说明了国际储备支撑的银行体系负债的程度。在货币危机中，个体或许会迅速地将它们的本国货币存款转化成外币，因此这一比例可能说明，中央银行有满足那些需求的能力（Calvo 和 Mendoza，1996）。在外国短期资本大量流入之后货币危机或许会爆发。通

① 见 Obstfeld（1995），Calvo（1998），Flood 和 Marion（1999），Allen 和 Gale（1998），Garber 和 Lall（1996），Dooley（1997）。

常情况下，资本账户自由化和较高的国内利率，会综合影响驱使的资本流入，会导致国内信贷的扩张（Khamis，1996）。当外国利率上涨、本国利率下降的时候，或者是对经济变化很有信心的时候，外国投资者会快速地撤出他们的资金，并且国内银行系统或许会变得无流动资金（Calvo、Leiderman 和 Reinhart，1993）。

我们的模型中包含了经常账户余额，因为这一变量指出了经济体制需要的外国投资金额，并且能暗示经济体制对投资者信心的转变而表现出来的漏洞；包含了消费和投资，因为这两个变量能指出经济体制中债务转期的作用，并且能左右投资者对未来经济上涨能力的预期；也包含了外国直接投资，因为它是用来衡量外国资本进入之后，经济体制所表现出来的漏洞（Sturm、Berger 和 Haan，2004）。①

为了避免通过增加不良贷款的份额，而伤害银行的负面宏观经济冲击，我们考虑了实际 GDP 的变化。股票价格、住宅房地产价格和总资产价格指数也包含在内。② 这一决定是由 Borio 和 Lowe（2002），古德哈特、霍夫曼和 Segoviano（2004）的发现激发的。③

同时我们还考虑了短期利率的实际波动率，因为如果它们没有对冲或者预测变化的话，那么这一变量会对银行的资产负债表造成不利影响。波动率和不确定性影响现金流转计划，并且高借贷率会导致不良贷款的比例加大（Mishkin，1997）。④长期和短期名义利率之间的差额，被包含作为一个变量，因为它能指出市场增长的预期值。

当银行借入外币、贷出本币时，涉及到的另一个情况，是回报率的不匹配。在这种情况中，本币的非预期贬值，威胁着银行的获利能力和最终的偿付能力。国外筹资的银行或许选择发放外币的国内贷款，以此来缩减货币的不对称。在这种情况中，外汇风险被转移到了借贷者身上，非预期

① Sturm、Berger 和 Haan（2004）发现，投资占 GDP 的比例与一个国家收到的 IMF 的信贷的可能性，有很大的关系。投资占 GDP 的比例较低，或许说明有限的资本进入到国际资本市场。Knight 和 Santaella（1997），以及 Vreeland（1999）也支持这一观点。

② 总资产价格指数由三种资产的价格组成：股票、住宅房地产和商业房地产。它是通过估算每种资产占私营部门财富的份额，来给每个组成部分加权。Borio 等人（1994）详细地描述了这种研究方法。我们感谢 Claudio Borio 为我们提供了总资产价格指数序列。

③ 正如前面已经提到的，注意资产价格上涨的原因和影响的另一种解释是，由于过度风险和有限责任的代理问题。相关文献资料，见 Allen 和 Gale（1999）。

④ 实证证据、金融市场的波动性和金融体系的不稳定，见 IMF（2003）。

的贬值仍然通过不良贷款的增多，负面地影响银行的获利能力。因此，我们包含了名义汇率。外币贷款是20世纪90年代早期北欧国家（Drees和Pazarbasioglu，1998）和墨西哥（Mishkin，1997）银行问题的来源。

另外还包含实际汇率指数。[①] 表8—2指出了我们分析的变量，以用来识别它们的缩写和来源。[②]

表8—2　**最初的一套解释变量**

缩写	变量	来源
REPROPRI	住宅房地产价格和在国家数据基础上的BIS统计	依照详细记录的国家原始资料
SHAPRI	股价指数	IMF国际金融统计
AGGASPRI	总资产价格指数	依照详细记录的国家原始资料和在国家数据基础上的BIS统计
NEER	名义汇率	IMF国际金融统计
M2	M2货币总数	IMF国际金融统计
REER	实际汇率	IMF国际金融统计
RESER	国际储备	IMF国际金融统计
REINT	实际利率	IMF国际金融统计
SHINT	短期利率	IMF国际金融统计
LINT	长期利率	IMF国际金融统计
MTG	抵押债券利率	国家原始资料
REGDP	实际GDP	IMF国际金融统计和OECD
RECRE	实际总信贷	IMF国际金融统计和OECD
CON	消费总额	IMF国际金融统计
CA	经常账户结余	IMF国际金融统计
FDI	外国直接投资	IMF国际金融统计
REINVE	投资总额	IMF国际金融统计
RECON	实际消费	依照国家数据的作者的统计

① 实际汇率指数的上涨暗示了贬值。

② 当然，这不是潜在变量的全部列表。尤其政治变量也与金融稳定性有关。代表法律制度效力的变量也被发现在解释银行部门的问题上很重要；反应外生事件的变量也能解释特定的危机。这些都没有被考虑。政治变量的影响见Mishra（1997），法律结构的影响见Akerlof和Romer（1993）。

续表

缩写	变量	来源
CREDOVGDP	金融体系总借贷占 GDP 的比例	依照国家数据的作者的统计
INVOVGDP	投资占 GDP 的比例	依照国家数据的作者的统计
CONOVGDP	消费占 GDP 的比例	依照国家数据的作者的统计
RECUAOVREINV	实际经常账户占实际投资的比例	依照国家数据的作者的统计
M2OVRES	M2 占国际储备的比例	依照国家数据的作者的统计
LOMISH	长期和短期利率的差额	依照国家数据的作者的统计
INREVO	货币市场利率的实际波动率	依照国家数据的作者的统计

我们这次尝试的目的，是综合分析不同宏观经济变量和金融变量的浮动。因为它们是金融风险增加的可能原因。我们只用了在分析要求的时间内，分析家得到的资料，估算了这些变量的浮动。这些浮动是关于长期趋势的估算。当估算长期趋势波动的时候，我们感兴趣的是对累计过程的整体解释，而非仅仅一段时期内的增长率。

使用这种方法的理由是，在延续的时间内弱点才会显现，而非在一段时间内。我们涉及的这些波动，是关于作为“缺口”的长期趋势。

为了估算长期趋势，我们使用了从 1970 年开始的资料和“动态的 Hodrick - Prescott 过滤法（简称 HP 过滤法）。表 8—3 阐释了这一过程。

例如，假设我们当前正处于 t_3 时期，我们想估算给出的变量在 t_3 时期的缺口（同期缺口）。第一步，使用 HP 过滤法，用从 1970 年直到 t_3 时期的资料，估算趋势分量（上标表示 HP 的趋势分量，例如，$HTDVariable^3$。第二步，得到变量在 t_3 时期的值（下标表示变量分量，例如，$Variable_3$）和趋势分量在 t_3 时期的值（下标表示趋势分量，例如，$HTDVariable_3$）之间的差额。所以：

$$GapVariable_3 = Varible_3 - HTDVariable_3^3$$

注意，我们只用到我们分析期内的资料，例如 t_3，因为分析家只有到 t_3 时期的资料。

为了估算缺口的滞后，我们沿用了相似的步骤。假设我们在 t_3 时期，想估算滞后一个时期的信贷缺口。第一步，使用 HP 过滤法，用从 1970 年直到 t_3 时期的资料，估算趋势分量（上标表示 HP 的趋势分量，例如，

HTDVariable^3）。第二步是，得到变量在 t_2 时期的值（滞后一个时期，下标表示变量分量，例如 $Variable_2$）和趋势分量在 t_2 时期的值（滞后一个时期，如下标表示趋势分量，例如 $HTDVariable_2$）之间的差额。所以：

$$GapVariable\ (-1)_3 = Variable_2 - HTDVariable_2^3$$

包含的所有滞后都重复上面的这一过程。

表 8—3 **动态 HP 过滤**

时期	同期	滞后1期（-1）
t_1	$GapVariable_1 = Variable_1 - HTDVariable_1^1$	$GapVariable\ (-1)_1 = Variable_0 - HTDVariable_0^1$
t_2	$GapVariable_2 = Variable_2 - HTDVariable_2^2$	$GapVariable\ (-1)_2 = Variable_1 - HTDVariable_1^2$
t_3	$GapVariable_3 = Variable_3 - HTDVariable_3^3$	$GapVariable\ (-1)_3 = Variable_2 - HTDVariable_2^3$
t_4	$GapVariable_4 = Variable_4 - HTDVariable_4^4$	$GapVariable\ (-1)_4 = Variable_3 - HTDVariable_3^4$
t_5	$GapVariable_5 = Variable_5 - HTDVariable_5^5$	$GapVariable\ (-1)_5 = Variable_4 - HTDVariable_4^5$

（GapVariable：缺口变量；Variable：变量；HTDVariable：HP 趋势分量变量）

注释：HTD 是 HP 的趋势分量；下标是观察的时期；上标是包含的资料集。

注意，我们没有考虑被定义为“基础值”的缺口的长期趋势。这一差别突出了一个关键问题，即我们不想尝试确定资产价格泡沫，尤其是在价格变量的情况中。资产价格泡沫是以资产价格明显高于它的“基础值”为特征的。本文并不尝试评定“基础值”和测量偏离它们的价格 。与本次试验的目的更相关的问题是评估提高银行信贷风险的潜在事件组合。所以，我们没有加入到市场效率的辩论中。

用上面定义的模型，我们进行多元 OLS 回归，探究了不同滞后的变量“缺口”的不同组合。对于分析中的所有国家，我们都使用高达 28 个时期的滞后，因为数据的频率是每季度。①

因为因变量的时间数据包含很少需要的资料，所以我们尝试着尽可能的少用资料。② 我们开始指定可能使用的变量最少的回归系统，并且探究使用这些系统，我们能达到什么程度。我们继续增加用在此次试验中的解释变量的套数，当增加回归量的时候，时刻牢记平衡自由的程度。因此，我们终止分析每个国家的包含 2、3、5 套解释变量的实验。

① 我们猜想，较长的滞后可能与经济理论不相一致。
② 不同国家观察资料的数量在 40 到 57 之间。

一旦我们确定了在每次试验中包含的解释变量的数量，我们就估算出了确定数量的解释变量的所有可能的组合多元 OLS 回归。

我们根据解释变量和理论论据、实证证据的一致性，还有由调整判定系数和 Akaike 准则显示出的形式适应性程度，挑选模型形式。在这些标准下，表 8—4 显示出了日本、美国、墨西哥和泰国的最好的有五个解释变量的形式。我们选择显示出日本和美国的所有结果，是因为它们是不同地理位置中的两个大型经济体制。选择墨西哥和泰国，是因为它们代表不同地理位置中经历过金融危机的发展中国家。为了使我们的分析更易被理解，在表 8—5 中总结了我们的结果。如果需要的话，任何分析过的国家的全部结果都可以得到。

表 8—4　　有显著性的解释变量

（a）日本的结果

变量	形式 1		形式 2	
	系数	p 值	系数	p 值
Constant	0. 321869	0. 1135	1. 867991	0. 0000
GapCREDOVGDP（ -12）	57. 890040	0. 0001	36. 562740	0. 0337
GapAGGPRINDX（ -3）	40. 137660	0. 0000	47. 024150	0. 0000
GapRECON	-67. 0655	0. 0023	-47. 688830	0. 0375
GapREINVE（ -19）	-21. 0558	0. 0001	-8. 665556	0. 1088
LOMISH（ -3）	1. 2118	0. 0031	—	—
INREVO（ -6）	—	—	-7. 756638	0. 0012
R-squared	0. 6020		0. 4971	
Adjusted R-squared	0. 5614		0. 4458	
Akaike criterion	3. 1351		3. 3690	
Schwarz criterion	3. 3541		3. 5880	
F-statistic	14. 8227		9. 6876	
Prob（F-statistic）	0. 0000		0. 0000	

注释：Constant：常数；R-squared：判定系数；Adjusted R-squared：调整的判定系数；Akaike criterion：赤池准则；Schwarz criterion：施瓦茨准则；F - statistic：F 统计值；Prob（F-statistic）：F 统计值的概率。因变量：YJAP。方法：OLS。样本期：1990. 4—2004. 2。包含的观察资料：55 期。Newey-West HAC 标准差和协方差（落差截断期 =2）。

（b）美国的结果

变量	形式1		形式2	
	系数	p值	系数	p值
Constant	-1.617010	0.0000	-1.637664	0.0000
GapCREDOVGDP（-9）	108.017800	0.0000	76.240310	0.0037
GapAGGASPRI（-5）	23.306530	0.0000	21.090670	0.0000
GapM2OVRES（-7）	9.531955	0.0000	9.965453	0.0000
GapRECUAOVREINV（-5）	247.480100	0.0276	—	—
GapLINT（-4）	-1.415808	0.0012	—	—
GapRECUAOVREINV（-7）	—	—	246.080200	0.0023
GapREINVE（-26）	—	—	-24.320960	0.0095
R-squared	0.6886		0.6539	
Adjusted R-squared	0.6581		0.6200	
Akaike criterion	3.5768		3.6824	
Schwarz criterion	3.7919		3.8975	
F-statistic	22.5560		19.2729	
Prob（F-statistic）	0.0000		0.0000	

注释：因变量：YUS。方法：OLS。样本期：1990.4—2004.4。包含的观察资料：57期。Newey-West HAC标准差和协方差（落差截断期=2）。

（c）墨西哥的结果

变量	形式1		形式2	
	系数	p值	系数	p值
Constant	2.744820	0.0000	2.762759	0.0000
GapCREDOVGDP（-12）	2.288178	0.0000	2.492706	0.0000
GapAGGASPRI（-20）	8.122759	0.0000	10.634580	0.0000
GapREGDP（-9）	-7.382468	0.0000	-6.049167	0.0000
GapINVEOVGDP（-17）	-2.064286	0.0162	-1.926326	0.0294
GapM2OVRES（-5）	0.487171	0.0038	—	—
INREVO（-3）	—	—	978.410400	0.0591
R-squared	0.8864		0.8635	
Adjusted R-squared	0.8530		0.8234	
Akaike criterion	0.2020		0.2629	
Schwarz criterion	0.4983		1.1753	
F-statistic	26.5324		1.5651	
Prob（F-statistic）	0.0000		1.7224	

注释：因变量：YMEX。方法：OLS。样本期：1995.2—2004.4。包含的观察资料：23。Newey-West HAC标准差和协方差（落差截断期=2）。

（d）泰国的结果

变量	形式 1		形式 2	
	系数	p 值	系数	p 值
Constant	2.734999	0.0000	2.790529	0.0000
GapCREDOVGDP（-9）	15.77079	0.0000	14.63138	0.0000
GapAGGASPRI（-11）	0.87203	0.0001	0.801764	0.0003
LOMISH（-1）	-0.265676	0.0000	-0.27634	0.0000
GapRECUAOVREINV（-5）	147.5645	0.0005	155.7751	0.0009
INREVO（-5）	—	—	21732.43	0.0334
GapM2OVRES（-11）	4.080393	0.0089	—	—
R-squared	0.8171		0.7984	
Adjusted R-squared	0.7855		0.7636	
Akaike criterion	2.9318		3.0290	
Schwarz criterion	3.1984		3.2956	
F-statistic	25.9046		22.9691	
Prob（F-statistic）	0.0000		0.0000	

注释：因变量：YTHA。方法：OLS。样本期：1996.2—2004.4。包含的观察资料：35 期。Newey-West HAC 标准差和协方差（落差截断期=2）。

从表 8—4 和表 8—5 中，我们观察到在分析中的所有国家中，可以有效地解释因变量的变量是信贷占 GDP 的比例的缺口（CREDOVGDP）和总资产价格缺口（AGGASPRI）。实际投资的缺口和投资占 GDP 的比例缺口（REINVE 和 INVOVGDP），似乎在大多数的情况中也很有显著性。

货币市场利率的实际波动（INRERO）、长期减短期利率的差值（LOMISH）、实际 GDP 缺口（REGDP）、实际经常账户占实际投资的比例的缺口（RECUAOVREINV）、名义汇率缺口（NEER）和实际汇率缺口（REER）这些变量在很多情况中都显示出有显著性的解释力量，但不是在所有国家中。

从结果来看，我们发现，信贷占 GDP 的比例缺口（CREDOVGDP）和总资产价格缺口（AGGASPRI）所表现出来的迹象，是经济理论和实证证据所期望的。

表8—5　**结果总结**

(a)普遍有显著性的变量

变量	符号	HOR[a]	ARG	CAN	DNK	FIN	FRA	GER	ITA	JAP	KOR	MEX	NET	NOR	SPA	SWE	THA	UK	US
CREDOVGDP	+	ME	9	6	7	15	7	17	6	12	25	12	5	17	7	8	9	7	9
AGGASPRI	+	ME	12	3	5	19	3	3	6	3	24	20	12	18	7	4	11	9 5	
REINVE/ INVEOVGDP	-	LO	17	7	22	16	21	14	21	19	17	17	15	28	21	—	— 24	26	
INREVO	+	SH	—	—	—	1	5	3	—	6[b]	1	3	—	1	—	1	5	6	—
LOMISH	-	SH	5	3	4	—	8	—	—	3[b]	—	—	1	—	2	1	1	1	—
REGDP	-	SH/ME	16	11	3	18	11	3	9	—	7	9	—	1	1	—	—	—	—
RECUAOVREINV	+	ME	21	14	—	—	—	—	—	—	—	—	—	7	—	—	5	8	5
NEER/REER	-	SH	3	14	3	2	5	0	3	—	—	—	3	—	—	3	—	—	—

[a] SH:短期;ME:中期;LO:长期。

[b] 这些变量的系数表现出相反的迹象。

(b)各个国家的结果

国家	CREDOVGDP p值	滞后期	AGGASPRI p值	滞后期	其他变量[a]	判定系数
阿根廷	5.960511 0.0883	9	0.941071 0.0003	12	LOMISH(−5),M2OVRES(−11), REGDP(−16),NEER(−3), RECUAOVREINVE(−21),REINVE(−17)	0.7266
加拿大	26.283130 0.0721	6	32.878250 0.0000	3	REINVE(−7),LINT(−2),REER(−14), RECDP(−11),RECUAOVREINV(−14), LOMISH(−3)	0.6003
丹麦	23.198240 0.0007	7	23.743620 0.0000	5	NEER(−3),MTC(−3),LOMISH(−4), REGDP(−3),REINVE(−22)	0.5770
芬兰	21.273600 0.0015	15	12.276910 0.0027	19	INREVO(−1),NEER(−2),REGDP(−18), INVEOVGDP(−16),LINT(−5)	0.5835
法国	72.775970 0.0000	7	14.298550 0.0062	3	INREVO(−5),REGDP(−11), INVEOVGDP(−21),M2OVGDP(−1), NEER(−5),LOMISH(−8)	0.4850
德国	34.241200 0.0002	17	30.433080 0.0004	3	NEER,REGDP(−3),INREVO(−3), INVEOVCDP(−14)	0.6456
意大利	24.709120 0.0001	6	20.929280 0.0000	6	REGDP(−9),NEER(−3), INVEOVGDP(−21),SHINT(−8)	0.6925
日本	57.890040 0.0001	12	40.137660 0.0000	3	RECON,REINVE(−19), LOMISH(−3),INREVO(−6)	0.6020

续表

国家	CREDOVGDP p值	滞后期	AGGASPRI p值	滞后期	其他变量[a]	判定系数
韩国	21.343080	25	0.849931	24	REGDP(−7), REINVE(−17), MTC(−1),	
	0.0005		0.0032		INREVO(−1), M2OVRES(12)	0.6117
墨西哥	2.288178	12	8.122759	20	REGDP(−9), INVEOVGDP(−17),	
	0.0000		0.0000		M2OVRES(−5), INREVO(−3)	0.8864
荷兰	79.332200	5	17.169250	12	LOMISH(−1), REER(−3), INVOVGDP(−15),	
	0.0233		0.0273		SINT(−1), INVOVGDP(−15)	0.5864
挪威	17.786020	17	7.313933	18	INREVO(−1), RECUAOVREINV(−7),	
	0.0603		0.0331		REINVEL(−28), REGDP(−1)	0.6829
西班牙	84.548890	7	27.004740	7	INVEOVGDP(−21), LOMISH(−2),	
	0.0000		0.0000		REGDP(−1), SINT(−6)	0.8309
瑞典	20.420020	8	3.943797	4	LOMISH(−1), M2OVRES(−4),	
	0.0220		0.0939		LINT(−3), INREVO(−1), NEER(−3)	0.6659
泰国	15.77079	9	0.872030	11	LOMISH(−1), RECUAOVREINV(−5),	
	0.0000		0.0001		INREVO(−5), M2OVRES(−11)	0.8171
英国	24.551260	7	18.178800	9	LOMISH(−1), LINT(−3),	
	0.0065		0.0002		RECUAOVREINV(−8)	0.6962
美国	108.017800	9	23.306530	5	M2OVRES(−7), RECUAOVREINV(−5),	
	0.0000		0.0000		lINT(−4), REINVE(−26)	0.6886

注释：[a]正如本节之前提到的，这些变量中除了 LOMISH 和 INREVO 以外的所有变量，都被转化成“缺口”。括号内代表的是滞后阶数。

虽然人们直观地期望，投资在经济体制中的份额越高，增长的机会越高，公司违约的概率越低，出现银行业问题的概率越低，但是在经济理论中，很少有根据支持我们的关于实际投资（REINVE）或投资占 GDP 的比例（INVOVGDP）发现，例如，“长期范围”变量。所以，我们要谨慎地商讨关于这些变量得到的结论。虽然它们在分析中的所有国家，都非常有显著性，但是我们发现的结论，也可能是由于数据的周期现象造成的，并且分析的时期相当短（从 1990 年开始）。

我们也希望，从货币市场利率的实际波动（INREVO）和实际 GDP 缺口（REGDP）中（例如“短期范围”变量），观察到的结果中谨慎地得出结论。这些变量在分析中的大多数国家中，都很有显著性。注意，人们或许会期望，在利率高度波动的环境中，银行的资产负债表和不良贷款都会受到负面的影响。同样，消极的 GDP 表现或许增加了 NPL 的份额。但是，这两个变量在非常短的滞后期内，（虽然 GDP 的滞后期在不同的国家之间大不相同）似乎都很有显著性。这一事实或许是由 PoD 对第三个驱动因素的普遍响应驱使造成的（数据中同时存在）。因此，虽然我们关于“长期范围”和“短期范围”变量的发现。表面上相当吸引人，但是我们想在得出结论之前，再进行进一步的研究。

虽然表 8—5 中有显著性的解释变量的系数，表现出来的迹象大体上和经济理论、实证证据一致，[①]但是分析中的每个国家的这些变量的滞后结构都有很大差异。作为政策制定者，我们感兴趣于尝试确定变量的滞后结构的（不同国家的）有显著性的形式，而这些变量是我们已经确认会对银行的信贷危机造成影响的变量。因此我们继续进行不同国家间的面板数据分析。[②]

出于这个目的，当我们分析表 8—4 和表 8—5 中总结的资料的时候，我们观察到信贷占 GDP 比例的缺口（CREDOVGDP）。在 5 到 17 个季度之间的不同滞后都是有显著性的。同样，总资产价格指数的缺口

---

① 我们主要侧重于“中间范围”的变量，因为正如上文所讨论的，我们需要进一步地分析“短期范围”和“长期范围”的变量。

② 通常，如果人为地对不同的经济结构强加很多限制的话，将会出现的情况是，面板数据回归的结果不能显示出有意义的变量。稳健的估计量提议下面的方法论，也能看做是另一种允许我们处理没有强加太多限制的小样本问题的面板数据估算。

(AGGASPRI)，在3到24个季度之间的不同滞后也都是有显著性的。最后，实际投资的缺口（REINVE）或投资占GDP的比例的缺口(INVOVGDP)，在长期范围内且在14和28个季度之间的不同滞后也都是有显著性的。

从这些观察中，我们决定分析因变量和三个最有显著性的变量的相互关系的结构，即Corr（y，CREOVGDP），Corr（y，AGGASPRI），Corr（y，REINVE/INVOVGDP）。前两个变量的滞后是$t-4$，$t-8$，$t-12$，$t-16$，$t-20$，$t-24$，最后一个变量的是$t-4$，$t-8$，$t-12$，$t-24$，$t-28$。相互关系的矩阵显示在表8—6中。

从相互关系的矩阵中，我们观察到，因变量和分析的解释变量中的每一个之间的最高相互关系，通常和最好（公布的）形式中解释变量有显著性的滞后相吻合。

此外，我们注意到，Corr（y，CREOVGDP）和Corr（y，AGGASPRI）在中期期限内通常比较高（例如t-8，虽然存在一些滞后结构更长的情况）。我们也注意到，Corr（y，REINVE/INVOVGDP）在较长期范围内更高（例如，最常见的是$t-12$，或更长的范围内）。从这一分析来看，我们决定使用分析中的所有国家的大量资料，并强加不同的滞后结构（如$t-4$，$t-8$，$t-12$），以进行不同国家的面板回归。结果公布在表8—7中。

表8—6　**动态相关性**

(a) Corr（y，GapREINVE）

	$t-4$	$t-8$	$t-12$	$t-24$	$t-28$
阿根廷	0.2938	-0.1720	**-0.2362**	0.0107	0.2160
加拿大	0.0047	**-0.4407**	-0.3732	-0.3300	-0.2448
丹麦	0.1016	0.0639	0.3008	**-0.0617**	0.0269
芬兰	-0.0045	-0.0322	-0.0493	**-0.0843**	-0.0319
法国	-0.0414	0.1206	0.0339	**-0.0646**	0.0918
德国	0.3671	0.1864	**-0.0361**	0.0961	0.2777
意大利	-0.0910	0.1979	0.3469	**-0.2529**	-0.1955
日本	0.3492	0.1044	0.0172	**-0.5189**	0.0268

续表

	$t-4$	$t-8$	$t-12$	$t-24$	$t-28$
韩国	-0.0144	-0.0826	**-0.1066**	0.0494	0.1198
墨西哥	0.0439	-0.6898	**-0.1532**	0.5141	n/a
荷兰	0.0321	-0.1119	**-0.3317**	0.2460	0.2625
挪威	0.1031	-0.0002	-0.1853	-0.1882	**-0.2857**
西班牙	0.1206	0.4360	**0.5539**	**-0.4202**	n/a
瑞典	0.0465	0.2962	0.4213	**-0.1139**	-0.1107
泰国	0.1262	-0.1026	-0.264	-0.1814	**-0.2961**
英国	0.1616	0.5424	0.3985	**-0.4340**	-0.3505
美国	0.2721	0.2825	0.1994	-0.2369	**-0.6638**

（b）Corr（y，GapAGGASPRI）

	$t-4$	$t-8$	$t-12$	$t-16$	$t-20$	$t-24$
阿根廷	-0.1173	0.1423	**0.3196**	0.0764	0.2205	0.1447
加拿大	**0.3561**	0.2034	-0.2112	-0.2721	0.2365	-0.2894
丹麦	0.3421	**0.3985**	0.1231	-0.2244	-0.4301	-0.5868
芬兰	-0.0048	-0.1747	-0.1627	-0.1297	**0.4133**	0.2523
法国	**0.2188**	0.1170	0.0179	-0.0185	0.0770	-0.2690
德国	0.1580	**0.1931**	0.1728	0.1355	-0.3037	-0.6535
意大利	0.4348	**0.4751**	0.2352	0.0052	-0.2544	-0.4447
日本	**0.3974**	0.1266	-0.1758	-0.3984	-0.2483	-0.2024
韩国	-0.1224	-0.0985	-0.1394	-0.0065	0.1349	**0.1540**
墨西哥	0.0605	-0.3207	-0.3641	0.1131	**0.5302**	0.3729
荷兰	0.1332	0.2585	**0.2812**	0.1024	-0.3301	-0.6754
挪威	0.3179	0.3197	-0.0347	0.0570	**0.4074**	-0.3000
西班牙	0.3393	**0.7753**	0.6943	0.2350	-0.4350	-0.8048
瑞典	**0.4013**	0.2589	0.1655	0.1145	-0.0081	-0.1730
泰国	-0.2777	0.0038	**0.5195**	0.0143	-0.0786	0.0995
英国	0.2411	**0.5118**	0.3713	-0.0729	-0.1264	-0.6082
美国	0.4231	**0.4806**	0.2309	-0.1399	-0.4365	-0.5337

(c) Corr (y, GapCREOVGDP)

	t-4	t-8	t-12	t-16	t-20	t-24
阿根廷	0.1760	**0.2037**	0.0990	0.0007	-0.0215	-0.3854
加拿大	-0.1020	**0.2191**	0.1279	0.0551	-0.2381	-0.1623
丹麦	0.3327	**0.5197**	-0.0091	-0.4758	-0.2916	-0.0147
芬兰	-0.1964	0.1937	0.3128	**0.3486**	0.2491	0.1145
法国	0.0996	**0.1726**	0.1118	-0.1715	-0.0783	0.1412
德国	-0.1220	0.0367	0.1335	**0.4153**	0.2706	0.0088
意大利	**0.4318**	0.3523	**0.0147**	-0.4482	-0.5322	-0.0816
日本	-0.0181	0.0638	0.1017	-0.3682	-0.4526	-0.1924
韩国	-0.0604	-0.0639	-0.2285	-0.1992	-0.2193	**0.1626**
墨西哥	-0.6030	-0.3000	**0.5733**	0.1110	0.0063	0.0787
荷兰	0.2706	**0.4137**	0.1197	-0.2471	-0.3107	-0.0548
挪威	-0.1259	-0.0721	0.2517	**0.6240**	0.1730	-0.0841
西班牙	0.2729	**0.6531**	-0.2434	-0.4405	-0.2853	-0.3978
瑞典	0.0315	**0.4094**	0.2381	-0.0433	-0.0829	-0.0654
泰国	0.0898	**0.5137**	0.1989	-0.3549	-0.4271	-0.1631
英国	0.3946	**0.5688**	0.0425	-0.3692	-0.2023	-0.3571
美国	0.1941	**0.2883**	0.2755	0.1353	-0.3419	-0.4367

注释：黑体标注的是每个国家的相关性最大的。

我们转向这个面板试验，看关于金融脆弱性的这两个长期决定因素的相对影响是否能得到更好的估计。当进行信贷和资产缺口这两个变量的三期滞后（t-4，t-8，t-12）研究时，不管是分别研究还是共同研究（表8—7），我们发现这两个变量在每个滞后中的系数（除了资产价格缺口在t-8时的共同研究中①）都很有显著性②。我们研究了这两个变量的不同特约滞后组合，例如，t-8的信贷缺口变量和t-8或t-12或t-16的资产价格缺口变量的组合，但是结果相当持平，也就是调整的 R^2 值几

① 当我们从实例国中排除泰国之后，所有的变量似乎都有显著性。

② 这一结论和我们之前进行的，只使用发达国家的数据得出的结论不同。在都包含两种情况的共同面板试验中，即只有第一套变量有显著性时，资产价格的缺口变量，趋向于控制信贷缺口变量。这和不太发达的国家的相对于银行的作用来说，资本市场（私营住房/资产市场）的作用较弱相一致。

乎保持不变，因此我们也没有显示出来。

上文中已经讨论过，这两个主要解释变量之间的关系非常密切。它们之间的因果关系都是双向的，即同时发生，并且正在加强。因此很难区分出，它们每一个的单个影响。后面的这个试验（尝试进一步地考虑它们的单个影响和互动影响）就是进一步进行研究。

已经得出的结论表明，需要进一步研究两个特别的领域：信贷和资产价格之间的相互作用和稳健的估计量判断。

表 8—7　**面板数据分析**

	只包含信贷		只包含资产价格		信贷和资产价格两者都包含	
	系数	p 值	系数	p 值	系数	p 值
Constant	**−0.222234**	0.0606	**−0.241499**	0.0502	**−0.233910**	0.0462
GapCREDOVGDP（−4）	**5.765883**	0.001 7			**6.779743**	0.0005
GapCREDOVGDP（−8）	**5.614949**	0.0045			**6.989937**	0.0005
GapCREDOVGDP（−12）	**2.142127**	0.0940			**5.594157**	0.0000
GapAGGASPRI（−4）			**1.321767**	0.0148	**3.954792**	0.0000
GapAGGASPRI（−8）			**0.592124**	0.0835	**0.631641**	0.8269
GapAGGASPRI（−12）			**1.299631**	0.0000	**1.232816**	0.0000
固定效应（截面）						
阿根廷	1.544946		1.506961		1.221 646	
加拿大	**−2.389238**		**−2.350746**		**−2.376745**	
丹麦	**−1.332561**		**−1.364117**		**−1.313546**	
芬兰	**0.066321**		**0.027537**		**0.080117**	
法国	**0.362307**		**0.377582**		**0.356009**	
德国	**−0.538898**		**−0.528559**		**−0.544731**	
意大利	**0.378045**		**0.393455**		**0.352232**	
日本	**1.756030**		**1.784991**		**1.755848**	
韩国	**2.304358**		**2.395774**		**2.492576**	
墨西哥	**2.801620**		**2.955473**		**2.755636**	
荷兰	**−1.130550**		**−1.121113**		**−1.142975**	
挪威	**0.346188**		**0.270682**		**0.428048**	
西班牙	**−1.586202**		**−1.569690**		**−1.535228**	

续表

	只包含信贷		只包含资产价格		信贷和资产价格两者都包含	
	系数	p值	系数	p值	系数	p值
瑞典	**0.202090**		**0.219087**		**0.184855**	
泰国	**2.681911**		**2.446413**		**2.540411**	
英国	**-0.738714**		**-0.725702**		**-0.728670**	
美国	**-1.682592**		**-1.689582**		**-1.660340**	
R-squared	0.3151		0.3121		0.3467	
Adjusted R-squared	0.2996		0.2965		0.3295	
Akaike criterion	4.5066		4.5110		4.4663	
Schwarz criterion	4.6173		4.6217		4.5936	
F-statistic	20.3170		20.0360		20.1689	
Prob（F-statistic）	0.0000		0.0000		0.0000	

注释：自变量：YPooled。方法：合并的LS。样本期：1990.4—2004.4。包含的观察资料：调整之后是57。包含的不同区域：17。没有标注黑体的数字，代表各个部分的标准差和协方差（不同区域折算的）。

正如显示在表8—2中的AGGASPRI和CREDOVGDP之间的因果关系是双向的，而且正在加强。这些结果显示出这两个变量在解释银行信贷风险时都很重要。为了进一步地考虑这两个变量之间的相互作用，需要进一步分析显示在8.3节中的研究数据。

到现在为止，我们的注意力倾向于挑选包含在的模型中的整套解释变量。出于这个目的，我们使用了多元OLS回归。但是，坏账概率（PoD）的时间数据很短，信贷风险模型的建立者普遍需要面对较短时间内数据的分析。在这些条件下，OLS的估算者有了较大的分歧，而且他们对数据中的微小变化都很敏感。

因此，我们打算用有条件的坏账概率方法（Segoviano，2006），来扩展挑选的解释变量的参数恢复分析。CoPoD（以Jaynes 1957平均信息量测量为基础）重现了当处理短期样本期时，在均方误差（MSE）准则下，他们的估算值比OLS估算值更有优势。同样地，CoPoD在很大程度上减少了估算者的分歧。这一特点提高了宏观经济冲击和金融冲击对金融体系的信贷风险的影响判断。[①]

8.4 总结

本章再次验证了一些众所周知的实证关系。首先，银行信贷激增和资产价格之间存在着双向同步关系。这种关系在住宅房地产和商业房地产的情况中，比在股票中的关系更强烈。银行信贷和房地产之间的联系是多方面的，但是不同国家之间的强度不同。

当银行信贷猛增、房地产暴涨同时发生时，将会提高金融脆弱性发生的可能性，有时会发生在暴涨之后的两到三年内（在此过程中的 NB 滞后相当长）。我们再次强调了房地产价格的相对重要性。相比而言，股票价格不太重要。虽然不同国家在估算关系的滞后长度和强度方面存在差异，但是这一发现仍然具有普遍性，尤其是因为有很多方面的实证检定仍需改善（特别是过分地相信（国内）股票市场整体差异的 PoD 估算）。

然而，这次试验的公共政策影响是什么？之前提到过，我们没有考虑银行信贷、资产价格激增的原因。通常这是由经济剧烈增长和银行体系的结构变化引起的，例如自由化。它鼓励银行以增长为目标（和进入到新的商业领域）。这一现象在英国（1972—1974）、斯堪的纳维亚（1988—1990）和日本（1988—1990）都出现过，并不仅仅出现在亚洲。这就是说，中国、印度，或许还有巴西，这些国家的发展阶段，可能会处在重复这一现象的危险中。

假设，尽管实施了所有的预防措施，但是银行信贷、房地产价格仍会激增。那么在银行监管下出现这样的泡沫时，资本充足要求等不可能会有抑制作用。在此期间，资产价格暴涨，不良贷款下降，银行利润上升。资本对于银行的扩张来讲，不是一个限制量。这反映了大多数的金融监管，特别是巴塞尔协定 II。所以，这样的监管措施，不可能抵消金融脆弱性显

① CoPoD 的估算过程可以被理解为“非参数的”最大似然法的估算过程，而非通过参数的（已给出）似然函数优化参数找到估计量。似然函数是从数据的观察资料中推断出来的。Judge 和 Golan（1992）从理论上证明了，这一过程缩减了短样本期内估计量的分歧。Segoviano（2006）进行了蒙特卡罗研究，研究表明，CoPoD 估计量比 OLS 估计量的均方误差减少。对于 CoPoD 的理论和操作细节感兴趣的读者，可以参考 Segoviano（2006）。

现出来之前出现的盛衰循环。

可能得到反周期性的监管措施吗？西班牙的提前预防的方法和中国香港的随时间变化的按揭贷款成数就属于这类措施。巴塞尔协定Ⅱ的第二支柱，允许监管当局使用资本需求的变换形式，如果它们愿意的话。

问题是金融中介变成了全球性竞争行业。的确，“跨入此行业的水平”需要，已经成为巴塞尔监管之后主要的驱动力之一。在第二支柱或者其他协定之下没有引起大规模的针对国外银行或者非银行机构的反中介行动时，任何一个国家都能采用反周期性的监管调整吗？但是如果认为需要加强国内银行对抗盛衰变化的金融脆弱性，那么这必然是反中介行动的一个坏结果（国内的银行认为NB就是如此，他们将坚决反对它）。

假设政策措施无法有效地将银行信贷、房地产价格暴涨减小到易处理的水平，并且这个泡沫最终会破裂，那么在经济衰退逐渐加重的过程中，漫长的滞后应该给当局时间准备由此引发的金融崩溃的防御措施。对此，我们进行了压力及情境测试。但是，问题不单单是银行是否能在房地产价格下降的第一轮影响中幸存（它们通常情况下可以），更严重的问题是，银行自己的反应（例如限制新的银行贷款），及其（银行同业的和外国的）储户的反应（例如撤出资金），是否将导致第二轮回应。该回应随后会对通货紧缩的螺旋式上升带来不利影响。压力及情境测试，往往只包含第一轮的影响。如果要分析由此导致的可能均衡，我们需要此领域的整体均衡模型。我们已经开始做这项工作（古德哈特、Surinand 和 Tsomocos，2004a、2004b、2005；古德哈特、Tsomocos、Zicchino 和 Aspachs，2006），但是还有一段很长的路要走。

第三部分

房价波动对公共政策的影响

第 9 章

房价在通胀的衡量中起什么作用?

9.1 引言

我们的字典（朗曼）对通货膨胀的定义是货币的贬值，而不是消费物价指数的上涨。如果我们现在花钱买房想得到未来房屋服务的收益，或者花钱买股票想得到未来的股息，并且房屋服务的索要价格或者股息上涨。为什么这种情况不能和当前的商品和服务的价格上涨一样，被看做是通缩呢？我们花很多钱用在这样的消费上，如在剔除抵押贷款的情况下，1999 年住房的总购买价值是居民税后收入的 18.5%。同一年份，居民部门的其他金融储蓄的净值是税后收入的 5.5%。

从非常有说服力的分析上来讲，若想正确衡量通胀的量，Alchian 和 Klein（1973）提出了应该考虑资产价格变化的论点，并且在我们看来，这一论点在理论上从未被成功地驳倒过，虽然在9.2节，我们将会看到，这一提议有严重的或许无能为力的实用性缺陷。因此，令人惊奇的是，本章的早前版本中（古德哈特，2000）提到了关于通胀衡量的会议（Silver和Fenwick，2000），会上没有其他文件涉及资产价格（住房、土地和各种其他投资，实际的或金融的）是否适合或不适合衡量通胀。现在大多数的资产价格变化与一般只反映商品和服务的当前消费的购买价格指数，原则上给的是零权重。

实际上，很难区分是持久资产的购买，还是当前消费的购买。当我们购买大衣或高尔夫俱乐部时，我们期望从它们的服务中多年受益，并且多年消耗它们。还有的官方数据把所有这样的消费及其价格都记录在了相应的购买年份的数据库中。对于所谓的耐用消费品来说，这一问题尤其明显（虽然它们的平均使用寿命或许通常大大小于衣服和鞋子的），并且结果在实际中也有一定的区别。英国的RPI不包含新车的进货价格（因为很难得到每辆车经讨价还价之后的折扣），但是包含二手车的价格（见国家统计局，1998）。在9.3节，我们将处理更复杂的问题，即如何对待房价。问题的关键是当前的RPI和CPI的统计数字，并不是当前消费价格的完全衡量，实际上是短期准耐用和耐用消费品的价格与当前消耗品和服务价格的适当结合（虽然边缘很模糊）。

一些人认为，在衡量通胀时，如何合理处理资产价格的问题，已经被惯例和习惯用法有效地解决了。因此，本章之前版本的一个匿名审阅人这样写道：

货币贬值应该由物价总体水平的相对上涨 [sic] 来衡量，但它是一个无法测量的量。我们能做的，是测量某个篮子价格的上涨，因为它能重现物价的整体波动。一般来说，这个篮子是消费者的价格。当我们需要衡量通胀的时候，最好的办法似乎是使用CPI。当然，我们或许会问，为了考虑资产价格的变化，我们是否应该延伸这一篮子，但是实际的影响却严厉地警告我们，在这一方面不要做任何尝试（这是由Alchian和Klein指出的）。

这涉及很多各种各样的观点。正如此领域的主要专家之一——Ralph Turvey通常所说的，你想要哪种指数，取决于你打算用它做什么。我们改述一下这个问题，当你想货币当局控制通胀的时候，你要弄明白通胀确切指什么？当前的商品和服务通胀，不同于货币币值的变化，尤其是当消费价格稳定而资产价格剧烈波动时。这在上个二十年里，在日本发生过（如特维，1989、2000b：第二章，尤其是，在“目的决定观念和范围”的那一章）。“通胀”这个词的意思应该是什么呢？

当然，很多时候使用 CPI 或 RPI 完全合适，因为它们侧重于当前商品和服务的消费成本。但是，当某人希望侧重于通胀的整体衡量时，仍然只关注当前消费成本还合适吗？或者衡量通胀的标准应该是，至少在原则上是，货币政策的重点吗？

怎样回答最后一个问题呢？我们尝试着把这一问题分成两部分。首先，在 9.2 节，我们将讨论出于货币政策的目的，通胀的衡量标准原则上应包含资产价格的观点。我们将根据 Alchian 和 Klein（1973）的分析，讨论这一问题的一般理论（9.2.1）；然后我们将转向实践、实证政策考虑（以更具体的形式，评论关注资产价格能帮助防止最坏的政策失误 9.2.2）；最后我们将评论，为什么通胀被认为会损害福利，并且表明，如果通胀稳定在一个较低的水平，福利损失（也包括资产价格）应该会减少（9.2.3）。

即使出于货币政策的目的通胀的衡量标准中原则上应包含资产价格。这一观点被接受，但仍然存在的问题是，实践中如何去做。这些实际问题围绕着物价指数建立过程中，给的资产价格的权重是多少的问题。这是 9.3 节的主题。尽管 Alchian 和 Klein（1973）的理论观点是众所周知的，但是我们仍将对此进行（9.3.1）叙述。该观点暗示了，给变化无常的资产价格以高权重，会使得到的物价指数变得不稳定、不可信赖和不可用。但是，这并不能消除在物价指数中包含资产价格的情况。另外，已经找到了分析上行得通，且可行的更适当的权重方案。我们将讨论两种这样的方案，第一种，资产价格的权重，是根据它们和商品、服务价格的实证关系得到的（9.3.2）。Cecchetti 等人（2000）进行了一次应用，另一次应用是在古德哈特和霍夫曼（2000a）中，本书的第二章也有展示。第二种权重体系甚至更简单，是根据个人总收入的比例，或是根据实际花费在资产上的最后支出总额的比例得到的（9.3.3）。

我们在这得到的观点，并不代表经济学家的主流观点（见格特勒等人，1998；伯南克和格特勒，1999），或许主要原因在于，他们关心的是给易变的金融资产（例如，股票）的权重是否过大，致使得到的物价指数更不稳定且不可用。9.3.2 和 9.3.3 的目的，是证明这样的结果不会发生。但是，经济学家之间这种分歧的结果，已经阻止了资产价格整体纳入物价指数中和加入通胀的衡量标准中。

但是在当前实际政策中，涉及住房这一方面的问题如此严重，以致被删除。住房成本是个人消费的一大部分，因此这一问题不能被忽略。国家统计资料不得不决定如何处理住宅成本，因为他们（在一些国家中）发现问题是如此严重，以致他们决定从统计量中删除有关住房的一些或者全部方面资料数据。在 9.4 节，我们相当简单地陈述了消费者物价指数中房价的另外一些处理方法。

即使从分析上来讲，资产价格更正式地纳入物价指数（和通胀衡量）中很合适，但是我们也不是从一无所知开始的。多年来，英国和其他国家，出于政策目的和作为合同的组成部分（例如指数化合同），已经使用了 RPI（有些情况是 CPI）的存在形式，或者变形形式（如 RPIX 是货币政策委员会的指标）。

持续性、确定性和简单化，都驳斥着波动和变化的现行程序。因此在 9—5 节中，我们并不主张取代当前的测量方法，而是要更加关注配套的和可替代的测量方法，它给了资产价格一个更加合适的权重。

9.2 为什么资产价格在通胀衡量中应该起到作用?

9.2.1 理论

经济学家已经明确地提出过，通胀的衡量标准中应包含资产价格这一理论。早在 1973 年，Armen Alchain 和 Benjamin Klein 在他们的文章“关于通胀的正确衡量”中，讨论过有关的内容。他们评论说，CPI 和 GNP 的平减指数普遍被认为是经济学家所称的“物价水平线”的运行对应量，因此，它们通常被用来衡量通胀和作为货币和财政政策的对象或指针。但是，这些代表当前消费服务价格和当前产出价格的价格指数，理论上并不适合去完成通常赋予它们的任务。这篇文章的分析，是建立在跨期消费正确定义的费雪惯例规定的物价指数之上的，并且得出用来衡量通胀的物价指数必须包含资产价格这一结论。

继 Irving Fisher（1906）和 Paul Samuelson（1961）之后，Alchain 和 Klein 主张，实用的任何情况，都是“当前和未来消费需求的矢量函数”。因此，人们应该尝试通过观察当前和未来商品、服务的等效用价格矢量是上涨还是下跌来判断物价的上涨或下跌。但是，消费商品和服务的未来价格通常无法得到，因此人们应该通过一整套的资产价格来代表这些价格。

Alchain 和 Klein 明白这一提议是有难度的，即没有所有未来商品的销售合同，就无法得到明确的未来价格和数量，而这是建立财富价格指数所需要的。不同寿命长度资产的当前价格，可能在理论上提供了一个替代价格，因为它们代表预期未来服务流程的当前价格。这一指数所需的资产价格和数量，都很难确定。我们必须具备大范围的资产价格，但当前掌握的资料很少。我们的数据必须包含大体上不可流通的资产价格，如人力资本和不同耐用程度的资产，因此，我们能通过调整资产组合，得到一个确切的、最适当的当前和未来消费服务流程，但我们无法确定所有的这些资源的合理使用价格。

此外，即使可以得到资产价格和数量，我们也会面临资产价格变动的这些重要问题。一项资产的市场价值变动，或许会反映为：（1）资产的不变未来服务流程的价格变动；（2）相对于其他资产来说，更适合转移到这项资产服务；（3）相对于未来消费来说，更适合转变为当前消费；（4）资产服务流程预计规模的变动。这些变动中的任何几个方面或者所有方面，都可能同时发生，因此资产价格变动原因很难确定。（2）和（3）代表着品味的转变，而（4）代表着资产品质的改变。但是，从概念上说，它们不同于建立当前使用的指数所面临的困难。

他们总结道：相关的实证问题很多，但是在这一方面，无论付出多少努力，无论结果怎样，我们都相信，将普通股和其他资产价格的变动，指定为未来流程的当前价格不变的情况，预期未来服务流程的变动是个错误。现在普遍使用的不计资产价格的价格指数就是这样做的。

9.2.2 实例

如果货币政策的很多最严重且最难处理的问题都涉及到当局的话，应该怎样回应资产价格的波动问题。我们怎样定义通胀很可能会影响到货币政策的实际执行，无论原则上是怎样的。

最典型的案例是日本。如果你看一下消费价格水平的变动轨迹（图9—1），或消费价格通胀率的变动轨迹（图9—2）。但我们中的大多数，都不会把日本的货币政策当做范例。为什么呢？偏负面的评价的主要原因是，日本的政策决策者无法避免同一时期出现的资产价格的暴涨和暴跌。这一盛衰循环，在证券和房地产市场都发生过。在本书的前面章节我们也评论过，房地产市场和金融中介，实际产出和 CPI/RPI 有着更重要的联系。但是证券价格的变动更引人注目，下文对二者都有论述。

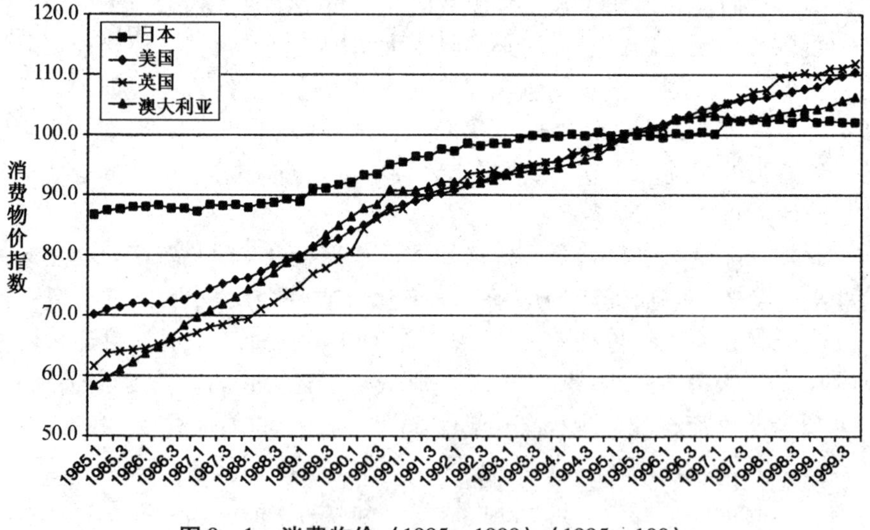

图9—1　消费物价（1985—1999）（1995 = 100）

注释：标准偏差：日本，5.7；美国，12.7；英国，15.8；澳大利亚，14.1。

资料来源：OECD；主要的经济指标；各种各样的读卷。

图9—3 显示了，在1985--1999年期间，日本、美国、英国和澳大利亚这四个国家股价的相对变动。美国、英国和澳大利亚，在1987年3月

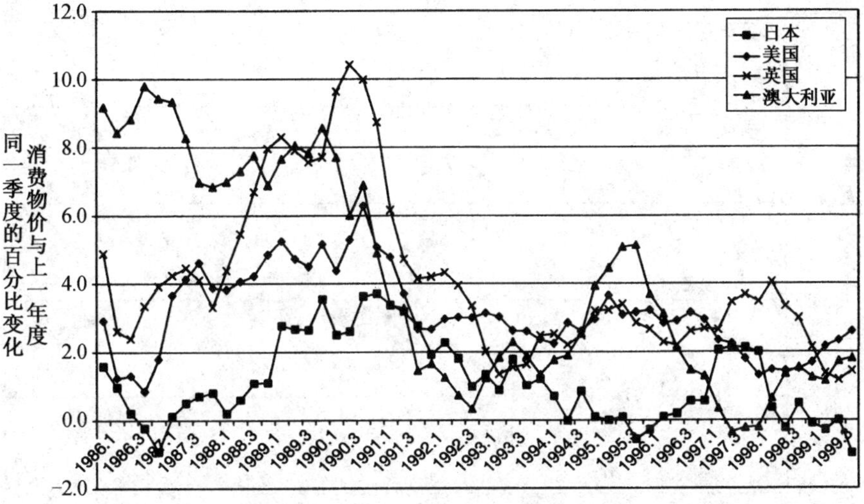

图 9—2　消费物价的百分比变化（与上年同期数据相比）（1986—1999）

注释：标准偏差：日本，1.2；美国，1.2；英国，2.4；澳大利亚，3.2。该轨迹以每一季度相对于前一年的相同季度的 CPI 增长百分比定义，你就会发现，日本的结果似乎要比澳大利亚、美国和英国的要好得多。我们通常能接受的期望是程度较低且稳定的通胀。有些人（如 Goodfriend 和 King，2001）提倡期望建立健全物价稳定。图 9—1 显示，日本更接近这一期望，比参照方的通胀程度明显要低，图 9—2 显示的虽然不明显，但是也可以看到，它也比参照方有更稳定的通胀。

资料来源：OECD；主要的经济指标；各种文献；作者自己的计算。

和 1994 年 1 月，都有临时的峰值，随后开始下降，但是整个期间基本呈现急剧上升的趋势。相比之下，日本在 1989 年 4 月之前，呈现大幅度上涨趋势，随后在 1992 年之前暴跌，然后是停滞。然而，日本的股价波动，以与去年同期相比（相对于前一年的同一季度），百分比的变动标准偏差来衡量，是美国和英国的两倍（24 比 12），而澳大利亚是 19。

但是，在 Cecchetti 等人（2000）和本书的之前章节中谈到过，房价和产出、CPI/RPI 通胀衡量之间的联系，要比股价和产出、CPI/RPI 通胀之间的联系更密切。相同的盛衰循环在日本很明显，英国的循环模式更强烈，1989 年之前暴涨，1989—1993 年暴跌，随后是相当稳定的上涨（见

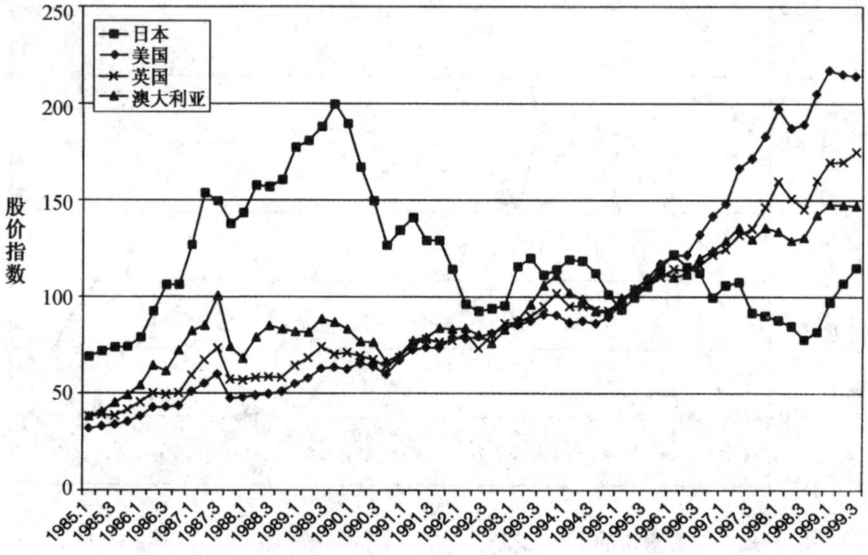

图 9—3　股票价格（1985—1999）（1995＝100）

注释：标准偏差：日本，32；美国，53；英国，36；澳大利亚，27。

资料来源：OECD，主要的经济指标，各种各样的读卷。

图 9—4）。澳大利亚的模式也是如此。相比之下，美国房价的循环波动不是很明显，至少在整个国家是这样的。房地产价格的当地循环和活动之间的关系，仍需要进行彻底的探究。

资产价格，尤其是房价的这些差异模式，似乎对实际产出的变动轨迹有一些影响，影响程度显示在图 9—5 中，并且上一年同一季度的百分比变化显示在图 9—6 中。

在 1991 年末之前的日本，实际产出增长率的快速增长之后，是一段时期的缓慢增长。在英国和澳大利亚，1990 年是循环的峰值，也是房价暴涨的最后时期，1992 年之前是相继的衰退。美国的产出增长最稳定，同时房价通胀也很稳定。

资产价格，尤其是房地产和产出之间的相互作用，最近在好多研究中都有考察（Cecchetti 等人，2000；古德哈特和霍夫曼，2000b；菲拉多，2000；OECD，2000），并且有重要发现。

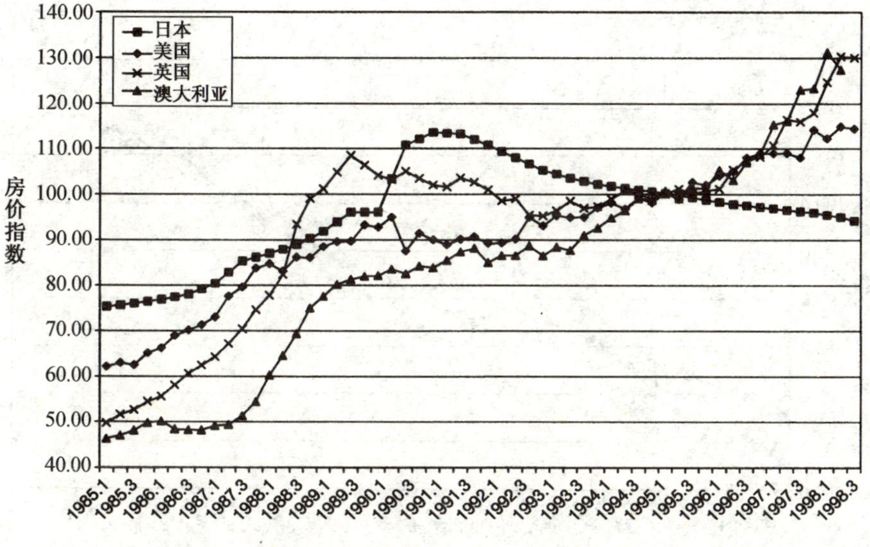

图 9—4 房价(1985—1998)(1995 = 100)

注释:标准偏差:日本,11.01;美国,13.92;英国,20.23;澳大利亚,23.21。

资料来源:国家央行;国家统计局。

如果此情况被证实,货币当局应该怎样回应这样的资产价格变动,这样的资产价格变动应该怎样加入通胀的衡量里?只要资产价格变动没有成为当局要求的衡量稳定通胀的一部分,当局可能会十分担心“繁荣”和“可持续发展”。但是实际上他们发现,他们自己在实践中也无能为力,即资产价格变动对当前的商品和服务价格造成任何(间接)影响之前,他们一点也没有能力采取任何(预防)措施。

很多,或者说大多数的学者,都非常强调资产价格的波动性,和它们频繁脱离于其他经济的波动。这或许也是一个资产价格波动的非对称的应付方式,也就是在1987年和1998年,通过适当地降低利率,来对抗资产价格的大幅下跌,但是不能用同样的方法对抗资产价格的上涨。或许这一不对称的认识,是这些图阐述的股票价格异常“活跃期”背后的支撑因素。这被记录在1999年8月30号的金融时报上(关于通胀衡量的会议之前)。在杰克逊城召开了货币会议,在公布会议内容时,Gerard Baker

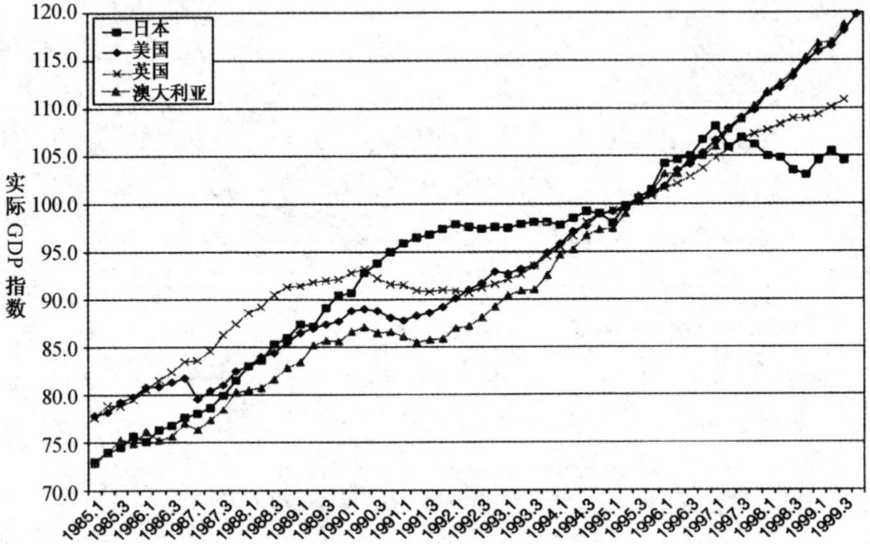

图 9—5　实际国内生产总值（1985—1999）（1995 = 100）

注释：标准偏差：日本，10.5；美国，11.8；英国，9.0；澳大利亚，13.0。

资料来源：OECD；主要的经济指标；各种文献。

（1999）报道说：

"Greenspan 先生将他的毕生心血，都投入到在政策制定过程中资产价格所起的逐渐扩展的作用之中。然而，虽然他之前曾多次警告过，证券价格已经过高，但是他更倾向于尝试理解迫使价格更高的驱动力。并且他和同事的所有注意力都转移到华尔街，但是他仍然不明白证券价格怎样影响政策的。

唯一确定的是，如果市场急剧下滑的话，联邦政府将被迫降低利率。我们关注的是，中央银行无意中助长了道德风险的模式——如失败的话，时刻准备着资助市场。"

9.2.3　福利

历史上的经济学家们都努力想知道为什么通胀普遍不受欢迎。毕竟，（人们或许认为）效用是由实际的东西提供的，例如消费和休闲。钱大多

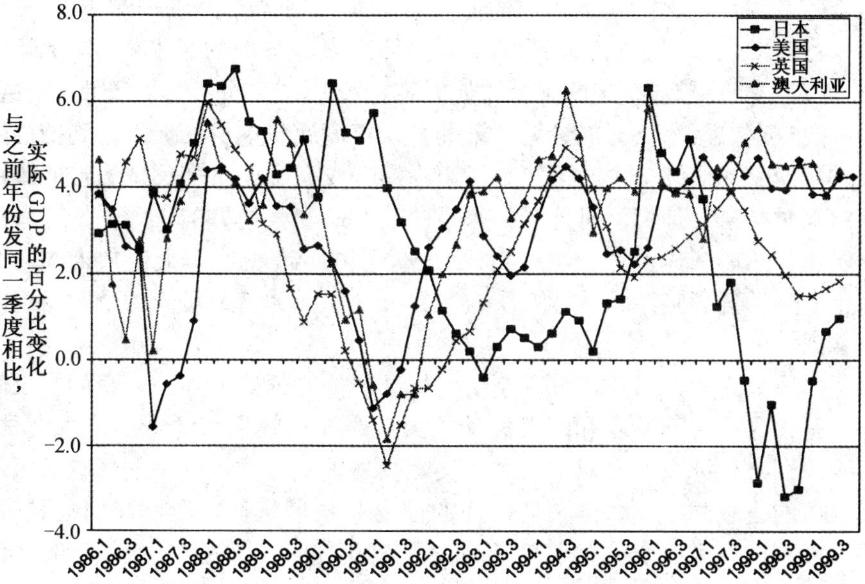

图9—6　实际国内生产总值的百分比变化（与去年同期相比）（1986—1999）

注释：标准偏差：日本，2.5；美国，1.6；英国，1.9；澳大利亚，1.8。

资料来源：OECD；主要的经济指标；各种文献；作者自己的计算。

数只是一个面纱，完全可以预期通胀率，应该是没有成本的，除非货币的名义利率被限制为零。在这种情况下，二阶成本通常来源于从ATM机上填充货币的减少份额。

莱荣霍夫德（1981）意识到，完全预期的和完全可以控制的通胀，利用恰当的货币改革，能被转化成零通胀率（减少计算成本带来的相应利益）。因此任何非零的通胀率至少部分是未曾预料到的，会导致建立在不正确的预期上的合同和物价、工资的损失和收益。实际通胀偏离预期通胀越大，损失（和收益）越严重。

大多数的普通人不愿承担风险，这种额外的不确定性降低了效用。当通胀上升到高水平时，为了避免损失，需要付出更多的努力。但要减少可能的通胀压力，还要从使人们从承担过多的风险市场中撤出。

一些市场停止所有的运作，例如，长期公司债券市场，并且其他价格信息变得相对缺乏。实证研究表明，可能是当通胀上升到超过 10% 的时候，对产出也有明显的负面影响。人们评论说，每年的通胀从 7% 下降到 2%，对于提高趋势产出和降低过渡时期产出成本方面，并没有明显的益处。同时存在两个反对的论调，第一，从较高通胀本身的损失，到抵消过渡时期损失的持续损失。第二，货币当局并没有准备试图反抗最佳通胀目标的随时冲击。他们不可能阻挡来自政策上的和其他方的压力，使通胀首先停止，然后快速上涨，达到损害趋势产出的增长点。因此实质上，为了防止金融动荡影响产出，才有了通胀目标，从而为持续增长的金融稳定提供基础。

如果有人问，通胀的哪一个衡量标准最能胜任这一任务，我们提议的答案是，这取决于通胀和产出波动的关系。如果效用来源于实际的变量，那么我们必须涉及通胀对这些主要实际变量偏离其均衡状态的影响。因此最合适的通胀的定义，似乎与这样的偏离关系最密切。所以我们尝试着，通过探究产出围绕着它的趋势变动、消费价格和一整套的资产价格（汇率、股价和房价）变动之间的关系来考虑。

实例国是：澳大利亚、比利时、加拿大、丹麦、芬兰、法国、德国、爱尔兰、日本、荷兰、挪威、瑞典、英国和美国。数据期是从 20 世纪 70 年代早期到 1998 年的每个季度（德国是每年的）。

为这一系列的变动挑选恰当的指标很难，例如，单一的标准偏差会导致观察数据的重叠。我们决定，在一些实验之后，以每个变量的增长率与它的趋势值的绝对偏差，来测量每一个变量的变动。尤其对于每一个变量来说，在 t 季度的增长值，是依照上一年相应季度的变量的增长率计算而得的。因此，我们为每个变量制定了四个系列（德国除外），第一个是变量在连续年份的第一个季度的增长率，第二是在第二个季度的增长率，以此类推（我们为每个变量只制定了一个系列，对于德国，我们只能得到房价的年度数据）。

为了简单和避免过度拟合，我们对所有的系列都使用了线性趋势。在计算了所有变量的指标之后，我们确定了两个可供选择的模型，因此，对每个国家操作了八次回归（德国只操作了两次）：

$$|\mathrm{DevGDP}|_t = C + |\mathrm{DevGDP}|_{t-1} + |\mathrm{DevCPI}|_t + |\mathrm{DevEXCH}|_t + |\mathrm{DevSP}|_t +$$

$$|\text{DevHP}|_{t}$$

$$|\text{DevGDP}|_{t} = C + |\text{DevGDP}|_{t-1} + |\text{DevCPI}|_{t-1} + |\text{DevEXCH}|_{t} + |\text{DevSP}|_{t-1} + |\text{DevHP}|_{t-1}$$

其中，$\text{DevX} = \Delta\ln\text{X} - \text{TREND}\Delta\ln\text{X}$。两个模型唯一的不同，是它们的滞后结构不同。在第一个模型中，我们期望资产和消费价格的波动，立即影响 GDP 的波动（作为我们的测量代表），而在第二个模型中，我们期望它们影响滞后一年的产出波动。因为产出增长率高度自相关，在两种模型中，都包含一个自回归项。表 9—1 总结了我们的实验结果，包含了指定的解释变量有显著性的国家数量和名称，还有在 i 回归中期望的符号。

所有的系列都非常复杂，而且包含的解释变量似乎只在一部分回归中（集中在一些国家）能很有说服力地解释 GDP 的变动。但是，最能解释 GDP 变动的变量，似乎是消费物价的变动。或许更令人感兴趣的是，至少在三个国家（德国、荷兰和英国），房价变动似乎是第二个最重要的解释变量，因为我们找到了合理的论据，可以证明它的重要性。

表 9—1　　　　**每个国家产出增长值波动回归的结果总结**

方程式编号	股价	房价	汇率	CPI	GDP
4	1（日本）	1（德国：1/2）	0	1（荷兰）	0
3	0	2（荷兰，英国）	0	2（比利时，日本）	0
2	3（芬兰，英国，美国）	1（芬兰）	1（丹麦）	3（丹麦，法国，美国）	3（澳大利亚，比利时，日本）
1	3（澳大利亚，加拿大，荷兰）	2（加拿大，美国）	2（法国，英国）	4（加拿大，芬兰，爱尔兰，瑞典）	3（丹麦，荷兰，美国）

注释：该表公布了各解释变量有显著性（至少在 10% 的水平）的国家数量和名称，以及预期的（正的）符号。

对于德国，因为只能得到房价的年度数据，所以我们对每个模型只进行了一次回归。

通过对比，我们只找到了股价在一个国家（日本）是最重要的解释变量的合理证据（即至少在三个方程式中有显著性）。最不重要的回归量，似乎是自回归项（GDP（-1））和汇率。因此，出于适当的谨慎，如果我们的目的是从这一简单的试验中推出政策影响，那么我们会推导出，房价在通胀的衡量中（除了消费价格以外）也起作用，但是股价或汇率不起作用。

至于通胀的福利，最后涉及的是它对产出和平均消费的影响，初步研究的结果是，在衡量通胀的最适合的量中，应该赋予房价很大的权重，然而给证券价格的权重很少，或许根本没有。汇率和产出关系在计量经济学上的不稳定性暗示，除了已经包含在 CPI 中的间接影响以外，不应该赋予它们任何权重。这还可以对也通过一些作为货币政策（整体?）状况衡量的加权函数（例如，Batini 和 Turnbull，2000）得到的包含利率和汇率的货币状况指数（MCI）提出质疑。但是显然，赋予不同资产的相对权重（一些情况中，或许是零）是至关重要的，这是我们在 9.3 节中要处理的问题。

9.3 在建立物价/通胀指数时，应该给资产价格多大权重？

9.3.1 Alchian-Klein 的理论立场

正如我们所预期的，在日本如果要依照 Alchian 和 Klein 的观点提议确定的实证与数值估算，比在其他任何地方都要付出更多的努力。虽然看到 Shimizu（1992）和古德哈特（1995）也在研究，但 Shiratsula（1996、1998 和 1999）和 Shibuya（1992）已经这一方面领先。但是，关于建立的指数价值和效用的结果，是相当负面的。造成资产价格变动的因素太多，并且很多资产难以测量，如土地价格和人力资本等。而且，除非采用的主观时间折扣率或时间偏好率非常高，否则在 Alchian 和 Klein 提出的方法的实证操作中，相对于当前商品价格来说，将给资产价格非常大的权重

(在 Shibuya 中的应用分别是 0. 97 和 0. 03)。这个相对较大的资产价格权重，当然夸大了资产价格差异的所有特殊原因。这些资产经常作为通胀的衡量或指引。Shiratsula (1999) 总结说:“虽然物价指数的动态平衡的观念和理论的观点保持高度的一致，但是货币政策制定者很难预期 DEPI 是大于通胀压力的附属指标。因为常规物价指数的变更很难操作。”

9.3.2 实证基础的衡量

关于这一问题的主要著作，是 Cecchetti 等人(2000)。他们这样写道:

我们在大部分的讨论中，都包含通胀的衡量都包含资产价格这样一个观念，并且也涉及资产价格的变动怎样为未来通胀提供信息……

但是请注意，如果说通胀的衡量标准中包含资产价格(其根本的理由是它们有助于预测未来通胀)那么，很难得到它们贴现率的权重。相反，权重应该与它们在预测通胀上所作出的相对贡献关系更密切。

一旦我们以这种方式解决问题的话，我们就会发现，包含或者排除任何给定的名义价格问题，却是一个实证问题，与它们的普遍趋势信息量有关。例如，如果我们知道，一种特定种类鞋的价格从来没有经历过任何的相对变化，我们就能为政府的统计机构节省相当大的一笔钱。也许，如果经济体制中只有两种商品，它们经历过大量的相对价格冲击，然后如果我们关注的只是一种价格，而不是合理构建的平均数，这将是非常具有误导性的。

DFI(动态因子指数)的计算，包含我们得到的不同价格的相对权重计算。如果包含资产价格，我们可能会问，它的加入是否会对我们的普遍趋势估算增添信息。

我们研究了两套资产的价格数据。第一，我们研究的是 12 个国家的相同季度数据(本书第 2 章)。古德哈特和霍夫曼使用过这些数据。数据记录在他们文章的附录中，得出的结果正是我们所期望的——由于股票价格要比消费物价易变得多，它们的隐含权重非常低，从来没有超过 2. 5%，通常是在 2% 以下。但是房价的情况不同，因为在此情况中，房价有一个实质性的影响。

为了进一步研究这一点，我们收集了美国更综合的月数据集，样本期从 1967 年开始，一直到 1999 年。因此，我们能集合能源价格、食品价格、房屋采购价格、房屋租赁和操作成本（标明“CPI 居住”）、股价，排除食品、能源和住宅的消费物价指数之后的剩余范畴。我们观察了以 12 个月为期限的通胀率，并且研究了滚动十年期限的计算差异结果。结果表明，股票价格太易波动，因而不能用来计算物价指数。

从这个说明性的尝试中得到的结论是，在通胀的衡量中包含资产价格的直接尝试需要谨慎。存在包含证券价格有正当理由，但是将它们包含在内所带来的问题，可能要比它们能解决的问题还要多。尤其是股票收益的高度差异（常规通胀衡量标准的差异的 100 倍）只会添加混乱。然而，需要认真地考虑房价，因为我们相信，房价指数有明显改善的余地（Cecchetti 等人，2000）。

同样，古德哈特和霍夫曼（2000a）以及本书的第 2 章，研究了 CPI 通胀和解释变量集合前值之间的关系，研究包含的某种资产价格，特别是房价、股价和收益价差，能否改善适应度。我们的结论是：如果这些结果中有信息的话，那就是一般的货币变量，尤其是房价变动在通胀的评估中比在其他的一些模型中，需要赋予更高的权重，尤其是在两年的范围内。当下的模型通过实际利率对实际开支的影响（和名义利率对汇率的影响），主要包含了货币的传导机制。

在本文的开始部分，我们注意到，大多数的经济学家都同意，只要资产价格的变动能预测预期通胀的变化，那么它们就应该被货币当局考虑。我们现在要做的是，比较包含非标准资产价格集合的基准预测方程式和不包含该集合的方程式。我们认为，这样的资产价格，尤其是房价，在我们的数据集中的大多数的情况中，都能帮助评估（预测）未来的 CPI 通胀（古德哈特和霍夫曼，2000a）。

因此，在革新过的物价指数中，指定资产价格权重的一个方法是，使用从各种系列之间计量经济学的关系的实证研究中得到的权重。

9.3.3 统计基础的衡量

另一种方法是，将权重和每一项的花费的份额相连。CPI 和 RPI 集中在个人消费上，但是几乎完全省略了实际的和金融资产的消费。因此，购房的直接（净）花费（从其他部门中买房，即把由企业或政府建造的房子卖给他们的员工，公共部门的住房出售给他们的住户）所占比例，在1999年的英国明显超过了个人收入支出的3.5%。因此，新住房的价格权重，应该有相同的比例。

除了作为房屋的（纯）购买者以外，家庭也可以通过购买资产（大多数是金融资产）来进行储蓄。这样的资产价格变动影响货币的价值，也影响当前商品和服务的价格变动。因此，净收益法或许是最好的。

人们购买金融资产，要求持续的利息或股息回报。股息回报随时间而变，并且存在结果是正确或不正确的期望。但是目前的股息水平是可以测量的，并且要求股息价格上涨，或要求利息回报的价格上涨。这一情况（虽然存在违约风险），（对于我们来说）似乎是完全合理的通胀衡量。

即使考虑到家庭通过金融机构间接购买如退休基金之类的资产，或许也会提出这样的观点，即家庭或许是金融资产的净出售者，如当前的美国。在这种情况下，股价股利比率越高，越无法衡量通胀。但这似乎也是合理的，我们越是成为高价值东西的净出售者，我们的效用越高，我们得到的现金收入越高。

为什么人们只考虑通胀对个体（个人）的影响水平，而不关注其他国内部门、公司和政府的通胀压力呢？或许人们担心，如果考虑把（易变的）金融资产作为通胀衡量标准，会面临概念上和实际的困难，应该选择包含所有本国部门的一个更广义的指数（出于这个目的，排除金融资产净值，忽略对世界上的其他国家的净债权）。

GDP平减指数至少比RPI/CPI的范围更广，并且包含新产生的投资品和房屋的价格估算。在这个意义上，它部分地回避了RPI/CPI的通胀衡量的狭隘侧重点的主要缺点之一。但是，它也有其他缺点。例如，它无法解决Alchian和Klein指出的理论问题。因此，他们陈述说，GNP平减指数包含新生产的资产价格，但是不包含之前存在的财富价格，从概念上就不同于我们等效用财富的价格指数。因此，虽然这对其他用途很有益，但是对于消费者效用的金钱成本变化，当前的产出价格指数提供了偏误估计。我们推测，已经生产的资产价格，普遍比当前生产的商品价格更加灵活。因为这些商品的生产基础是通过签订长期合同，而通常并不易变（Alchian 和 Klein，1973）。

此外，这个平减指数是有点主观和抽象的概念，从部分上来讲，作为调和名义和实际产出的估算而得到的残差，名义和实际产出的估算本身就有大量误差。因此，它仅适用于每季度，并且经常会有较大的修改。这与产出的测量经常变化一样。它是一个有点混乱的系列，很少有人理解它的观念基础，甚至更少有人会把它作为更好的通胀衡量标准来关注。

回应使用者的要求，关于更广泛的通胀衡量标准，建立的一个更好的指数是最终消费支出价格指数，或称 FEPI（Wall，2000；Wall 和 O'Donoghue,2000；Woolford，2000）。建立这些指数的目的，是为了克服 GDP 平减指数在作为更广泛的通胀衡量上的缺陷，但是它仍有点试验性，而且在一些领域，仍然存在问题。Wall（2000）关注的是公共部门这一存在很多问题的领域，而 Woolfort 的文章涉及的是其他领域。为了了解这些附加的和更广泛的通胀衡量标准，究竟对我们的趋势评估多么有价值，将需要数年的经验数据。在其他通胀衡量标准中，对自住房屋的处理仍是一个困难，虽然 FEPI 确实包含新住宅指数，作为其投资指数的一部分。

9.4 住宅

这些关于资产价格在通胀指数中合理处理的观点，或许已经达到了处理住宅的最实际且最具操作性的程度。对于大多数人来说，住房是最重要且最有价值的资产。关于各种形式的住宅服务的个人开支——首付款、抵押贷款、租赁和修补，代表着大量的个人开支。因此，统计学家和其他学者，都很难避免如何处理建立价格指数这个主要问题。

国际劳工组织（ILO）手册（Turvey，1989；Turvey，2000a；国家统计局，1998），列出了住宅处理的三种一般方法。

第一种方法是净收益法，它是指新购自住住房的价格变动，是以参照人群的购买净额规定为权重。这是一个以资产为基础的测量，因此是我们最喜欢的币值变化的通胀衡量方法。虽然在一定程度上来讲，现有住房的储存价格变动，不仅仅是购买净值。然而，它与其他耐用品的处理是一致的。一些国家使用过这种方法，如澳大利亚和新西兰。我们认为，它是欧洲地区消费价格调和指数的（HICP）主要方法（这一指数当前排除了对（新）住宅的购买价格的任何测量，虽然它包含了房主的小型修理和保养，还有承租人的所有花费）。

第二种方法是支付法，测量的是关于首付款、抵押偿付和抵押利息，或者是包含以上内容的一项或者多项的实际现金流出。但是，这种方法总是包括抵押利息的支付，这是由于分析不健全造成的。首先，此过程没有一贯地包含所有的购买。在信贷基础上，购买的其他商品，例如信用卡信贷，通常不会被此过程所重视（虽然在新西兰会被重视）。其次，不同人之间，利息的处理是不一样的。当利率上调的时候，在某种意义上，对借款人的情况来说更差一点，而同样对于获得利息收入的贷款人来讲，情况则更好一点。为什么要测量其中的一个，而不去测量另一个呢？如果我们出售了一个赚利息的资产（如持有的货币商场的共有基金），来购买房屋，为什么我们的处理方式和那些通过（浮动利率的）抵押贷款购买的人的方式不同呢？再次，任何购买价格的问题，不应该和怎样融资的问题分开评估吗？进口、存货和所有的商业购买，趋向于部分通过信贷来购买。当贸易信贷的成本上涨时，我们应该把进口商品看得更值钱吗？然而，钱是可替换的。正如我们从资产增值抵押贷款的计算中得到的，贷款或许是以房子作为抵押得到的，但是却被用作购买家具。当利率上涨的时候，家具也会由此变得更贵吗？然而，实际现金收支整体上却忽略了房子的价值，无论是通过折旧还是资本损失/收益都在不断变化，这也通常会使现金流动更少。尽管存在问题，但是在1994年以前，这种现金支付法一直被英国使用，而且爱尔兰仍在使用。

新西兰的储备银行（1997）写道：

为了提前及时消费需要支付的利息，利率并不比储蓄利率的“负价格”更高。消费者并没有“消费”债务，他们以消耗当前收入或过去存款一样的方式，消耗用贷款资金购买的商品和服务。CPI应该测量的是当前的消费价格，而不是融资消费的价格，因为利率从国民核算和GST构架中和大多数的OECD国家的CPI中被排除了。

第三种方法是用户成本法。这种方法假设所有的房屋都被租赁，并且还要知道租赁当前房屋服务的成本变化是多少。这在很多国家都存在实际的困难，因为实际的租赁部门存在很大差异，并且通常太小，以至于不能提供一个好的计算基础，虽然美国、德国、丹麦和荷兰，都在尝试着使用这种方法。当然，在原则上我们也遇到了困难，即人们愿意买房，大多数的人不会去租房。这意味着，这种租用方法的目的，是有意地忽略为了得到未来的租赁服务收益而现在购买的成本。

在缺少足够大的租赁市场的情况下，用户成本法存在过多的近似值。现在，英国使用的是依照 RPI 咨询委员会（1994）提议的方法，加拿大、瑞典和芬兰使用的方法，是抵押支付和重置成本的贬值的综合。我们已经陈述过，为什么我们相信抵押支付的使用是个错误。对于贬值来说，它既不是现金支付，也不是在任何期限内资产价格的真实变化，因为任何期限内的贬值，都可能由资产的当前价值的转变而被缩小。

用户成本法，是通过对比衡量一直居住在自己购买的住宅中和起初出售最终又重新购买的住宅的成本差（Blinder，1980）。但是结果很荒谬，当房价上涨的时候，机会成本下降，甚至住宅资产价格的通胀越剧烈，这种测量变得越负面。虽然学术专家很喜欢这种方法，但是它是违背常识的，我们很庆幸地告诉大家，至今还没有国家使用过这种方法。

鉴于所有这些困难，或许另外一种受欢迎的选择，是从指数中一起排除自住型住房。这应该不会让人感到惊奇：法国、比利时、意大利、西班牙、希腊、澳大利亚、卢森堡和葡萄牙等国。在它们的指数中都没有包含自住型住房，至少在 1998 年进行这样的实际调查时没有发现，并且当前的 HICP 中也没有。欧洲联盟统计局的工作小组，正在考虑 HICP 中自居型的住房成本。现在，法律禁止包含无法观察到的，或未涉及实际现金交易的价格。我们认为其一部分原因是，最可能施行的方法（如果可能的话），是使用家庭从其他部门（例如，公司或政府部门）买的新住房购买价格。

9.5 总结

在本章中，我们陈述了，将资产价格加入到物价指数和通胀衡量的一些一般观点，也一些有力的实例，使我们当前的衡量没有改变。现状是，在一些方面，它有无法估计的优势。变化是破坏性的，或许在统计界里比在其他地方更是如此，并且可能发生变化的情况必须被证实。摆在首位的最重要的问题是，要有一个可以被理解且可信赖的名义通胀目标。学术细节上次要点的混乱，可能会引起混淆和讥笑。只要所有这样的衡量标准都是协调整合的，衡量标准的选择相对于拥有且依照我们已经习以为常的衡量标准来说就不重要了。

而且，存在有说服力的论据，要求维持现状。从消极的方面看，可以有力地宣称，资产价格的定价取决于对未来的期望。这样的期望很难衡量，并且是短暂的，也不像标价一样真实、确凿，且通常会撒谎，事前和事后是不一样的。如果我们期望，伦敦的住宅服务价格未来会以每年10%的速度稳定上涨，我们就会说诺丁山一套价格是500 000欧元的两居室的房子一点不贵，而且很便宜!

更积极的观点是，当局没有必要在通胀的当前定义下，面对资产价格的变动仍然无所行动。那些像我们一样关心资产价格变动的人，在计量经济学上证明了，现在的资产价格变动明显地馈通为未来的商品和服务通胀，因此当局应该做出回应。如果他们无法找到这样一个稳健的链接，忽略资产价格的变动是正确的。

从我们做的实证研究中得出结论，我们相信，证券价格（和汇率）和产出的随后变动与（商品和服务的）通胀之间的联系是薄弱的。相比之下，房价变动和随后的产出与通胀之间的关系要坚挺得多。因此，将房价通胀的测量，加入到通胀整体统计数字中，找到一个适当方法，仍是一个紧迫而严重的问题。它无法被避开或忽略，必须得到解决。

第 10 章

中央银行的第二种工具

10.1 中央银行为什么需要第二种工具?

从 20 世纪 70 年代到 20 世纪末的这几十年的经济成果一直呈现出受欢迎且不断提高的趋势。这种提高部分（大部分）是由于，货币政策框架的有益结构改变和 EMU 的成功建立，还有作为实现物价稳定和这一过程成功的通胀目标（IT）的实际采用，具有里程碑的意义。

但是，通过 HICP 衡量的商品和服务价格波动性的下降，没有和资产价格波动性的下降相匹配。银行和金融系统的全球化和自由化，虽然有非常理想的长期趋势增长率，但仍然加重了世界范围的短期资产价格的暴涨和暴跌。经济体制的实际根本改善，或许会造成收益和资产价格的上涨。这推动了更多的银行信贷，还会进一步提高资产价格等。同时，提高生产率、升高汇率和增加税收收入，或许会有助于消费物价指数保持稳定，因此，货币政策并不会自动地抑制这种资产价格的循环。

然而，在其他可取的方面，核算和监管体制的近期变化和在国际会计准则（IAS）与巴塞尔协定II采用下的公平（市场）价值变化，都没有对核实这样的银行信贷/资产价格的周期性波动起到一点作用。的确，如果结果证明一些关于顺周期性的悲观预测是合理的，那么这样的波动性或许会恶化。

同时，中央银行当前持有的唯一工具，即他们对短期利率的掌控，是以维持稳定的消费物价指数为前提，并且绝对如此。尽管有提议说，通过改变利率来缓解资产价格波动（如 Cecchetti 等人，2000），但是这样做的困难很多（Greenspan，2002；伯南克和格特勒，1999）。

使用利率这一工具，并不是尝试完成需要第二种工具的第二目标。第二种工具的目的是维持系统性的金融稳定。不管他们是否监管个体银行，后一个目标仍是中央银行的核心目标，并且和他们完成物价稳定的主要职能是互补的，但是除了帮助清除金融系统中的一些不良紧急流动性援助之外，这（至少现在）是中央银行持有的为数不多的起稳定作用的工具，如果有的话。

10.2　第二种工具的形式

我们判断的主要问题是，银行信贷和资产价格，尤其是和房地产价格（见第6、8章）之间的动态互动关系，导致的资产泡沫和泡沫破碎。我们担心，这样的（系统性的）波动性，或许会因新的国际会计准则（IAS）和监管措施（见第7章）而被无意地加剧。这里需要引入一个有反周期性特点的工具，在资产价格上涨的时候，能核实银行信贷，反之亦然。

BIS 一直都在提倡，在一段时间内，进行这样的普遍性测量（Borio、Furfine 和 Lowe，2001；Borio 和 Low，e2002；Borio 和 White，2003）。他们在第74个年度报告的总结中，这样写道：幸运的是，全球经济现在似乎有上升的趋势，并且不需要宏观经济的刺激。我们应该利用这次机会，反省可以不使用宏观经济工具的过程。一个明显但并不是没有反对意见的一个观点是，这种情况应该通过好年景的更积极的紧缩直接解决。另外，强化金融体系和推动更稳健的借贷行为的政策，或许帮助缓解了经济衰退期的损害，并且减少了未来放宽积极性政策的需要。（BIS，2004：143）

下一个问题是你应该如何做？在第3章，我们提议过类似地测量产出缺口的方法，我们可以用资产价格与平滑（霍德里克—普雷斯科特过滤法）趋势的偏离，来评估当前资产价格和它的“基准”值之间的差距。但是，它因为与高效率市场假说不一致，而遭到严厉指责。Borio 和 Lowe（2002）表明，银行信贷增长率本身，是未来资产价格变动的主要决定因素，但是滞后很长，并且这种关系使金融中介机构的结构发生变化。

现在，更好的（或许最好的）方法或许是，将银行信贷的资本需求和相关部门的资产价格变化率相联系。因此，关于抵押借贷的资本充足要求（CAR），应该与房价上涨（相对于 HICP 通胀）和放贷给建筑和房地产公司造成的房价上涨相关。

为了使影响和服务更广泛，CAR 应该与证券价格的上涨相关。当证券价格上涨的时候上涨，当它下降的时候下降。类似地，规定的人寿保险公司偿付比例应该针对证券、债券和房地产价格的改变，做出反周期性的调整。

本次操作的目的是，在资产价格暴涨期，增多储备和限制银行信贷，同样在资产价格低迷期反其道而行。在这方面，它与西班牙目前的预先配置政策提议有许多共同点。相反的情况是，在大多数的衰退期，似乎放宽了审慎性的要求，这时个体银行和其他金融中介机构分别处在其最脆弱的时期。但是，如果央行担心系统的整体系统性状态，这肯定是正确的方向。

10.3 反中介行动

建议 CAR 应根据相关资产价格的上涨（相对于 CPI 的全面上涨）而提高，与为了限制 NYSE 的证券价格波动而改变保证金要求的早期提议，有很多共同点。在纽约联邦储备银行建立之后的时期，Hardouvelis 就提倡这样做（如 Hardouvelis，1990、1992、1995、2002）。这已经被严厉地指责过了，部分是由于不正当干预进入到私营市场的争论，但更多的是由于证券交易存在很多其他形式的投机，因此追加保证金将会扭曲流动模型，同时并不会对整体贸易，或价格有太多或者任何的影响。

相似地，人们可能会争辩说，随着（时间）状况变化的 CAR，将会导致纯粹的反中介行动，但是不会有太多的实际影响。我们期望，反中介行动不要扩展到其他国内放款人。在欧洲，CAR 被强加到所有的融资中介结构，因此 CAR 随（时间）状况的变动同样会影响到他们，所以在不同形式的按揭贷款机构之间，并不存在失真。[①]而且，小型和中型的企业并不是没有选择银行的真正权利。

大型公司或许会在（资产价格）暴涨期，扩大银行的收益差，在资产价格暴跌期，缩小它们的（期望的，但可能是微小的）影响，或许在繁荣期，在资本市场明显投放更多的资金，在衰退期，轻微减少。但是，这或许被看做是总体理想的结果，同时会进一步地产生抑制资产价格波动的影响。

关于这一提议，对反中介行动最担心的，是国外的反中介行动，而不是国内的。没有外汇管制不是我们所提倡的，其最明显的漏洞是，银行只通过国外子公司发放给居民本国货币贷款，通过内部资金转移进行融资。在随时间变化的 CAR 控制下，可能必须将所有本国货币借贷发放给本国居民，无论在哪都一样。当然，可能会有外国子公司发放外币贷款而贷款人返还本国货币的可能性。出现的冲突超过了 CAR 得到的相对收益的这一差异是为了避免国家之间的司法冲突。而且，资产价格的暴涨和暴跌，甚至是空间上固定和分段的资产（如住宅和不动产），在国际间都是密切相关的，因此，国家之间随（时间）状况变化的 CAR 的差异，也趋向于变小。

整体而言，我们怀疑随时间变化的（随状况变化的）CAR 影响，会因系统性的反中介行动而被减小，像购买股票的保证金要求一样。

---

① 外国银行的分支机构，不是子公司，不受这样的随时间变化的 CAR 限制。如果这种分支结构的业务扩大，当本国通常会要求它变成一个子公司。而且在银行变型过程中产生的冲突，通常将超过或许出现的任何小的定价分歧。

10.4 实证细节

即使人们接受随状况（时间）变化的CAR原则，但是，也需要首先去认真做大量的细节工作。如果CAR的变动建立在一些基准指数的变化率基础上，那么要估算什么时期变动、系数是多少，计算多长时间更新一次（降低）资本要求、何时更新（如1987年10月的股票的大规模的崩盘，究竟是被反映在第二天或12月31号）。一些银行信贷的种类，明显地涉及到特定资产价格指数，例如，抵押贷款涉及到房价，或者房地产和建筑公司的贷款涉及到房地产的价格。如何处理其他私营部门的贷款——它们不能使用随时间变化的CAR吗，或者你能将随（时间）状况变化的CAR和一些实际产出或证券价格的循环指数相联系吗？如果可以的话，对于后者，你试图将各个部分分解到什么程度？

其次，随时间变化的CAR，可能对银行行为、贷款利息和保证金、贷款人的反应以及银行的收益有什么影响？这还是个未知数。据我们所知，之前从来没有使用过随（时间）状况变化的CAR。在这种情况下需要谨慎行事，在要求的CAR下，最初进行相对温和的周期性调整，接受正负200个基准点的最大变化量（也就是峰谷变化最多是400个基准点），将是明智之举。

我们可以做一些局部均衡的反事实模拟，结果是对于银行信贷延伸的给定历史形式来说，变化CAR的不同方式，将导致每个国家的CAR时间轨迹不同。依赖于这一基本观点的推动，我们进行随后的研究就很容易。比较难做的尝试是，把这个融入到动态一般均衡模型中，其中商业银行和贷款人的反应，将影响整体借贷、资产价格和实际产出，虽然原则上，这在古德哈特、Sunirand和Tsomocos（2004a、2004b、2005）建立的模型中已经做过。

然而，我们应该阐明此项试验的目的，即我们的方法如何通过研究与随时间变化的CAR非常类似的机制，以抵押借贷中随时间变化的贷款成数（LTV）的形式取得成效。按揭机构出于其自身的审慎目的，采用了随时间变化的LTV，并且在一些情况和一些国家或地区（特别是中国香港，例如1991年）中，管理当局可能为了实施公共政策的目的而施加压力，造成了某些方面的变化。在下一节，我们收集了来源于之前的关于变化LTV对金融市场影响的论据，并且分析了这一工具的使用如何能增加当局的监管力度。

10.5 随时间变化的LTV的影响

只有少量的研究评估了变化的LTV对信贷和房地产价格产生的影响。Gerlach和Peng（2005）分析了中国香港的银行信贷和房地产价格之间的相互作用。他们表示，在银行开始采用1991年的HKMA的最大LTV准则之后，香港的房地产价格对银行信贷的影响明显减弱。Almeida等人（2002）评估了不同国家之间的最大贷款成数比率差异对房价和实际收入变化的敏感度影响，并且发现房价对这样变化的反应是，当LTV越高时，反应越大。关于最大或平均LTV的数据，并不是现成的。Almeida等人（2002）报告说，最大LTV是从许多国家的不同资料中得到的，但是这个数据只是粗略地估算的，并且只作为每十年的平均数。因此，在各个国家的数据水平中，并不存在太大的差异，我们不得不根据16个国家的数据，从国际的角度，评估LTV对银行信贷和房地产价格的影响。按照霍夫曼（2003）的分析，我们建立了作为GDP、房地产价格和短期实际利率的函数，银行发放给私营非银行部门的总贷款（银行信贷），与作为GDP、银行信贷和利率的函数，以及房地产价格模型。①样本期是1985年的第一个季度到2001年的第四个季度。

首先，我们调查了银行信贷、GDP和房地产价格之间的长期联系。早期的单位根检定表明，实际银行信贷、实际GDP和实际房地产价格是I（1），而实际利率似乎是I（1）和I（0）的分界线。因此我们决定，只允许银行信贷、GDP和房地产价格加入到长期关系中。我们首先根据Larsson等人（2001）提议的面板协整跟踪测试，检测了存在面板协整。检测统计数字是N个独立的Larsson跟踪测试统计的标准平均值：

---

① 数据的详细描述及其来源，见霍夫曼（2003）。

$$\psi LR = \frac{\sqrt{N}(\overline{LR} - \mu)}{\sqrt{\delta}} \quad (1)$$

其中，$\overline{LR}$是独立的跟踪测试统计平均值，而 μ 和 δ 分别是跟踪测试统计的渐近分布均值和方差，这在 Osterwald – Lenum（1992）中用表列示了出来。Larsson 等人（2001）表示，测试统计是标准正态分布。该测试是片面的，测试统计数字的较大正值表明，反对非整合的零假设。1%、5% 和 10% 的临界值分别是 1.96、1.64 和 1.28。公布在表 10—1 中的测试结果表明，存在单一的协整关系。

第二步，我们根据 Kao 和 Chiang（2000）提议的固定效应面板动态 OLS（DOLS）评估，估算了联系实际银行信贷、实际 GDP 和实际房地产价格的长期系数。结果也公布在表 10—1，并且表明，从长期看来，实际银行信贷、实际 GDP 与实际房地产价格之间，都存在明显积极的联系。

为了评估 LTV 对银行信贷和房地产价格的影响，我们估算了纠错模型（ECM）。回归量是滞后的纠错项，也就是在银行信贷的 ECM 中，银行信贷对数与上面估算的长期关系，四个自身的滞后、实际 GDP 的当前变化、短期实际利率的滞后变化和实际房地产价格当前变化发生的偏离；还有在房地产价格的 ECM 中，与实际银行信贷的当前变化的偏离。为了防止联立性偏差影响估算，包含在每个方程式中的同时期变量被处理过，用四个自身的滞后作为工具。在误差很多的方程式中，为了解释潜在的同期相关性，采用的体系是合并的固定效应三级最小二乘方估算。

表 10—1　**信贷—房地产价格关系的面板协整分析**

面板协整检验			协整关系
$r=0$	$r\leqslant 1$	$r\leqslant 2$	
9.69	1.14	0.44	$C = 1.22Y + 0.26P$ (0.11)　(0.05)

注释：面板协整检验是由 Larsson 等人（2001）提议的。在面板协整检验中，1%、5% 和 10% 的临界值，分别是 1.96、1.64 和 1.28。我们根据 Kao 和 Chiang（2000）提议的固定效应面板动态 OLS（DOLS）评估，估算协整关系。括号内是标准差。

我们把 LTV 加入到两个 EMC 公司的两个软件中，没有发现由 Gerlach 和 Peng（2005）提出的关于 LTV 对房地产价格和信贷有重要的影响，也没有发现由 Almeida 等人（2002）提出的 LTV 对实际 GDP 和房地产价格有影响的证据。我们确实发现的是，LTV 对信贷增长有强大且非常重要的直接影响。因此我们在银行信贷的误差校正模型（ECM）中，加入了由它自己的四个滞后处理过的 LTV 的当前水平。结果显示在表 10—2 中。

表 10—2 **银行信贷和房地产价格的纠错模型**

$$\Delta C_t = -\underset{(-7.48)}{0.027}\mathrm{ECT}_{t-1} + \underset{(6.3)}{0.176}\Delta C_{t-1} + \underset{(7.65)}{0.204}\Delta C_{t-2} + \underset{(5.28)}{0.143}\Delta C_{t-3} + \underset{(2.08)}{0.055}\Delta C_{t-4} + \underset{(0.39)}{0.092}\Delta Y_t + \underset{(0.21)}{0.0001}\Delta r_{t-1} + \underset{(3.04)}{0.154}\Delta P_t + \underset{(4.44)}{0.12}\mathrm{LTV}_t$$

$$\Delta P_t = -\underset{(-0.65)}{0.003}\mathrm{ECT}_{t-1} + \underset{(9.72)}{0.372}\Delta P_{t-1} + \underset{(2.15)}{0.072}\Delta P_{t-2} + \underset{(4.07)}{0.131}\Delta P_{t-3} - \underset{(-3.60)}{0.101}\Delta P_{t-4} + \underset{(1.97)}{0.83}\Delta Y_t - \underset{(-4.75)}{0.002}\Delta r_{t-1} + \underset{(2.559)}{0.189}\Delta C_t$$

注释：括号内是 T 统计数字。

结果表明，房地产价格与银行信贷存在长期的因果关系，而不是相反的关系。银行信贷的 ECM 中纠错项明显是负的，但是在房地产价格的 ECM 中，却是无显著性的。两个方向似乎都存在短期因果关系：实际房地产价格的变化，对银行信贷有明显积极的影响，反之亦然。GDP 的增长和实际利率对房地产价格似乎比对银行信贷更重要。

另一方面，LTV 对银行信贷，有明显积极的影响。这一发现表明，最大 LTV 较高的国家，也经历了更快的信贷扩张。反过来，结果暗示了，最大 LTV 的变化或许被用作稳定银行信贷。在 16 个实例国中，实际房价变化的平均标准偏差是 5。

由于房价变化和 LTV 变化对信贷的影响并没有明显的差异（见表 10—2），LTV 在它的均值上下十个百分点的区间适当调整已经足以抵消房价波动对信贷增长的 95% 的影响。给出的我们的实例国中 80% 的平均 LTV 显示了作为回应房地产价格的变化 LTV 在 70% 到 90% 的区间变化。

10.6 总结

中央银行有两个核心目的，即维护物价和金融稳定。它们有一个主要的工具，即设定短期利率，这是实现物价稳定或通胀目标的正确前提。另一个工具是，在压力下，紧急贷款给银行。正常情况下，只在金融稳定性受到威胁之后才会使用，并且由于对道德风险的关注，只能尽量少用这一工具。因此，第二工具目前存在一个无法实现的需要，可能会随着中央银行帮助维持金融稳定而改变，我们研究了一个与此密切相关的问题，即抵押贷款随时间和状况变化的放款成数（LTV），是否能被用来稳定房市或银行信贷。我们的初步结果表明，LTV 的变化不会直接影响房地产价格，但是会对银行信贷有明显影响。

第 11 章

房价波动和公共政策

持续的通胀是一种货币现象。当货币政策经过了适当的调整具有很好的引导性时，就应该不会存在持续的通胀。在过去的 15 多年里，大多数发达国家都已经经历过。在这些年期间，通胀的目标不是零，而是大约在 2% 到 2.5% 的较低程度。人们更喜欢低的但是为正的通胀率（高于零通胀的目标），这部分是由于担心统计指数是否或许会轻微地加重通胀（见 Boskin，1996），部分是由于工人不愿意协商或接受名义工资的减少这一信念，以致使其从 2% 下降到 0 的通胀减弱而放弃的产出代价非常高（Alkerlof 和 Yellen，1985、1990），但更多是由于担心，给定的零名义短期利率，或许很难使（常规的）货币政策措施在经济体制已经达到物价稳定的时候，应对通货紧缩的冲击。同样的，日本在过去 15 年里的不幸经济经历，已经有力地强化了这些后面的担忧。这使得在可以预测到的未来，通胀的政策目标不可能下调到零（支持零人工成本目标的观点，见

Selgin，1996）。

由于英国1992年开始的通胀目标，或围绕均值目标的通胀持续性，或一阶自相关，已经崩溃，甚至会变成负的（Benati，2005：表C）。在这方面，最近时期确定的通胀目标和金本位一样，都是“固定的”。在间隔期干预期间，即两次世界大战之间的时期、布雷顿森林体系，以及从布雷顿森林体系到确定通胀目标的开始，各期通胀的持久性（相对于它的均值）延长了。

这或许是由很多种原因造成的，但是货币政策的管理不善排在首位，特别是20世纪30年代早期，货币当局未能预防通缩，也没有阻止20世纪60年代早期和20世纪70年代通胀加剧的趋势。后者部分是由于货币政策的目标应该是成果，例如失业率或维持盯住汇率制，而非国内物价通胀的信念。另一部分是由于，这样的货币政策相对来说不重要和无效的观点。这一观点是由Radcliffe（1959）提出的，并且目前在Nelson（2004）、Batini和Nelson（2005）的历史研究中也有提及。

无论怎样，从大约1955年到1975年，经历了围绕通胀的上升趋势、通胀和产出的有规律的循环。当通胀严重的时候，限制性的财政和货币政策都将会推出，或者是直接反通胀，或者是间接地抵消它对国际收支和汇率的影响。当通胀激增被限制性的政策制约的时候，随后的经济衰退导致再一次地放宽政策，目的是寻求较高的雇佣率，以及增长值和政策的受欢迎度。

直到1979年，美国的Arthur Volcker和英国的Margaret Thatcher才提出，控制通胀是货币政策的首要目标。虽然在1957年德意志联邦银行建立的时候，控制通胀就已经成为它的首要目标（Marsh，1992）。但是，不要从体系中消除过剩的通胀要花费很长的时间，而且首先要尝试货币政策管理中的几个策略，特别是各种形式的货币目标和英国进入到欧洲联盟的汇率机制，并要发现其中的不足。

从1945到20世纪90年代早期的整个时期内，货币政策决策的决定性力量是明确的。开放经济盯住汇率体制，在国际收支困难的幌子下，也会出现通胀压力。这将会推动利率上调（或者诱使紧缩信贷和汇率的控制）。相比之下，失业率的上涨和/或相对缓慢的增长率，将会推动利率下调（和导致放宽直接控制）。

从20世纪90年代早期开始，事态在某些方面发生了改变。无论在通胀目标公开的国家，还是像美国一样不公开的国家，通胀目标的实现都会使目标变得可信。通胀期望因目标而变得“固定”。因此，需求和货币冲击的波动，对工资/价格的商议几乎没有影响。将失业率的循环分量和通胀的循环分量联系起来的菲利普斯曲线，变得平缓的多。换句话说，失业率可能变化很大，但是不会影响商品和服务价格的通胀（Benati，2005；Morris、Shin和Tong，2006）。随着通胀和通胀期望因货币基准而保持稳定，那些系列中的波动不再提供这样一面镜子，以使货币当局可以清晰地看到自己行动的影像（Morris、Shin和Tong，2006）。

19世纪和20世纪早期，在金本位制下，存在着同样的情况。然而，中长期物价稳定的整体实现（与天气有关的农业供应波动，导致短期物价波动），并不会导致更广泛的产出或金融稳定。

通常，这样的产出（和金融）波动有技术性进步的基础（如运河、铁路、钢铁、化工和电力），这将导致金融市场的扩张，同时还会导致银行信贷扩张和资产价格激增的结合及其相互作用。当由投资激增产生的盈利达到顶峰的时候，通常会伴随着（如在1873年、1893年和1907年发生的）资产价格的急剧下跌和金融危机（Delargy和古德哈特，1999）。

同理，一旦20世纪90年代早期的货币基准被重建，通胀期望被固定，就像在金本位制下一样，金融发展在资产价格波动上的反应，比在商品和服务的价格通胀上的反应更密切。这是一个必然的结果。银行信贷与资产交易，尤其是房地产交易，比与消费支出联系得更紧密。这方面的一个实例是，大多数国家发放给人们的抵押借贷，远远超过信用卡和其他的消费信贷，这反映在房地产价格和信贷产生之间的相当密切的关系中（见上文的第6—8章）。

事实上，许多国家在过去的15年里，货币和资产价格的扩张，伴随着低于目标的商品和服务价格通胀。这是因为，这样的扩张或许被联系到最初的有利冲击，从而提高生产率（并且减少单位劳动成本），正像在美国一样，并且/或者产生投资机会（以及通过资本流入，导致货币升值），正像在亚洲一样。此外，强劲的经济提高了税收收入，减少了财政赤字。

因此，在潜在的总崩溃之前，经济体制看起来非常完好——高增长值、高投资、稳定的物价和低度的财政赤字（正像在1997/1998年的东亚）。

这导致了货币政策的一个新难题。在1950—1990年期间，在较高利率的情况下，货币紧缩通过外部渠道，大大地影响国内物价通胀。利率的上涨将导致更多的资本流入，并且造成汇率的上涨。但是，在随后几年里，更大比例的资本流动，直接地与收益（权益）相关。因此，利率上涨能通过它对预期国内盈利减少的影响，导致资本流入的缩减，以及汇率的下降（不上涨）。尤其是在新兴经济中，经济危机能导致贬值、较高的利率以及下降的产出和上涨的通胀同时出现。这种事态已经造成了IMF的特殊困境，在较紧缩的货币和财政政策形式下，它是对金融危机的标准补救方法，如果操作过度，可能会使局势恶化。事实上，Stiglitz（2002）已经论证过这一点。

当然，或许这些政策问题仍有争议，外部渠道已变得不那么可靠，并且在大多数情况下，或许作为货币政策传导机制一个要素来说，几乎没有说服力。

同时，个人部门已经积累了更多以房地产形式的非金融的和金融的两方面财富。在大多数国家，个人直接持有的房地产总值相类似，有时多于他们持有的总金融资产（见表1—1），因为这样的房地产通常最初是通过抵押借贷购买的，因此，个人金融债务总额也正在快速地攀升，不而且也依照可支配收入的比例衡量的结果也是如此（见上文中图1—2）。

利率变动对债务人的现金流动是否有影响，取决于他们的按揭形式是浮动利率的，还是固定利率的，并且利率变动影响当前的资产价值，无论是对金融资产还是非金融资产。关于这种因素可能影响个人消费和房市方面的理论的和实证文献资料都在增多（Maclennan 等人，2000；ECB，2003；OECD，2004；Tsatsaronis 和 Zhu，2004；Aoki 等人，2004）。实证证据也表明，20世纪70年代后期随着金融和信贷市场的自由化以及放宽管制，利率变动对房地产价格的影响，以及房地产价格对银行信贷和经济活动的影响，随着时间的发展，似乎变得越来越大（Iacoviello 和 Minetti，2003）。

因此，在资产价格波动和货币政策之间，存在着发展的双向互动关系。随着商品和服务价格通胀（预期）被货币政策牢牢地限定，需求冲击（或许也有供应冲击）可能被反映为更大的资产价格调整幅度。这样的资产价格浮动，不只是对实际产出和消费物价指数的未来变动有影响，而且它们或许对系统性的金融稳定有潜在影响。在资产价格激增的中期，当预期未来回报很高，且坏账的可能性很低时，利率的微小调动很难抑制泡沫；当资产价格趋向于下降，且坏账率很高时，利率的下调或许对银行信贷的推动力很小，正像在日本一样。

尽管利率变动会对资产价格（尤其是汇率、房地产价格和证券价格）有影响（这一事实是不确定的且可变的），但是，货币政策主要是通过这种反应而起作用。因此，货币政策措施，主要是利率变动，影响资产价格，并且资产价格变动，主要通过它们对实际产出和未来预期通胀的影响，诱使货币政策做出回应。本书的主要目的之一是阐述并且尽可能地量化这个双向互动，正像我们在第6、8、10章做的一样。

然而，本章特定的目的是，估测当局或许怎样应对这一新的事态，由此，经济冲击更多地反应为资产价格波动，且更少地反映为消费价格波动。其中，以伯南克和格特勒（1999）为代表的评论说，以利率变动为形式的货币政策，在一定程度上，应该可以应对这样的资产价格波动导致的未来产出，和通胀的可预测变动，但是又不会超过这一点。

这一规点的主要问题是，很难预测资产价格暴涨或暴跌，以及可能怎样影响未来的产出和通胀。总是存在破裂的泡沫和薄弱的银行体系相互配合，这可能导致债务/紧缩危机的危险。在某种意义上，日本央行同样担心，充裕的货币扩张可以完全抵消资产价格暴跌的萧条影响，但可能会潜在地导致极度的通货膨胀。

因为任何主要的资产价格泡沫，或泡沫破碎的影响，都有大量的不确定性，但是确实是有潜在的影响，所以，有观点尝试着凭借进行中的资产价格波动，在其运行过程中，阻止它们。这种观点很有说服力。据说，房价变化已经加入到目标价格指数中，这在一定程度上必然会发生。这使我们返回到了第9章的讨论，即关于一般资产价格，尤其是房价到什么程度才应该加入到目标价格指数中的问题。

如果资产价格没有加入到价格指数中，或者加入了但无显著性，仍然存在着一个问题，即如何应对这样的资产价格的独立变动。这存在大量的难题。

第一，资产价格以不同的形式变动，人们应该怎样归类这样的资产价格，例如，汇率、房地产和证券？我们在第三章描述了金融状况指数（FCI）的建立，其中指出了这样的方面。

第二，有些简单、透明的理论，支持关于定义的货币政策维持中期物价稳定的职能，这很有价值，并且是从消费物价指数的方面界定的。这一定义，为当局的行为提供了启发式的，且容易理解的规则。同时一个工具只能完成一个目标，尝试着均衡一个包含区别于消费价格的资产价格（的一些指数）目标函数，将导致情况更复杂、更离散且更混乱，并且不可能提供确定的预期值。

第三，关于超出的资产价格对未来产出（和通胀）的（预测的）影响，有些观点已经对此做出了回应。它通常包含了一些下面的信念，即这样的资产价格偏离了它们的“基本均衡”，并且当它们迅速恢复到其“适当”的水平，或者可能超过这个水平时，可能会危害经济体制。但是，这与资产价格是非均衡的观点是有争议的。可以明确的是，资产价格在任何时候，都是它们本身应该的价格，因为买和卖一样多，牛市和熊市一样多。因此，对于中央银行抬高（降低）利率，很难公然地在政策上为其辩护。中央银行无法预测超出（低于）目标的未来通胀，是因为它把资产价格本身看的就太高（太低）。并不是全部的央行官员都意识到他们能预知资产市场的运作。或许值得回顾的是 1996 年，Alan Greenspan 把美国的证券市场称作是在展示“不合理的繁荣”，此时道琼斯指数大约是 6500 点，不仅远远低于随后的 2000 年 1 月的峰值 11580 点，而且甚至也低于相继的 2002 年 10 月的 7535 点。

由于这些原因，我们支持传统的观点，即一致同意将以利率调整为形式的货币政策，直接定位为维持消费价格稳定。虽然我们相信，房价通胀应该在那个指数中有所体现，但是这并不意味着，我们一点也不会回应预测的资产价格波动。我们尝试着要做的是，找到另外一个工具。

注意，关于资产价格泡沫的主要关心，或许主要是担心它们的破裂将会使银行体系变弱，造成系统性的金融不稳定，并且因此导致债务/紧缩的恶性循环（Fisher，1932）。这是19世纪的很多情况，1929—1933年的美国和大部分的欧洲大陆、20世纪90年代早期的斯堪的纳维亚、1997/1998的东亚和近期的日本，大都有过类似的经历。因此，央行主要关心的是系统性的金融稳定，它应该推动施行反周期性的审慎的监管机制，在资产价格泡沫期时收紧，在资产价格衰退期时放宽。

不幸的是，金融监管体系正在以刚好相反的形式发展。在巴塞尔协定II的金融监管下，将变得更加顺势循环，正如在本书的第7章，以及Danielsson（2001）、古德哈特和Segoviano（2004），古德哈特和泰勒（即将出版）显示的一样。巴塞尔协定II的主要目的是，使资本充足要求（CAR）对风险更敏感。但是借贷者违约的可能性（PoD）在经济衰退期上涨，即使风险投机本身通常会被引入，而且在之前的好年景都是被用来融资的。因此，估测的风险在衰退期上涨，在繁荣期下降。这和不良贷款一样。银行监管的巴塞尔委员会不只意识到了巴塞尔协定II（支柱I）可能的顺周期性，而且还采取措施，尝试着解决这一问题，例如，通过要求银行在估算PoD时“仔细地观察循环”。即便如此，巴塞尔协定II的施行，可能会造成CAR的变化，明显比巴塞尔协定I更加顺势循环，结果是银行信贷和资产价格循环的动态互动，可能变得更加明显。

但是，在巴塞尔协定II的支柱1下，可能出现这样的情况，即任何国家的监管/监督当局，在它们自己的银行添加额外的资本要求。因此，在资产价格上涨时期，如果当局想这么做，它们能要求在其管制下的银行增发资本，甚至高于支柱1所要求的。

任何尝试引入反周期性的金融监管的国家都面临的主要问题是，在全球化的金融体系中，这样的银行业务或许只被转移到国外，这将会引发地域性的反中介行动。主要危险或许是，产生由国内银行通过国外的子公司定制的业务（国外分支机构的业务被看做是国内银行的一部分）。这就要求不得不采取补充措施来解决这一问题，例如通过在国内银行和它们的子公司之间的特定交易，施加某些直接的管制。

如果漏洞被修补，银行和新借贷者之间，以及借贷者和可以选择的（国外的）贷款机会之间，都存在着信息冲突，这或许可以限制反中介行动的程度。无论怎样，如果国内资产价格下调导致国内银行出现金融脆弱，那么一些支撑资产价格泡沫的国外银行的冲击借贷的转移不是有利的吗？早些年代，当在金丝雀码头的伦敦码头区金融中心的发展遭遇风险时，它的大部分银行金融，都源自国外银行，这一事实给了我们莫大的安慰。

然而，政策经济关心的是支柱 2 的反周期性效用。因为巴塞尔协定 I 和协定 II 的主要目标之一，是实现国际公平竞争的环境，所以无论什么时候，总部设在不同国家的银行之间，竞争都是公平的。各个国家支柱 2 的使用，实际上是打算使银行免于遭受这样与其他银行相比额外的 CAR。依据不同情况，这可能会导致遭受影响的银行不满和强烈的抱怨。

或许，单个银行或整个银行体系的金融脆弱的最好主要指标之一，是借贷的快速扩张使借贷远远超出趋势水平。这在第 8 章的国内银行体系中有记载。因此，无论是从整体上还是从部门来说，当增长与资产价格泡沫相互影响时，需要有某个机制来限制这样的增长。人们可能尝试设计准自动化的支柱 2，以至于借贷扩张率越大，CAR 越高。

或许有其他的方式来实现同一目标。在中国香港和韩国，货币当局企图要求银行在房价上涨的时候，使用更加保守的房款成数比率（LTV）（Gerlach 和 Peng，2005；Wang、Fung、Fong 和 Sze，2004）。更普遍的做法是，将 LTV 要求和房价占收入的比率联系起来。西班牙的预先配置计划（Saurina，2004；Fernandez de Lis 等人，2001），也是一种尝试使银行在好年景建立额外的储备，在不利的时期提供更大的力量的方法。这一计划在国际会计准则（IAS）的新公平价值核算过程下，能否继续被接受还有待考验。

目标相当明显且直接，即找到一个反周期性的工具或一套工具，以直接地减弱资产价格/银行信贷的周期性。但是，据说在管理者、银行、政治家或公众中间，缺乏在这个关键时刻，推动这一议程向前发展的激情或愿望。

目前（2006 年），实施巴塞尔协定 II 和 IAS 的最初过渡性努力，几乎同时导致相当严重的监管耗尽。当前的愿望是，在考虑进一步的变革和替代品之前，允许新的监管体系有解决问题的时间。

巴塞尔 II 的实际应用或许被认为加重了资产价格/银行信贷的循环。如果确实是这样的话，人们会认真地注意这里提出的政策建议。